DEMOKRATIE OHNE WÄHLER?

Frank Decker · Marcel Lewandowsky · Marcel Solar

DEMOKRATIE OHNE WÄHLER?

Neue Herausforderungen der politischen Partizipation

Mit Unterstützung der Landeszentrale für politische Bildung Nordrhein-Westfalen

Bibliografische Information der Deutschen Nationalbibliothek

Die Deutsche Nationalbibliothek verzeichnet
diese Publikation in der Deutschen Nationalbibliografie;
detaillierte bibliografische Daten sind im Internet
über *http://dnb.d-nb.de* abrufbar.

ISBN 978-3-8012-0439-6

Copyright © 2013 by Verlag J.H.W. Dietz Nachf. GmbH
Dreizehnmorgenweg 24, 53175 Bonn
Umschlaggestaltung: Ralf Schnarrenberger, Hamburg
Satz: Jens Marquardt, Bonn
Druck und Verarbeitung: CPI – Ebner & Spiegel GmbH, Ulm
Alle Rechte vorbehalten
Printed in Germany 2013

Inhaltsverzeichnis

Einleitung

Am 13. Mai 2012 haben in Nordrhein-Westfalen vorgezogene Landtagswahlen stattgefunden. Die Aufmerksamkeit für die Wahlen an Rhein und
Ruhr ist traditionell stark, da NRW allein aufgrund seiner Größe erhebliche Bedeutung für den Gesamtstaat zukommt. Zudem war es in der Vergangenheit häufig so, dass neue Machtkonstellationen auf der Bundesebene
in Nordrhein-Westfalen vorweggenommen wurden. Über die bundespolitische Aussagekraft des Wahlergebnisses schieden sich auch diesmal die
Geister. Während die Sieger die klare Mehrheit von SPD und Grünen als
Vorbote eines Machtwechsels in Berlin im Herbst 2013 interpretiert wissen
wollten, bemühte sich die Verliererseite, den Urnengang als lokales Ereignis darzustellen, das überwiegend von landespolitischen Gesichtspunkten
bestimmt gewesen sei.

Weniger als die Auswirkungen auf die Machtverhältnisse im Land und
im Bund sollen uns hier die demokratiepolitischen Aspekte der Abstimmung beschäftigen. In dieser Hinsicht erscheinen zwei Umstände besonders hervorhebenswert. Erstens bestätigte die Wahl den seit drei Jahrzehnten zu beobachtenden Trend einer rückläufigen Wahlbeteiligung. Lag diese
bei den Landtagswahlen in NRW in den achtziger Jahren noch bei Werten
um die achtzig Prozent, so hat sie sich mittlerweile bei etwa sechzig Prozent
eingependelt – was dem Durchschnitt in den Ländern der alten Bundesrepublik entspricht. (In den neuen Ländern liegen die Werte noch um bis zu
zehn Prozentpunkte darunter.) Sieht man von den Wahlen ab, die zeitgleich mit der Bundestagswahl stattgefunden haben, gab es in den letzten
Jahren nur eine Landtagswahl mit einer deutlich höheren Beteiligung,
nämlich in Baden-Württemberg im März 2011 (66,2 Prozent). Ursächlich
dafür war die Fukushima-Katastrophe, die in Verbindung mit der landespolitischen Konstellation zu einer unerwartet starken Mobilisierung der
Wählerschaft beitrug.

Das zweite einschneidende »Demokratie-Ereignis« der NRW-Wahl war
der neuerliche Erfolg der Piratenpartei. Nach Berlin, dem Saarland und
Schleswig-Holstein gelang es der 2006 entstandenen Gruppierung inner-

halb kurzer Frist zum vierten Mal hintereinander, in ein Landesparlament einzuziehen. Nachdem die Piraten bei der Bundestagswahl 2009 und allen nachfolgenden Landtagswahlen lediglich ein schmales Kernwählersegment von etwa zwei Prozent erreicht hatten, war man zunächst geneigt, ihren Sensationserfolg in Berlin im September 2011 als Ausreißer abzutun und auf die dort scheinbar besonders günstigen lokalen Bedingungen zurückzuführen. Mit dem Wiederholungserfolg im Saarland musste diese Einschätzung korrigiert werden. Die Piraten sprachen, wie die Wahlanalysen bald zeigten, offensichtlich nicht nur die netzaffinen Themenwähler an, die die Positionen der etablierten Parteien in diesem Feld als hoffnungslos rückständig empfanden. Sie fungierten jetzt auch als Sammelbecken von Unzufriedenen und Protestwählern, die der Politik und ihren typischen Vertretern generell überdrüssig waren.

Von entscheidender Bedeutung für den Erfolg der Piraten dürfte sein, dass die Rollen als Themen- und Protestpartei bei ihnen keinen Gegensatz bilden.[1] Denn neben der »Freiheit im Netz« geht es dem Neuankömmling ja vor allem darum, die Möglichkeiten der digitalen Kommunikation für mehr demokratische Teilhabe, also für politische Partizipation nutzbar zu machen. Hier liegt der thematische Konnex zur Ansprache der »Protestwähler«, deren Unzufriedenheit und Missstimmung sich gerade aus der Wahrnehmung speist, im politischen System kein Gehör zu finden. Statt sie lediglich populistisch auszubeuten, möchte die Piratenpartei den Unzufriedenheitsgefüh-

---

1 Dennoch erscheint es zweifelhaft, ob sich die Piraten im Parteiensystem auf Dauer werden festsetzen können (Hensel/Klecha/Walter 2012, Niedermayer 2012a, Onken/Schneider 2012). Der Höhenflug in den Umfragen, der die Partei nach der Euphorie der Landtagswahlerfolge im Frühsommer 2012 zeitweilig in den zweistelligen Bereich katapultierte, währte nur kurz. Als Protestpartei hatten die Piraten offenkundig in hohem Maße von der Verunsicherung der Bevölkerung durch die Euro-Krise profitiert. Nachdem sie anfangs noch darauf vertrauen konnten, dass von ihnen abseits der Netzpolitik keine Antworten auf die anstehenden politischen Probleme erwartet würden, erwies sich die programmatische Unbestimmtheit der Partei in der Außendarstellung zunehmend als Problem. Den nur durch das Metathema Partizipation und Transparenz zusammengehaltenen Piraten fiel die Entwicklung gemeinsamer inhaltlicher Positionen sichtlich schwer. Gleichzeitig verstrickten sie sich in Widersprüche. Die Selbstentzauberung verstärkte nicht nur die innerparteilichen Konflikte, sie führte auch dazu, dass die Medien, die den Aufstieg der neuen Partei mit unverhohlener Sympathie begleitet hatten, ihr nun deutlich kritischer begegneten.

len ein programmatisches Fundament geben. Damit gewinnt sie Glaubwürdigkeit unter ihren Anhängern und spricht einen Teil der potenziellen Protestwählerschaft besser an als die Linkspartei oder die in der Bundesrepublik noch weniger erfolgsfähigen rechten Protestalternativen.

Demokratie ohne Wähler? Die Frage im Titel des Buches kann nur rhetorisch gemeint sein. Denn so unbestreitbar es ist, dass die Institutionen, in denen sich das demokratische Prinzip der Volkssouveränität zuvörderst manifestiert – Wahlen und Parteien – an legitimatorischer Kraft einbüßen und ihre Gestalt verändern, so richtig bleibt auch, dass die klassischen und neuen Formen der Partizipation keinen Gegensatz bilden, das eine also nur auf Kosten des anderen zu haben wäre. Wie die Demokratie der Zukunft aussehen wird und welches Mischungsverhältnis dabei anzustreben ist, darüber gibt es in der politischen und wissenschaftlichen Debatte unterschiedliche Vorstellungen, die in diesem Buch dargestellt werden sollen. Den Verfassern ist um die künftige Entwicklung nicht bange. Wie voraussetzungs- und anspruchsvoll die Demokratie als Regierungsform immer sein mag, behält sie doch das Potenzial, sich durch eine Anpassung an die veränderten Umweltbedingungen zu erneuern. Dieser Prozess ist allerdings kein Selbstgänger und auch keine ausschließliche Frage der »Politik von oben«. Er wird nur funktionieren, wenn ihn die Bürger als ihre eigene Angelegenheit begreifen.

1 Demokratie und Partizipation

1.1 Input- und Output-Legitimation der Demokratie

Die Legitimität demokratisch verfasster politischer Systeme speist sich aus zwei Quellen: der Zustimmung, die die Herrschaftsform im Allgemeinen und die Ausübung der Herrschaft im Speziellen von Seiten der Regierten erfährt, und der Regierungsfähigkeit. Die erste Quelle wird in der Demokratietheorie als Input-Legitimation, die zweite als Output-Legitimation bezeichnet. Input- und Output-Legitimation stehen in einem Spannungsverhältnis zueinander, bleiben aber im Kern aufeinander bezogen. Denn inhaltlich richtige Entscheidungen, die zur Problemlösung beitragen, nützen wenig, wenn sie nicht zugleich bei den Adressaten auf Akzeptanz stoßen. Diese Akzeptanz kann nur über geeignete Input-Strukturen hergestellt werden, die denen, die von der Entscheidung betroffen sind, die Möglichkeit geben, auf die politischen Inhalte einzuwirken und sie in die von ihnen gewünschte Richtung zu lenken. Mangelt es an der Akzeptanz, verfehlen die Entscheidungen entweder ihre Wirkung oder sie rufen Protest und Widerstand hervor, der sich im schlimmsten Fall zu einem anhaltenden Loyalitätsentzug gegenüber der Politik und dem politischen System auswächst.

Auch wenn dieser schlimmste Fall noch nicht eingetreten ist oder kurz bevorsteht, so ist doch unverkennbar, dass die Demokratie heute von beiden Seiten unter Druck gerät. Auf der einen Seite begegnen die Bürger der Politik mit zunehmender Skepsis. Ihr Vertrauensverhältnis zu den Regierenden scheint nachhaltig gestört zu sein, was sich in der nachlassenden Organisationskraft der Parteien, rückläufiger Wahlbeteiligung, »abweichendem« Stimmverhalten und anderweitigen Protestformen ausdrückt – der Aufstieg der Piratenpartei gehört in dieses Bild. Auf der anderen Seite wachsen die Zweifel, ob die demokratisch verfassten Gesellschaften den Herausforderungen des aktuellen und künftigen Regierens überhaupt noch gerecht werden können. Schuldenkrise, Klimawandel, Überalterung und die wachsende Kluft zwischen Arm und Reich sind nur einige der drängenden Probleme, die die heutigen Entscheidungsstrukturen zu überfordern drohen. Manche Pessimisten gehen inzwischen sogar soweit, dass sie die natürliche Überlegenheit der Demokratie gegenüber nicht-demokratischen (autoritären) Herrschaftsformen in Frage stellen (Zürn 2011: 615 ff.). Die pessimistische Sichtweise geht davon aus, dass wir es heute mit einer veritablen Demokratiekrise zu tun haben, einer beständigen und unaufhaltsamen Aushöhlung demokratischer Prinzipien. Der britische Politikwissenschaftler Colin Crouch (2008) hat dafür mit der »Postdemokratie« eine prägnante Formel gefunden. In der Postdemokratie bleiben Crouch zufolge die formalen Institutionen der Demokratie – Wahlen, Parteienwettbewerb und Gewaltenteilung – nach außen hin zwar weiter intakt. Mit dem tatsächlichen politischen Prozess hätten sie aber immer weniger zu tun. Die Wahlkämpfe seien bloße Inszenierungen, die den Bürgern die Illusion der politischen Mitwirkung geben sollten. Ihr Hauptzweck sei es, das wahre Zustandekommen der Entscheidungen zu verbergen, die zwischen Regierungen und potenten wirtschaftlichen Interessenvertretern weitgehend autonom ausgehandelt würden. Diese Aushandlungsprozesse fänden zunehmend auf der supra- und transnationalen Ebene statt, womit sie der demokratischen Kontrolle und Beeinflussbarkeit erst recht entzogen seien.

Vor diesem Hintergrund hat Wolfgang Streeck (2011) in der »New Left Review« kürzlich auf den historischen Ausnahmecharakter der knapp drei Jahrzehnte währenden Wachstums- und Wohlstandsperiode in den demokratischen Industriegesellschaften aufmerksam gemacht. Die goldene Ära des Keynesianismus war danach auch eine goldene Ära der Demokratie. Diese hatte als Massendemokratie eine Form angenommen, in der die normativen Prinzipien der Souveränität, Teilhabe und Gleichheit optimal zur Geltung kamen. Sie basierte auf der politischen Konkurrenz großer gesellschaftlicher Gruppen, die sich in Parteien und Verbänden organisierten und die Wähler entlang sozialstruktureller Merkmale politisierten. Die Frontstellung des Kalten Krieges förderte ihre Legitimität zusätzlich, indem sie den Wählern die kommunistischen Unterdrückungsregime als Gegenbild ständig vor Augen hielt. Heute erinnert der Begriff der »Postdemokratie« daran, dass das Zeitalter der Massendemokratie vorüber ist. Die Demokratie, so wie wir sie kannten, löst sich gleichsam vor unseren Augen auf. Sie nimmt eine neue Gestalt an, deren Konturen wir erst allmählich erahnen (Buchstein/Nullmeier 2006: 21).

Die optimistische Sichtweise knüpft hier an. Sie vertritt keine defätistische Position und möchte statt von einer Krise lieber von einem Wandel der

Demokratie sprechen, einer Hinwendung zu neuen Formen. Die Probleme nehmen in dieser Perspektive den Charakter von Herausforderungen an, die das Potenzial einer Revitalisierung der Demokratie in sich bergen (Merkel 2011). Diese Herausforderungen lassen sich zusammenfassend in drei Stichworten beschreiben:

- *Souveränitätsproblem.* Der normative Kern der Demokratie ist die Volkssouveränität. Institutionellen Ausdruck findet diese in den periodisch stattfindenden Wahlen, in denen die Bürger über das Regierungspersonal und die Grundrichtung der Politik entscheiden. Das »Souveränitätsproblem« der heutigen Demokratie besteht darin, dass der politische Entscheidungsbereich, über den in Wahlen verfügt werden kann, tendenziell abnimmt. Ursächlich dafür ist zum einen die Verlagerung von Entscheidungszuständigkeiten auf die supra- und transnationale Ebene, die wiederum eine Folge der globalen wirtschaftlichen Verflechtungen darstellt. Zum zweiten beschränkt die Krise der öffentlichen Haushalte den Spielraum für verteilungspolitische Maßnahmen, die den Kern der staatlichen Wohlfahrtspolitik und Daseinsvorsorge umschreiben und zur Erreichung eines Mindestmaßes von sozialer Gleichheit beitragen sollen. Und drittens entzieht der Staat in diesem Bereich der Demokratie selbst die Grundlage, indem er seine Zuständigkeit ganz oder teilweise an Private abgibt.
- *Legitimationsproblem.* Das Legitimationsproblem, das von der Input- wie von der Outputseite herrührt, verdichtet sich im Bedeutungs- und Ansehensverlust der majoritären, durch Wahlen bestellten Institutionen. Die allgemeinen Wahlen stehen heute »nur noch für eine bestimmte Form, die Regierenden zu berufen, und legitimieren nicht mehr a priori die später betriebene Politik« (Rosanvallon 2010: 11). Hauptleidtragende dieser Entwicklung sind die Parteien, die als Träger des demokratischen Wettbewerbs ihre frühere Vorrangstellung einbüßen. In der staatlichen Sphäre sind sie gezwungen, einen Teil ihrer repräsentativen Funktionen an unabhängige Behörden oder Verfassungsgerichte abzutreten, die sich eher an Grundprinzipien und Langfristzielen orientieren als die nach verbreiteter Meinung nur auf ihren kurzfristigen Machtvorteil bedachten gewählten Vertreter und in der Bevölkerung deshalb größere Wertschätzung erfahren. In der gesellschaftlichen Sphäre werden sie wiederum mit der Tatsache konfrontiert, dass die Partizipation vermehrt au-

ßerhalb der Parteien – in Bürgerinitiativen, sozialen Bewegungen und Nichtregierungsorganisationen – stattfindet, die Bürger also andere Formen und Kanäle der Einflussnahme vorziehen.

– *Inklusionsproblem.* Demokratie beruht auf dem Prinzip der politischen Gleichheit (Dahl 2006). Alle Bürger sollen über die gleichen Freiheitsrechte verfügen und von diesen Rechten auch in vergleichbarer Weise Gebrauch machen. Bezogen auf das Prinzip der Volkssouveränität gilt dies insbesondere für das Wahlrecht. Der gleiche Gebrauch der Rechte setzt voraus, dass die Menschen ihre Freiheit tatsächlich leben können. So wie die Durchsetzung des allgemeinen und gleichen Wahlrechts notwendig war, um durch den Abbau ungerechtfertigter Privilegien die Realbedingungen der Freiheit zu verbessern, so bleibt die Gewährleistung von Chancengerechtigkeit und sozialer Teilhabe notwendig, um das politische Gleichheitsversprechen zu wahren. Wie sich an der wachsenden sozialen Selektivität des Wählerverhaltens ablesen lässt, geht diese Gleichung heute nicht mehr auf.[2] Die Gesellschaft driftet sozialökonomisch und -kulturell auseinander mit der Folge, dass gerade die marginalisierten Bevölkerungsgruppen den Glauben verlieren, durch Partizipation noch etwas bewirken zu können. Damit kommen auch ihre Meinungen und Interessen im repräsentativen System immer weniger zur Geltung; die Nicht-Beteiligung fördert die Nicht-Inklusion.

Die Forderung nach Beteiligung macht den Kern der Input-Legitimation aus; in ihr verdichtet sich die ursprüngliche Idee der Volkssouveränität, wonach die Herrschaft vom Volkswillen ausgehen bzw. von diesem getragen sein muss. Das Partizipationsziel kann weit oder eng ausgelegt werden. In der weiten Auslegung der partizipatorischen Demokratietheorie stellt es auf eine möglichst umfassende und intensive Teilhabe aller in sämtlichen Phasen der Willens- und Entscheidungsbildung ab, die vom Gleichheitsgedanken ausgeht und über den staatlichen Bereich hinaus potenziell die ganze Gesellschaft erfasst; Partizipation und Inklusion gehen dabei ineinander über (Schmidt 2010: 236 ff.). In der engeren Auslegung basiert es auf der Kontroll- und Sanktionsmacht, die den Bürgern über die Wahlen zu-

---

2 Dem steht nicht entgegen, dass in anderen Bereichen – etwa bei der Geschlechtergleichheit oder beim Abbau der Diskriminierung von Homosexuellen – Inklusionsgewinne zu verzeichnen sind (Merkel 2011: 24).

wächst. Hier wird die Demokratie vor allem als Wettbewerbsmodell verstanden, das dem Volk die Möglichkeit gibt, die Regierenden bei Bedarf auszutauschen und ihm so das letzte Wort über die Regierungspolitik zuweist (Kaiser 2004).

Die Output-Legitimation orientiert sich dagegen weniger am Zustandekommen als an den Ergebnissen des politischen Prozesses. Sie gründet auf möglichst effektiven und effizienten Problemlösungen, das heißt auf der Fähigkeit zum »guten Regieren«. Um dies zu gewährleisten, ist ein bestimmtes Maß an Autonomie der Regierenden unabdingbar, die sich sowohl gegenüber den Wählern als auch gegenüber den organisierten Interessen bewähren muss. Die output-orientierte Demokratietheorie folgt demnach einer »gouvernementalistischen« Sichtweise. Ihr Hauptaugenmerk liegt auf der Steigerung der staatlichen Handlungskapazität im Interesse einer aktiven, dem Gemeinwohl verpflichteten Politik.

Während sich die Input-Legitimation an den Wahlen ausrichtet und den plebiszitären Charakter der Demokratie betont, weist die Output-Legitimation eine größere Affinität zu verfassungsstaatlichen und repräsentativen Demokratiekonzeptionen auf. Dies schlägt sich z.b. in der hohen Wertschätzung der Verfassungsgerichtsbarkeit nieder oder in der Delegation von Entscheidungszuständigkeiten an selbständige Einrichtungen und Expertengremien. Die output-orientierte Demokratie setzt mithin auf Verfahren, in denen deliberative, also beratungsförmige Modi den Prozess der Entscheidungsfindung dominieren. Damit unterscheidet sie sich sowohl vom Egalitarismus der partizipatorischen Demokratietheorie als auch vom Mehrheitsdezisionismus des Wettbewerbsmodells, die die beiden Pole der Input-Perspektive ausmachen.

Falsch wäre es, die Output-Legitimation mit einem einseitig elitenzentrierten Demokratieverständnis gleichzusetzen, wie es innerhalb der Input-Perspektive von den Vertretern des realistischen Ansatzes gepflegt wird. Diese konzipieren die Demokratie im Anschluss an Schumpeter als ein Regierungsmodell konkurrierender Machteliten, während für die Vertreter der partizipatorischen Demokratietheorie Eliten und Führungsminderheiten ein grundsätzliches Übel darstellen (Sartori 1992: 173). Gewiss weisen die Orientierung an deliberativen Prinzipien, der Rückgriff auf Expertise und die Delegation von Entscheidungsmacht eine elitäre Schlagseite auf (Jörke 2010). Dies gilt zumal, wenn sie auf eine förmliche Entinstitutionalisierung des Regierungsprozesses hinauslaufen und die entscheidungsbefugten Agenten sich der Kontrolle ihrer Prinzipale entziehen können. Im Übrigen lässt sich die output-orientierte Perspektive mit der Forderung nach politischer Partizipation aber durchaus vereinbaren. Gerade dort, wo partikulare Interessen das Feld beherrschen, bleiben die Korrektivfunktion einer kritischen Öffentlichkeit und die Bindungswirkung der allgemeinen Wahlentscheidung für eine gemeinwohlorientierte Politik unentbehrlich. Wie zweckmäßig die Beteiligung der Massen ist und in welcher Form sie erfolgen sollte, muss dabei fallbezogen – in Abhängigkeit von den funktionellen Erfordernissen des jeweiligen Politikbereichs – entschieden werden (Scharpf 1970).

Input- und Output-Legitimation lassen sich von daher nicht gegeneinander ausspielen. Weder sind die vom politischen System bereitgehaltenen Beteiligungsangebote in der Lage, automatisch eine gute Politik hervorzubringen noch können die politischen Inhalte aus sich selbst heraus eine hinreichende Legitimation erzeugen. Die erstgenannte Feststellung ist als Paradigma des Neo-Institutionalismus inzwischen politologisches Allgemeingut. Die zweite Feststellung muss dagegen in Erinnerung gerufen werden, um einer allzu einseitigen Orientierung an der Output-Sichtweise vorzubeugen. Dass sich diese in der Politikwissenschaft heute zunehmender Beliebtheit erfreut, hat seinen Grund in dem oben beschriebenen Souveränitätsproblem, das die Handlungsspielräume der nationalstaatlichen Politik zunehmend verengt hat.

Am Beispiel der Europäischen Union lässt sich das daraus resultierende Dilemma veranschaulichen. Einerseits sind die Mitgliedsstaaten gezwungen, Teile ihrer Souveränität an eine übergeordnete Entscheidungsebene abzutreten, wenn sie der über die nationalen Grenzen hinauswachsenden Probleme Herr werden wollen. Andererseits kann die Legitimation der europäischen Politik nur über die Mitgliedsstaaten selbst oder den Entscheidungsoutput vermittelt werden, solange es den trans- oder supranationalen Institutionen an einem dem Nationalstaat vergleichbaren demokratischen Unterbau mangelt. Gemessen an den aus dem nationalen Kontext vertrauten demokratischen Maßstäben bleiben die europäischen Strukturen damit notgedrungen defizitär (Decker 2000).

Man muss allerdings nicht das Beispiel der EU bemühen, um zu erkennen, dass eine ausschließlich output-bezogene Legitimationsstrategie zum Scheitern verurteilt ist (Abromeit 2002: 15 ff.). Der Hauptgrund dafür liegt in der inhaltlichen Unbestimmtheit des Gemeinwohls: Es gibt nun einmal keine allgemeingültigen Kriterien, an denen man die Richtigkeit politischer Entscheidungen messen könnte! Einerseits herrscht über die Ziele der Politik Streit; andererseits verfolgen die Entscheidungsbeteiligten unterschiedliche Interessen, die ebenso wie die Ziele zu einem Ausgleich gebracht werden müssen. Dies gilt für ein Expertengremium im Prinzip genauso wie für die Gesamtwählerschaft. Deswegen wäre es der Sache abträglich, bestimmte Interessen und Zielvorstellungen aus dem Regierungsprozess von vornherein auszuschließen. Ein zweiter Gesichtspunkt wurde bereits genannt: Inhaltlich richtige Entscheidungen bedürfen der Akzeptanz durch die Entscheidungsbetroffenen, da sie ansonsten womöglich nicht durchsetzbar wären. Auch dies kann nur über einen entsprechenden Input sichergestellt werden.

Vor diesem Hintergrund verbieten sich Forderungen nach einer »Entkomplizierung« der Entscheidungsstrukturen, wie sie bei Vertretern einer einseitig output-orientierten Sichtweise bisweilen anzutreffen sind. Nach deren Vorstellungen sollen vorhandene Konsenszwänge im Regierungssystem zurückgedrängt und die politischen Entscheidungsträger mit mehr Autorität und Entscheidungsmacht ausgestattet werden, um zu besseren und schnelleren Problemlösungen zu gelangen. Die Sehnsucht nach dem starken Mann, die dahinter aufscheint, weckt ungute Erinnerungen – selbst wenn sie in einem demokratischen Gewand daherkommt (Decker 2013: 177 ff.). Realistisch angelegte Demokratiereformen dürften dagegen, wenn sie zu einer Steigerung der Regierungsfähigkeit führen sollen, nicht weniger, sondern eher mehr und in vielen Fällen einen anders organisierten Konsens erfordern. Beides sind Seiten derselben Medaille. Wer das Heil also – wie die Wirtschaft und manche Vertreter der Politik – vor allem in schnelleren und besseren Problemlösungen sucht, sollte dies nicht auf Kosten der demokratischen Rechte der Bürger tun. Und wer umgekehrt – wie viele Bürger und Wissenschaftler – für eine Stärkung der demokratischen Rechte eintritt, sollte dabei auch die Handlungs- und Funktionsfähigkeit des politischen Systems im Auge behalten. Das Ziel solcher Reformen muss sein, die Legitimität der Demokratie unter dem Strich zu stärken.

1.2 Das Dreiecksverhältnis von Partizipation, Inklusion und Repräsentation

Politische Beteiligung steht in einem Ergänzungs- und Spannungsverhältnis zu den Prinzipien der Gleichheit und der Repräsentation, in denen sich die Demokratie als Volksherrschaft bzw. Volkssouveränität verdichtet. Das Gleichheitsprinzip bemisst sich zum einen daran, was unter Volk verstanden wird und wer zum Volk dazugehört. Dabei muss zwischen dem Volk als Urheber und Adressaten der Herrschaft unterschieden werden. Als Urheber der Herrschaft ist das Volk gleichbedeutend mit den erwachsenen Staatsbürgern männlichen und weiblichen Geschlechts, die das Wahlrecht ausüben. Als Adressat der Herrschaft umfasst es auch die Nicht-Staatsangehörigen und Kinder, in deren Interesse ja ebenfalls regiert werden soll, sowie – in einer umfassenderen Konzeption des Gemeinwohls – die noch nicht geborenen Vertreter nachfolgender Generationen und Angehörigen anderer Völker (abgestuft nach zeitlicher und räumlicher Nähe).

Die andere Dimension ist die Gleichheit zwischen den Individuen, die sich auf der Input-Seite in gleichberechtigten Mitwirkungsansprüchen und auf der Output-Seite in einer fairen (gerechten) Interessenberücksichtigung niederschlägt. Es liegt auf der Hand, dass beides unerreichbare Ideale sind. Selbst wenn die Einzelnen gleiche Rechte haben, sind sie doch in ihren individuellen Anlagen und Fähigkeiten so verschieden, dass der Gebrauch der Rechte zu höchst unterschiedlichen Ergebnissen führt und die einen ihre Interessen besser durchsetzen als die anderen. In der Demokratie mag es zwar im Unterschied zur Autokratie keine einseitige Machtballung oder -konzentration geben, dennoch ist die Macht zwischen denen, die die Herrschaft ausüben, und denen, die der Herrschaft unterliegen, ungleich verteilt. An diese Grundtatsache knüpfen sich vier wesentliche Fragen bzw. Herausforderungen.

Erstens geht es um das Verhältnis von Eliten und Massen und um die Frage, unter welchen Bedingungen die ungleiche Machtverteilung gerechtfertigt werden kann. Hierfür ist vor allem maßgeblich, ob Machtungleichheit zu tatsächlicher Ungleichheit in der Interessenberücksichtigung führt. Nur wenn die von den Wählern bestellten Führungseliten zugleich die Interessen der nicht privilegierten Bevölkerung vertreten, kann das Inklusionsziel erreicht werden. Wieweit sie dazu bereit sind, dürfte zum einen von ihren inneren Überzeugungen abhängen. Zum anderen setzt es voraus, dass die Interessen von der Bevölkerung artikuliert werden, indem diese die politischen Beteiligungsmöglichkeiten – insbesondere bei Wahlen – nutzt. *Zweitens* besteht das Problem, dass die Meinungen und Interessen innerhalb der Wählerschaft unterschiedlich stark ausgeprägt sind (Kendall/Carey 1968). Weil bei einer Wahlentscheidung alle Stimmen am Ende gleich wiegen, kann das dazu führen, dass eine mäßig betroffene Mehrheit eine stark betroffene Minderheit überspielt. Der Gleichheitsgrundsatz bedarf insofern der Relativierung. Dies kann auf mehrerlei Weise erfolgen. Am nächstliegenden ist es, die Interessen der Minderheiten rechtlich zu schützen, indem man sie der Verfügungsgewalt demokratischer Entscheidungen von vornherein entzieht. Des Weiteren könnte man für die Mehrheit politisch höhere Hürden aufrichten, um sie zu zwingen, die Interessen der Minderheit besser zu berücksichtigen. Oder man vertraut darauf, dass die Minderheiten selbst in der Lage sind, ihre Interessen in der politischen Auseinandersetzung durchzusetzen. Ungleiche Partizipation wäre dann gerade die Lösung und nicht das Problem.

Drittens stellt sich die Frage, wieweit demokratische Prinzipien über den staatlichen Bereich hinaus auch in der Gesellschaft ihren Platz haben. Die Befürworter einer gesellschaftlichen Demokratisierung weisen zu Recht darauf hin, dass Demokratie nicht nur eine Staatsform sei, sondern zugleich eine Lebensform, ein allgemeines Gestaltungsmuster sozialer Beziehungen. Tatsächlich lassen sich der Geist und die Prinzipien der demokratischen Ordnung, wie sie sich in der staatlichen Verfassung und im Regierungssystem widerspiegeln, von den demokratischen Ordnungsvorstellungen einer Gesellschaft nicht trennen. Beide wurzeln in einem von emanzipatorischen Werten geprägten Menschenbild, aus dem der selbstbestimmte und in dieser Selbstbestimmung gleichberechtige Bürger als demokratisches Ideal hervorgegangen ist.[3] Dennoch verbleibt zwischen der staatlichen und gesellschaftlichen Demokratie ein wesentlicher Unterschied.

---

3 Erst wenn man die ideellen Grundlagen und das Wertefundament der Demokratie in die Betrachtung einbezieht, wird erklärbar, warum die Mehrzahl der Länder nach wie vor große Probleme hat, demokratische Strukturen zu etablieren und auf Dauer funktionsfähig zu halten. Die Analyse dieser Probleme firmiert in der Politikwissenschaft unter dem Stichwort »politische Kultur«. Damit wird signalisiert, dass die in der Gesellschaft verbreiteten Werte und Ordnungsvorstellungen stets kulturell vermittelt sind; sie wurzeln in Erfahrungen, die historisch über große Zeiträume aufgebaut wurden und daher nur allmählich verändert werden können.

Während für die staatliche Demokratie die politische Gleichheit der Bürger konstitutiv ist, begegnen sich die Individuen in den verschiedenen Bereichen der Gesellschaft von Rechts wegen oder aufgrund ihrer Funktionen als Ungleiche (Buchheim 1973: 44 ff.). Eine demokratische Einebnung würde diese Rechte und Funktionen zwangsläufig beeinträchtigen. Selbst Vertreter eines radikalen partizipatorischen Ansatzes behaupten deshalb nicht, dass sämtliche gesellschaftlichen Bereiche der demokratischen Selbstbestimmung unterworfen werden könnten oder müssten.

Viertens geht es um die Wechselbeziehung von politischer und sozialer Gleichheit. So wie die Gewährleistung der formellen rechtlichen und politischen Gleichheit Voraussetzung gewesen ist, um die Realbedingungen für den Gebrauch der Freiheitsrechte zu verbessern und die Gleichheit als Rechtsprinzip auch im gesellschaftlichen Bereich zu verankern, so bleibt das politische Gleichheitsversprechen der Demokratie an ein Mindestmaß materieller und sozialer Gerechtigkeit gebunden. Wie hoch dieses Maß sein soll, scheidet die Vertreter einer eher libertären oder sozialen Demokratieauffassung. Die erstgenannten verstehen unter Gleichheit vor allem rechtliche Chancengleichheit und betrachten einen zu stark umverteilenden Sozial- und Wohlfahrtsstaat als tendenziell freiheitsgefährdend; die letztgenannten betonen gerade dessen freiheitssichernde und -ermöglichende Funktion (Meyer 2005).

Nicht weniger vielschichtig stellt sich das Verhältnis von Partizipation und Repräsentation dar (Kestler 2011). Diese bezeichnet zunächst ein formales oder technisches Prinzip. Das Volk beauftragt danach bestimmte Personen oder Personengruppen, die Regierungsgewalt stellvertretend in seinem Namen auszuüben. Der »Souverän« führt die Regierungsgeschäfte also nicht selbst, sondern »er lässt regieren«. Mit der Autorisierung verbindet sich einerseits eine Pflicht; zum anderen müssen sich die Repräsentanten die Handlungen zurechnen lassen und dafür die Verantwortung übernehmen. Letzteres wird durch die Möglichkeit ihrer Abwahl institutionell verbürgt.

Neben die formale tritt die inhaltliche oder substanzielle Repräsentation. Darunter versteht man, dass die Repräsentanten im Interesse der Repräsentierten handeln und deren Wünschen soweit als möglich entsprechen. Geraten sie mit ihren Wählern in Konflikt, weil sie den Wünschen nicht entsprechen, müssen sie erklären, warum ihr Handeln dennoch im besten Interesse der Wähler ist. Wie Hannah Pitkin (1967: 209 f.) gezeigt hat, lässt sich im Rahmen einer solchen Vorschrift ein breites Spektrum von Handlungsweisen begründen. Maßgeblich ist dabei die jeweils zugrundeliegende Konzeption des Interesses. Glaubt der Repräsentant das »objektive« Interesse besser zu kennen als die Repräsentierten und billigt er sich im Verhältnis zu diesen eine höhere Vernunft zu, wird er auf eine Konsultation der Wähler verzichten und sich über deren Wünsche hinwegsetzen. Glaubt er dagegen, dass die Repräsentierten selbst am besten wissen, was in ihrem Interesse ist, wird er sich an den Wünschen orientieren und ihnen Folge leisten.

Die letztgenannte Position markiert den Übergang zu einer plebiszitären (oder populistischen) Demokratieauffassung. Diese setzt anstelle des »wahren« den tatsächlichen, empirisch feststellbaren Volkswillen. Anders als die Verfechter des repräsentativen Modells wollen ihre Vertreter den Bürgern darum einen möglichst unmittelbaren Einfluss auf die Politik zugestehen. Um ein Höchstmaß an Übereinstimmung zwischen Regierenden und Regierten herbeizuführen, dürfe die Macht der gewählten Volksvertreter nicht über Gebühr beschränkt werden. Dem entspricht die Forderung nach einer weitgehenden Zurückdrängung der konstitutionellen Barrieren zugunsten des Mehrheitsprinzips. Gleichzeitig sei für eine möglichst enge Bindung der Repräsentanten an den Wählerwillen Sorge zu tragen.

Repräsentative und plebiszitäre Komponenten bilden in allen modernen Demokratien eine Gemengelage (Fraenkel 1974: 150 f.). Welche Tendenz überwiegt, hängt zum einen vom Entscheidungsbereich oder –gegenstand ab; zum anderen davon, wie die plebiszitären Komponenten des Regierungssystems beschaffen sind und in welchem Verhältnis sie zur Repräsentativverfassung stehen. Letztere wird vor allem durch das Parlament verkörpert, das die Interessen des Volkes als kollektives Vertretungsorgan umfassender abzubilden vermag als ein direkt gewählter Präsident oder eine vom Parlament bestellte Regierung. Auch die Regierungswahl trägt in den parlamentarischen Systemen häufig quasi-plebiszitären Charakter, nämlich dann, wenn sie ein unmittelbares Produkt der Wählerentscheidung darstellt.

Ob die plebiszitären Tendenzen auch in der materiellen Regierungspolitik durchschlagen, ist eine andere Frage. Maßgebliche Bedeutung gewinnen hier die Strukturen des Parteiwesens und das Verhältnis der parlamentarischen zur außerparlamentarischen Parteiorganisation. Als Vermittlungsinstitutionen und faktische Regierungsorgane bleiben die Parteien in der modernen Demokratie die Hauptträger des empirischen Volkswillens, denen es zukommt, die Interessen und Wünsche der Wähler zu vertreten. Erfüllen sie diese Funktion und gelingt es ihnen, ein Vertrauensverhältnis zwischen dem politisch aktiven und passiven Teil der Bevölkerung aufzubauen, wird sich der Ruf nach mehr direkter Demokratie (bei Wahlen oder Sachentscheidungen) vermutlich in Grenzen halten. Konstitutionelle und parteiendemokratische Ausdrucksformen des plebiszitären Prinzips stehen von daher in einer Austauschbeziehung.

Das partizipatorische Potenzial der plebiszitären Demokratie hat die Vertreter der partizipationsorientierten Demokratietheorien merkwürdig kalt gelassen. Eine Wende trat erst in den achtziger Jahren ein, als Autoren wie Benjamin Barber (1984) die Einführung und den Ausbau direktdemokratischer Verfahren auf breiter Front propagierten. Das bis dahin vorherrschende Desinteresse rührte daher, dass die plebiszitäre Demokratieauffassung zumeist mit der minimalistischen Demokratiekonzeption assoziiert wurde, die dem Schumpeterschen Wettbewerbsmodell zugrunde lag. Indem Schumpeter das demokratische Verfahren auf den alle vier oder fünf Jahre stattfindenden plebiszitären Bestellungsakt der Regierung und die Geltung des Mehrheitsprinzips reduzierte, wollte er der »lebenswichtigen Tatsache der Führung« Rechnung tragen (Schumpeter 1950: 427 ff.). Seine Theorie ist insofern zu Recht als elitistisch bezeichnet worden. Weil Schumpeter von der Urteilskraft der Wähler keine hohe Meinung hatte und sie für leicht verführbar hielt, war er sich der Begrenztheit des Modells gleichwohl bewusst.

»Unter Umständen verselbständigt sich das Mittel, die Wählerstimmenwerbung, zulasten des Zwecks, nämlich politische Entscheidung und Gestaltung. Im ungünstigsten Fall wird Politik verkürzt auf Psychotechniken des Parteienmanagements und der Parteienwerbung, auf stupide Wahlkampfslogans und dumpfe Aufmärsche. Sodann gehört Verschwendung von Regierungsenergie zu den Kosten des Wettbewerbs um politische Ämter. Ferner veranlasst die Konkurrenz die Regierung, hauptsächlich nur politisch verwertbare Projekte in Angriff zu nehmen. Überdies verleitet der Konkurrenzkampf die Wettkämpfer zu kurzfristiger, oft kurzsichtiger Politik. Langfristige Interessen der Nation und die beständige Arbeit für fern liegende Ziele kommen dabei viel zu kurz.« (Schmidt 2010: 191)

Die Gleichsetzung von Demokratie mit plebiszitärer Mehrheitsherrschaft und die hohe Wertschätzung des Repräsentationsprinzips haben die Skepsis gegenüber direktdemokratisch getroffenen Sachentscheidungen lange Zeit begleitet. Deren Neubewertung – auch von Seiten der partizipatorischen Demokratietheorie – liegen hauptsächlich zwei Ursachen zugrunde. Zum einen hat das Wettbewerbsmodell in dem Maße an Strahlkraft verloren, wie sich andere, stärker konsensorientierte Formen der Demokratie in punkto Leistungsfähigkeit und Systemzufriedenheit als ebenbürtig oder sogar überlegen erwiesen (Lijphart 1999). Die Ratio der plebiszitären Verfahren besteht darin, dass sie solche Konsenswirkungen erzeugen oder verstärken. Dies gilt vor allem dort, wo sie – als Oppositionsrechte ausgestaltet – dem Volk die Möglichkeit geben, sich bei Bedarf gegen den Willen von Parlament und Regierung zu stellen. Das Musterbeispiel ist die Schweiz.

Zum anderen unterscheiden sich die Volksabstimmungen von den allgemeinen Wahlen darin, dass sich an ihnen im Ganzen weniger, dafür jedoch ein höherer Anteil gut informierter und interessierter Bürger beteiligt. Die plebiszitären Sachentscheidungen weisen insofern einen elitären *bias* auf. Dies mag mit Blick auf das Inklusionsziel problematisch sein, rückt sie aber zugleich in eine gewisse Nähe zu den – von der neueren Partizipationstheorie empfohlenen – deliberativen oder reflexiven Demokratieformen (Scheyli 2000). Deren Funktionsbedingungen – gleiche Zugangschancen zu den Verfahren und »herrschaftsfreie« Kommunikation –, sind zwar typischerweise an kleinere Einheiten oder Gemeinschaften gebunden. Die Befürworter der direkten Demokratie glauben allerdings, dass sie unter bestimmten Voraussetzungen auch in einem großflächigen Entscheidungsprozess herstellbar wären (Schiller 2007).

1.3 Von der obrigkeitsstaatlichen zur partizipatorischen politischen Kultur

In ihrer berühmten Vergleichsstudie zur politischen Kultur in fünf ausgewählten Demokratien hatten Almond und Verba (1963) Ende der fünfziger Jahre für die Bundesrepublik einen Überhang obrigkeitsstaatlicher Einstellungen diagnostiziert. Deutschland galt in der Begrifflichkeit der Autoren als »Untertanenkultur« (*subject culture*), die sich in ihrer Konfliktscheu und Partizipationsfeindlichkeit von den fortgeschrittenen »Staatsbürgerkulturen« (*civic culture*) Großbritanniens oder der USA unterschied. In diesen bildete die Wertschätzung der demokratischen Institutionen, das Bedürfnis der Bürger nach politischer Beteiligung und die Orientierung am Output, also den Leistungen der Politik, ein gesundes Gleichgewicht. Deutschland galt demgegenüber als »Schönwetterdemokratie«, in der die Bürger die Legitimität des politischen Systems einseitig am materiellen Wohlergehen festmachten. Das Wirtschaftswunder sorgte dafür, dass man sich um die Stabilität der zweiten deutschen Demokratie in den fünfziger Jahren keine Sorgen zu machen brauchte.

Der Wandel hin zu einer stärker partizipationsorientierten Kultur setzte ironischerweise just zu dem Zeitpunkt ein, als Almond und Verba ihre Untersuchung veröffentlichten. Die Spiegel-Affäre im Jahre 1962 stellte dabei eine wichtige Zäsur dar. Sie war das Signal für die Herausbildung einer kritischen Medienöffentlichkeit, die wachsende Teile der bis dahin regierungsfrommen Bevölkerung einbezog. In der Folge glichen sich die Einstellungen der Bundesbürger den angelsächsischen Musterdemokratien rasch an. Der Generationenwechsel, die auch im Alltagsleben vollzogene Öffnung nach Westen und die »Kulturrevolution« der 68er-Bewegung führten zu einer dauerhaften Demokratisierung auf der Wert- und Verhaltensebene. Ermöglicht und befördert wurde der Wertewandel durch die Bildungsexpansion. Trotz dieser nachhaltigen Veränderung blieben gewisse Kontinuitäten der deutschen politischen Kultur erhalten. Im Vergleich zu den angelsächsischen Ländern war das insbesondere an den stärker staatsbezogenen Einstellungen und Traditionen ablesbar, die sich in einer breiten Akzeptanz der wohlfahrtsstaatlichen Einrichtungen widerspiegelten (Greiffenhagen 1997).

Ihren Höhepunkt erreichte die Partizipationsorientierung in den siebziger Jahren. Nach dem Machtwechsel zur sozial-liberalen Koalition kam es zu einer verschärften Polarisierung in der Innenpolitik, die ihrerseits maßgeblich auf die Ost-West-Konfrontation im Kalten Krieg zurückging. Symbolhaft markiert wurde die Frontstellung durch die von den Unionsparteien im Bundestagswahlkampf 1976 verwendete Parole »Freiheit statt Sozialismus«. Die wachsende Politisierung der Bevölkerung schlug sich in Rekordwahlbeteiligungen von um die neunzig Prozent und einer Hochphase der beiden Volksparteien nieder, die in dieser Zeit ihre – gemessen am Wähleranteil und der Mitgliederquote – größte Bindungskraft erreichten.

Zur weitreichenden Ausschöpfung der »verfassten« Partizipationsformen gesellten sich die »nicht verfassten« oder unkonventionellen, die bis dahin nur sporadisch aufgetreten waren. Hatte sich die Studentenrevolte der 68er noch gegen den Vietnam-Krieg und die autoritären Tendenzen in Staat und Gesellschaft gerichtet (Ordinarienuniversität, Notstandsgesetzgebung, Springer-Presse, verdrängte NS-Vergangenheit), so kam es ab Mitte der siebziger Jahre zur Herausbildung einer von zahlreichen Bürgerinitiativen getragenen Umweltbewegung, deren Hauptbetätigungsfeld der Protest gegen die Kernenergie war. Aus dieser Bewegung speiste sich wiederum ein Großteil der Friedensgruppen, die kurze Zeit darauf gegen die von der Schmidt- und Kohl-Regierung gleichermaßen unterstützte Aufstellung neuer Atomwaffen durch das westliche Bündnis auf die Straße gingen.

Eine Extremform der politischen Partizipation stellte der militante Linksterrorismus dar, der seinen blutigen Höhepunkt ebenfalls in den siebziger Jahren erreichte. Dass die RAF aus der 68er-Bewegung hervorgetreten war, machte die Bundesrepublik (zusammen mit Italien) zu einem Sonderfall unter den westlichen Demokratien, in denen die Studenten gleichfalls revoltiert hatten (Hinck 2012). Zugleich wird hier der Unterschied zur späteren Umwelt- und Friedensbewegung deutlich, die diesen Irrweg vermied. Durch die Entstehung einer neuen Partei – der Grünen – gelang es hier sogar, den Widerstand in die Bahnen der verfassten Partizipation zu lenken. Verstanden sich die Grünen zuerst noch als Protest- und Anti-System-Partei, so wuchsen sie rasch in die politische Verantwortung hinein. Schon Mitte der achtziger Jahre war die neue Partei zur Übernahme von Regierungsämtern bereit. Heute ist sie selbst ein Teil des etablierten Spektrums, das von anderen Parteien – etwa den neu entstandenen Piraten – herausgefordert wird.

In den achtziger Jahren kam die Rede von der »Politikverdrossenheit« in Mode (Arzheimer 2002). Diese war nicht mit politischer Apathie oder Desinteresse gleichzusetzen, sondern stellte in erster Linie eine Folge gewachsener Ansprüche dar. Während das gestiegene Bildungsniveau das Bedürfnis nach mehr und anspruchsvollerer Partizipation weckte, nahm gleichzeitig die Erwartungshaltung der Bürger gegenüber der Politik und den Regierenden zu. Die Krise der repräsentativen Institutionen spiegelt sich in der nachlassenden Integrationskraft des Parteiensystems. Ihre Ursachen sind von der Politikwissenschaft hinlänglich beschrieben worden (Decker 2011a: 44 ff.). Sie liegen zum einen im gesellschaftlichen Bereich, wo die Pluralisierung und Neuformierung der Konfliktlinien (*cleavages*) dazu führt, dass sich die natürlichen Bindungen der Parteien an ihre typischen Wählerklientelen abgeschwächt haben. Standen die Volksparteien früher für die

Wert- und Interessenlagen ganz bestimmter Bevölkerungsgruppen, so gibt es heute eine Vielzahl sich überlagernder Konflikte, die ideologisch und sozialstrukturell kaum mehr auf einen Nenner zu bringen sind. Mit der Aktualisierung der einstmals parteibildenden *cleavages* können die Parteien deshalb immer weniger Menschen dauerhaft erreichen. Stattdessen müssen sie um eine Wählerschaft buhlen, die zunehmend wechselbereiter wird und bei der Stimmabgabe keine Gewissheiten mehr kennt (s.u.).

Zum anderen führt die nachlassende gesellschaftliche Verankerung dazu, dass sich die Parteien als Organisationen verstärkt an den Staat halten müssen, um ihre Machtbasis zu sichern (Katz/Mair 1995). Legitimatorisch stellt das solange kein Problem dar, wie die Menschen mit den Leistungen der Politik zufrieden sind. Dies zu garantieren ist jedoch seit den siebziger Jahren immer schwieriger geworden. Wachstumseinbrüche und die finanzielle Überbeanspruchung des Staates haben die Verteilungsspielräume sinken lassen. Während die Schere zwischen Arm und Reich auseinandergeht, tritt auch das Bewusstsein für die ökologischen oder kulturellen Negativfolgen der Modernisierung stärker hervor. Beide Probleme haben sich unter den Bedingungen des beschleunigten Globalisierungsprozesses in den neunziger Jahren noch verschärft. Rückläufige Wahlbeteiligungen, häufigere Abwahl der Regierungen und wachsender Zuspruch für rechte oder linke Protestparteien sind seither in allen westlichen Demokratien zu einer Dauererscheinung geworden.

Retardierende Wirkungen auf die Entwicklung der politischen Kultur gingen von der deutschen Vereinigung aus. Dass der Untergang der DDR das Resultat einer basisdemokratischen Bewegung war, konnte den wachsenden Demokratieverdruss der Neubürger nicht aufhalten (Niedermayer 2009). Auch heute liegt der Anteil derer, die mit der Demokratie zufrieden sind und ihren Institutionen vertrauen, in den neuen Ländern um etwa 20 Prozentpunkte niedriger als in der Altbundesrepublik. In den Werten schlägt sich in erster Linie die Enttäuschung der Ostdeutschen über die wirtschaftlichen und sozialen Resultate des Vereinigungsprozesses nieder. Der erhoffte und versprochene Angleichungsprozess war nach dem Mauerfall ausgeblieben. Die enormen Transferleistungen aus dem Westen ermöglichten zwar eine rasche Modernisierung der Infrastruktur. Gleichzeitig führte der Zusammenbruch der Industrie jedoch dazu, dass sich die Arbeitslosigkeit auf hohem Niveau verfestigte und das soziale Gefälle innerhalb des Landes dramatisch zunahm.

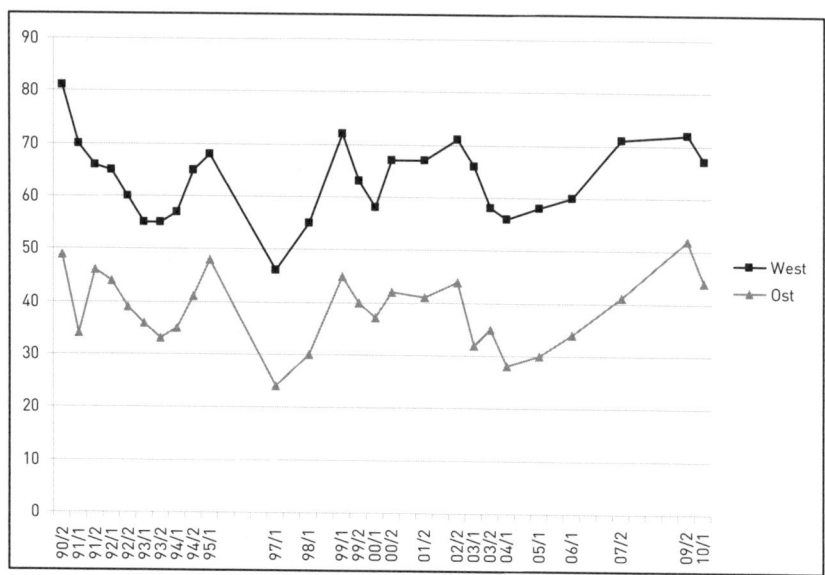

Abb. 1: Demokratiezufriedenheit in West- und Ostdeutschland 1990 bis 2010 (in Prozent)
Quelle: Eurobarometer-Daten, eigene Zusammenstellung.

Wieweit in der Demokratieskepsis auch die Erblast des SED-Staates nachwirkt, ist in der Literatur umstritten. Umfragen zeigen, dass die Wertvorstellungen der Ostdeutschen weiterhin stark von Elementen des sozialistischen Gesellschaftsmodells geprägt sind. Gleichheit und soziale Sicherheit werden höher geschätzt als pluralistische Vielfalt und Freiheit (Petersen 2012: 22). Liegen die Ursachen dafür eher in der Sozialisation im alten Regime oder den als ungerecht empfundenen Verhältnissen nach der Wende? Die Wahlerfolge der postkommunistischen PDS ab Mitte der neunziger Jahre machten deutlich, dass beides nicht voneinander zu trennen war. Einerseits fehlte es den Ostdeutschen 1990 an Erfahrungen mit Freiheit und Demokratie, die sie auf die Herausforderungen eines selbstbestimmten Lebens hätten vorbereiten können. Andererseits musste es Folgen haben, wenn »Menschen, die vorher ein sicheres Auskommen hatten, ausgerechnet mit dem Heraufziehen der Demokratie zu sozialen Außenseitern und Empfängern staatlicher Transferleistungen wurden« (Embacher 2011: 105).

1.4 Mehr Beteiligung – warum, wie viel, von wem und in welcher Form?

Warum beteiligen sich die Bürger politisch? Abstrahiert man von den verschiedenen Formen der Partizipation, die an die Beteiligungsbereitschaft und -fähigkeit des Einzelnen unterschiedliche Anforderungen stellen, werden in den allgemeinen Erklärungsmodellen üblicherweise folgende Gründe bzw. Merkmale genannt, die sich in drei Faktorenkomplexen bündeln lassen (Steinbrecher 2009: 56 ff.).

Individuelle Ressourcenausstattung. Als wichtigste Bestimmungsgröße gilt die Ausstattung der einzelnen Bürger mit intellektuellen und materiellen Ressourcen (Gabriel 2004: 322). Gemäß dem sozio-ökonomischen Standardmodell steigt die Wahrscheinlichkeit der Partizipation mit dem Grad der Bildung, der Höhe des Einkommens und der beruflichen Stellung (Verba/Nie 1972). Bezieht man das Alter und das Geschlecht mit ein, beteiligen sich Männer und ältere Personen häufiger. Eine Erweiterung des Ressourcenansatzes haben Verba u.a. (1995) vorgelegt. Sie verweisen auf die Bedeutung zusätzlicher Ressourcen wie Zeit, Geld und *civic skills*, womit staatsbürgerliche bzw. soziale Kompetenzen gemeint sind. Auch Netzwerke, in denen man sich bewegt, und Gruppenzugehörigkeiten können das Partizipationsverhalten beeinflussen. Diese Faktoren firmieren in der Literatur zumeist unter dem Begriff »Sozialkapital« (Putnam 2000).

Politische Einstellungen. Als zweiter Komplex werden, wiederum auf der individuellen Ebene, politische Einstellungen der Bürger genannt. Als wichtigste Bestimmungsgröße gilt hier die sogenannte political efficacy, was man am ehesten mit staatsbürgerlichem Selbstbewusstsein übersetzen könnte. Darunter versteht man einerseits die Wahrnehmung der eigenen Fähigkeit, sich zu beteiligen und die Politik beeinflussen zu können (*internal efficacy*/ subjektive politische Kompetenz), und andererseits das Gefühl, dass das politische System offen ist für eigene Initiativen und Veränderungen (*external efficacy*/Responsivitätsbewertung). Sind beide Faktoren positiv ausgeprägt, steigt die Partizipationswahrscheinlichkeit. Ist dies nicht der Fall, so dient gerade der Eindruck mangelnder Responsivität[4] als sinnvoller Indikator für Politikverdrossenheit (Arzheimer 2002). Als weitere Bestim-

---

4 Unter Responsivität versteht man in der Demokratieforschung die Übereinstimmung des Regierungshandelns mit den Wählerpräferenzen (Brettschneider 1995: 18 ff.).

mungsgröße führt Van Deth (2009) die ideologische Selbsteinstufung an, wobei links eingestellte Bürger in der Tendenz partizipationsbereiter seien. Die Arbeiten Ingleharts (1977) versuchen wiederum das Partizipationsniveau anhand von materiellen oder immateriellen Werthaltungen zu erklären.

Politische Gelegenheitsstrukturen. Als externe Faktoren werden die sogenannten politischen Gelegenheitsstrukturen betrachtet (Tarrow 1994). Darunter fallen zum einen die von der Verfassung vorgegebenen institutionellen Bedingungen der Partizipation. So macht es einen Unterschied, ob sich die Bürger auch außerhalb der Wahlen aktiv in die Gesetzgebungsverfahren einschalten können (durch Volksabstimmungen) oder ob sie bei den Wahlen neben der parteipolitischen zugleich über die personelle Zusammensetzung eines Parlaments entscheiden. Zum anderen bezeichnen Gelegenheiten situative Ereignisse, die politisch mobilisierend wirken. In diese Kategorie gehören etwa Umweltkatastrophen wie in Fukushima im März 2011, Terroranschläge, Korruptionsaffären oder ein sich abzeichnendes Kopf-an-Kopf-Rennen bei einer Wahl.

Der historische Rückblick zeigt, dass es kein allgemeines Entwicklungsgesetz der Partizipation gibt. Zwar lässt sich in der Bundesrepublik wie auch in anderen westlichen Demokratien seit den fünfziger Jahren ein allgemeiner Trend in Richtung mehr Partizipation ausmachen, der zugleich mit einer Ausweitung der Partizipationsformen einhergeht. Gleichzeitig vollzieht sich die Partizipation jedoch in Schüben, wechseln Phasen stärkeren und schwächeren Engagements im kollektiven Handeln einander ab. Der amerikanische Sozialwissenschaftler Albert Hirschman (1984) vermutet sogar eine zyklenförmige Bewegung ähnlich dem wirtschaftlichen Konjunkturverlauf. Danach konzentrierten sich die Bürger zu bestimmten Zeiten eher auf ihr privates Wohlergehen, während sie zu anderen Zeiten das öffentliche Wohl stärker in den Blick nähmen. Maßgeblich für das Hin und Her ist laut Hirschman die Erfahrung der Enttäuschung. So wie die Bereitschaft, sich politisch zu engagieren, wachse, wenn die Bürger vom Konsum genug hätten und in der Steigerung des materiellen Wohlstandes keinen persönlichen Gewinn mehr erblickten, so seien auch in der politischen Sphäre Ernüchterung und Frustration programmiert. Irgendwann zögen sich die Bürger deshalb wieder ins private Leben zurück.

In eine verwandte Richtung zielen die Theorien, die in den wechselnden Phasen des Engagements ein generationelles Phänomen sehen. So wie man von der 68er-Generation spricht, so hat man die aus der Umweltbewegung hervorgetretenen Grünen eine »Generationenpartei« genannt, die ihre mittlerweile ergrauten Gründungskohorten bis heute durchträgt. Die in den achtziger Jahren aufgewachsenen Geburtsjahrgänge 1965 bis 1975 verstanden sich demgegenüber als weitgehend unpolitisch und firmierten wegen ihres konsumorientierten Hedonismus unter der Bezeichnung »Generation Golf« (Illies 2000). Inzwischen ist im Zusammenhang der Piratenpartei von einer neuen »Internet-Generation« die Rede (Hensel 2012).

Wie lassen sich die verschiedenen Zyklen und generationsabhängigen Phasen politischer Partizipation erklären? Wichtig ist zunächst die Unterscheidung zwischen nachfrage- und angebotsseitigen Ursachen. Auf der Nachfrageseite wird das Engagement durch gesellschaftliche Missstände hervorgerufen; auf der Angebotsseite speist es sich aus der bürgerschaftlichen Kompetenz und den Bedingungen der politischen Kommunikation. Der historische Vergleich zeigt, dass Aufruhr mit Vorliebe dort droht, wo Gesellschaften die nachwachsende Generation in ihren Sinnvorstellungen und/oder sozialen Aufstiegsmöglichkeiten blockieren. Schon Nationalsozialismus und Kommunismus waren in diesem Sinne Generationenprojekte gewesen, bei denen sich beides zu einem revolutionären Gemisch verband. Während die Unzufriedenheit mit der eigenen materiellen Lebenssituation als Triebfeder der 68er- und Umweltbewegung nur eine untergeordnete Rolle spielte, ist sie für die heutigen globalisierungskritischen Gruppen – etwa die Occupy-Bewegung – erneut zu einer zentralen Quelle des Protests geworden. In manchen Ländern der Europäischen Union hat die Jugendarbeitslosigkeit so hohe Ausmaße erreicht, dass man sich fragt, warum die Betroffenen immer noch relativ ruhig bleiben und es nicht schon längst zu größeren Rebellionen gekommen ist.

Der Protestforscher Wolfgang Kraushaar (2012) hat in diesem Zusammenhang auf die Parallele zum sogenannten »Arabischen Frühling« hingewiesen. Auch hier ging der Aufruhr von einer überwiegend gut ausgebildeten jungen Generation aus, die sich durch die politischen und sozialen Zustände in ihren Ländern um die Zukunft betrogen fühlte. Die Revolte richtete sich gegen die dafür verantwortlichen autoritären Systeme und deren Machthaber. Diese hatten sich gegen eine demokratische Öffnung jahrzehntelang gesperrt und konnten den Unmut der Bevölkerung nun nicht mehr kanalisieren. Dass der Protest militante und gewaltsame Formen annehmen würde, war vorgezeichnet, da die repressiven Regime eine andere, friedliche Form nicht gestatteten. Eine Schlüsselrolle für das Zustandekommen und die Ausbreitung der Revolte kam dabei den Medien zu. Moderne Kommunikationstechniken wie Satellitenfernsehen, Mobiltelefone und das Internet erleichterten den Aufbau einer Gegenöffentlichkeit, die vom staatlichen Herrschaftsapparat nur schwer zu überwachen war. Damit ermöglichten sie den oppositionellen Kräften, sich zu organisieren.

Auch in den demokratischen Ländern haben sich die Bedingungen der politischen Beteiligung durch die neuen Medien verändert (Schmidt 2012). Das Internet erweitert einerseits das Spektrum der herkömmlichen, auf dem Sender-Empfänger-Modell basierenden Massenmedien, da es die Chance eröffnet, wesentlich mehr Informationen in wesentlich größerer Geschwindigkeit (»Echtzeit«) zu verbreiten. Zum anderen schafft es ein neues Feld für die interaktive Kommunikation und den Informationsaustausch. Die im Englischen als *social media* bezeichneten sozialen Netzwerke bewirken sowohl eine Entgrenzung als auch eine Segmentierung des öffentlichen Raums, in dem die politische Willensbildung stattfindet. Die Befürworter knüpfen an sie die Hoffnung einer Ausweitung der Partizipation. Wenn die technischen Schwellen der Beteiligung herabgesetzt würden, könnten sich erstens mehr Personen oder Gruppen einbringen, die das bislang wegen der zu großen Mühen gescheut hätten. Zweitens sei es möglich, mehr Entscheidungen direktdemokratisch zu treffen, also die Bürger selbst anstelle der repräsentativen Organe abstimmen zu lassen. Und drittens würden die Kontrollmöglichkeiten gegenüber den Regierenden gestärkt, indem sich die Bürger von deren Tun und Lassen ein besseres Bild machen könnten.

Mit den neuen technischen Möglichkeiten geht auch die demokratietheoretische Debatte um das richtige Maß der Partizipation in eine neue Runde. Das Hauptargument der Partizipationsskeptiker lautet, dass es den meisten Bürgern schlicht an der Kompetenz fehle, sich aktiv in das politische Geschehen einzubringen. Als Laien seien sie an der Politik nur mäßig interessiert, würden den eigenen Nutzen über das Gemeinwohl stellen, hätten wenig Sachverstand und auch nicht das notwendige Zeitbudget und »Sitzfleisch«, um die vorhandenen oder gebotenen Partizipationsmöglichkeiten zu nutzen. »Das reduzierte Verantwortungsgefühl und das Fehlen wirksamer Willensäußerung erklären … den Mangel an Urteilsvermögen und die Unwissenheit des gewöhnlichen Bürgers in Fragen der inneren und äußeren Politik, die im Falle gebildeter Leute und solcher Leute, die mit Erfolg in nichtpolitischen Lebensstellungen tätig sind, womöglich noch anstößiger sind als bei ungebildeten Leuten auf bescheidenen Posten« (Schumpeter 1950: 413 f.).

Die Befürworter von mehr Beteiligung zeichnen dagegen ein sehr viel positiveres und optimistischeres Bild. Ihnen zufolge sind die Bürger nicht nur in der Lage, Politik im allgemeinen zu beurteilen und deren Sinn zu begreifen; sie verfügten auch über die Fähigkeit und den Willen, sachkundig an konkreten Beratungs- und Entscheidungsprozessen mitzuwirken. Die Herausbildung von politischer Kompetenz in diesem allgemeinen und spezifischen Sinne sei allerdings kein Selbstgänger. Sie bedürfe der Einübung durch entsprechende Angebote, Lernhilfen und Zumutungen. Erfahrungen erlange man nur, wenn man auch Gelegenheit erhalte, sie zu sammeln. Eine Schlüsselbedeutung für die demokratische »Selbstermächtigung« komme dabei der politischen Bildung zu (Richter 2011: 234 ff.).

Die optimistische Sichtweise geht davon aus, dass politische Beteiligung ihren Wert bereits in sich selbst trägt. Im Grunde kann es für sie keine Grenzen der Beteiligung geben. Die Demokratie soll sowohl im staatlichen als auch im gesellschaftlichen Bereich expandieren. Ihre Verwirklichung wird als fortwährende Aufgabe gesehen, als »Programm zur Wiedergewinnung des Politischen« (Schmidt 2010: 238). Die Skeptiker betrachten Beteiligung demgegenüber eher unter funktionellen Gesichtspunkten. Nicht ihre einseitige Maximierung sei das Ziel, sondern ein ausgewogenes Verhältnis von Partizipation, Kontrolle und Effizienz. Für die Akzeptanz und Stabilität der demokratischen Ordnung könne übermäßige Beteiligung sogar schädlich sein, weil sie zu einer Anspruchsinflation führe und die politischen Entscheidungsträger unter Dauerstress setze. Zwischen Aktivismus und Apathie müsse es eine gesunde Mischung geben.

Skepsis gegenüber zu viel Beteiligung bestimmte die bereits erwähnten Pionierstudien zur politischen Kultur in den fünfziger Jahren. Der Grund dafür lag zum einen darin, dass in dieser Zeit die Legitimität der politischen Systeme größtenteils über deren Output verbürgt werden konnte. Zum anderen standen die Autoren noch stark unter dem Eindruck der autoritären Wende in der Zwischenkriegszeit, die auch eine Folge der Massenmobilisierung gewesen war. So hatten z.B. die Wahlbeteiligungen in der Weimarer Republik die höchsten Werte ausgerechnet in den Krisenjahren 1930 bis 1932 erreicht, die unmittelbar in die Hitler-Diktatur mündeten. Bei den Reichstagswahlen im Juli und November 1932 stimmten dabei jeweils mehr als die Hälfte der Wähler für die Nationalsozialisten oder Kommunisten. Vor diesem Hintergrund war es verständlich, dass die Demokratieforscher die geringeren Beteiligungsraten in der Nachkriegszeit nicht als Alarmzeichen werteten. Das Fernbleiben von der Wahl und die allgemeine Distanz zur Politik galten ihnen im Gegenteil nun eher als Hinweis, dass die Bürger mit den Verhältnissen zufrieden waren.

Ab den sechziger Jahren begann sich das Bild zu ändern (Niedermayer 2005: 22). Die Umfragen belegen hier für die Bundesrepublik zunächst einen sprunghaften Anstieg des politischen Interesses. Bezeichneten sich 1960 nur gut ein Viertel der Bundesbürger als politisch interessiert, so stieg dieser Wert gegen Ende des Jahrzehnts auf etwa 45 Prozent an. Der Anteil der gänzlich Uninteressierten verminderte sich unterdessen von gut 30 auf knapp 10 Prozent. Seit Anfang der siebziger Jahre hat sich an dieser Verteilung nichts Nennenswertes geändert, sieht man von gelegentlichen zyklischen Schwankungen einmal ab. Deutschland bewegt sich damit im europäischen Vergleich oberhalb des Durchschnitts.

Mit dem wachsenden politischen Interesse ging ein Anstieg des staatsbürgerschaftlichen Selbstbewusstseins einher. Dieses umfasst – wie oben gezeigt – zwei getrennt zu messende Dimensionen: den Eindruck, dass man als Bürger die politischen Verhältnisse durchschaut und auf sie Einfluss nehmen kann, und die Überzeugung, dass die Regierenden die Anliegen der Bürger ernst nehmen und in ihren Entscheidungen berücksichtigen. In beiden Bereichen stiegen die Werte bis Mitte der siebziger Jahre kontinuierlich an, um danach bei unvermindert hohem politischen Interesse deutlich abzufallen. Dabei war der Rückgang bei der Responsivitätsbewertung stärker als bei der Beurteilung des eigenen Einflusses.

Das differenzierte Bild spiegelt sich in der Messung der Demokratiezufriedenheit wider. Hier öffnete sich in den neunziger Jahren die Schere zwischen denjenigen, die die Demokratie als Idee befürworten und sie für die relativ beste Staatsform halten, und denjenigen, die gutheißen, wie die Demokratie tatsächlich funktioniert. Bis dahin hatten die Quoten in beiden Bereichen eng beieinander gelegen und die Zufriedenheit mit dem Funktionieren der Demokratie zugleich deutlich bessere Werte erreicht als in anderen europäischen Ländern (mit im Schnitt über 70 im Vergleich zu etwa 50 Prozent Zufriedenen). Der Rückgang der Demokratiezufriedenheit betraf die alten Bundesländer ebenso wie die neuen, nur dass er sich in Ostdeutschland auf niedrigerem Niveau abspielte. Besorgniserregender war, dass sich in den neuen Ländern im Schnitt nur ein Drittel der Bürger zur

Demokratie als Idee bekannte, während genauso viele der Ansicht zustimmten, es gebe eine andere Staatsform, die besser sei. In der alten Bundesrepublik lag die Zustimmungsrate zur Demokratie im Allgemeinen mit durchschnittlich 70 Prozent mehr als doppelt so hoch (Gabriel 2000: 46).

Diese Befunde deuten darauf hin, dass zwischen Zufriedenheit oder Unzufriedenheit und der Zustimmung zur Demokratie keine klare Beziehung besteht. Politische Zufriedenheit mag zu einer größeren Unterstützung der Demokratie im Allgemeinen führen. Gleichzeitig sind es jedoch gerade die unzufriedenen Bürger, die sich zu zentralen demokratischen Prinzipien bekennen und diese befürworten (Norris 1999). Unzufriedenheit lässt sich insofern nicht mit Kritik gleichsetzen, wie es in der Literatur häufig geschieht. Zur Kritik gehört vielmehr auch die Kritikpflicht, verstanden als Bereitschaft der Bürger, die Politik aufmerksam zu beobachten und ihr gegenüber nötigenfalls zu intervenieren. Ist diese Bereitschaft vorhanden, dürfte sich das auf die Entwicklung der Demokratie positiv auswirken, auch wenn es im Einzelfall zu mehr Unzufriedenheit führt (Geißel 2011).

1.5 Weiterer Aufbau der Studie

Die weitere Darstellung basiert auf der typologischen Unterscheidung verschiedener Partizipationsformen (2.1). Im Bereich der verfassten Formen (2.2) werden Wahlen (2.2.1), Volksabstimmungen (2.2.2), die Mitwirkung in Parteien (2.2.3) und weitere, neuere Beteiligungsverfahren wie Bürgerhaushalte oder Planungszellen (2.2.4) betrachtet, im Bereich der nicht-verfassten Partizipation (2.3) stehen die protest- oder problemorientierten Formen im Vordergrund. Quer zu der Unterscheidung liegen die seit den neunziger Jahren zunehmend verfügbaren Formen der elektronischen Partizipation (2.5). Als technisches Medium ergänzen bzw. erweitern diese einerseits die vorhandenen klassischen Partizipationsformen (im verfassten wie nicht-verfassten Bereich), andererseits stellen sie die Basis für die neueren Beteiligungsverfahren dar, die erst durch sie realisierbar werden.

Im dritten Teil werden die verschiedenen Partizipationsformen hinsichtlich ihrer Inklusionswirkung und Repräsentativität problematisiert. Den Auftakt machen hier die Parteien, die die repräsentative Qualität der demokratischen Staatsform vor allen anderen Institutionen verkörpern (3.1).

Auch Wahlen und Abstimmungen sind auf die Parteien als zentrale Organe des Willensbildungs- und Entscheidungsprozesses bezogen. Im Unterschied zu den Parteien und anderen Formen der verfassten und nichtverfassten Partizipation setzen sie aber eine allgemeine Mitwirkung voraus, die möglichst viele der Berechtigten umfasst. Allgemeinheit misst sich dabei nicht nur an der absoluten Höhe der Beteiligung, sondern auch an der Zusammensetzung derjenigen, die sich beteiligen bzw. nicht beteiligen (3.2). Bei den übrigen Partizipationsformen ist dagegen vorgezeichnet (und aus normativer Sicht nicht von vornherein unerwünscht), dass sie nur von bestimmten Personen bzw. Gruppen genutzt werden. Bei ihrer Bewertung geht es vor allem darum, ob sie dazu beitragen können, den Repräsentationsprozess qualitativ zu verbessern (3.3). An die neueren Formen der digitalen Partizipation knüpfen sich darüber hinaus Hoffnungen auf einen quantitativen Zuwachs der Beteiligung, die hier einem Realitätstest unterzogen werden (3.4).

Die Untersuchung basiert einerseits auf einer Sichtung und Auswertung der neueren politikwissenschaftlichen Partizipationsliteratur, zum anderen auf einer in Nordrhein-Westfalen durchgeführten Umfrage, die sich an der eben dargestellten Gliederung orientiert und deren Ergebnisse – grafisch aufbereitet – in die einzelnen Kapitel integriert werden. Für die Durchführung der Umfrage wurde das Meinungsforschungsinstitut Infratest dimap beauftragt. Der Fragenkatalog umfasst ausschließlich standardisierte Fragen und wurde in Zusammenarbeit mit den Autoren entwickelt. Zur Durchführung der Befragung wurden computergestützte telefonische Interviews (CATI) durchgeführt. Die befragte Grundgesamtheit bildeten in Nordrhein-Westfalen lebende deutsche Staatsbürger ab 16 Jahren. Hierzu wurde eine repräsentative Stichprobe gezogen. Die Ergebnisse wurden zudem nach soziodemographischen Merkmalen gewichtet. Insgesamt sind 1.000 Interviews in der Feldzeit vom 28. November bis zum 21. Dezember 2011 durchgeführt worden. Da die Fragestellungen auf grundsätzliche Einstellungen zu bestehenden und aktuell diskutierten Beteiligungsmöglichkeiten der Bürger in Nordrhein-Westfalen abzielen, fiel die Wahl auf eine vierwöchige Laufzeit, um eine möglichst hohe Stichprobenausschöpfung zu erreichen. Gleichzeitig ergibt sich aus der Feldzeit zum Ende des Jahres 2011 eine Besonderheit für die Auswertung der Befragungsergebnisse in den folgenden Kapiteln. Da sich die Parteisympathien für FDP, LINKE und auch Piraten zu diesem Zeitpunkt auf einem Niveau unterhalb von fünf Prozent der Befragten bewegten, muss auf eine Interpretation und Darstellung dieser Gruppen verzichtet werden, da die Werte statistisch nicht aussagekräftig sind. Wo Ergebnisse nach den Parteipräferenzen der Befragten aufgeschlüsselt werden, wird folglich ausschließlich Bezug auf Parteisympathisanten von SPD, CDU und Grünen genommen. Neben der Parteisympathie wurden außerdem das Alter, das Geschlecht, der Bildungsabschluss und das Haushaltsnettoeinkommen der Befragten ermittelt, dies ermöglicht eine Auswertung der Befragung nach dem Antwortverhalten verschiedener soziodemographischer Gruppen.

Am Ende der Untersuchung (4) stehen einige abschließende Bewertungen und Empfehlungen. Manche davon knüpfen an bestimmte Spezifika in Nordrhein-Westfalen an, die meisten lassen sich auf andere Bundesländer bzw. die Bundesrepublik im Ganzen übertragen. Nach Ansicht der Autoren ist eine größere Bereitschaft der politischen Eliten geboten, sich für mehr und andere Mitwirkungsmöglichkeiten der Bürger an den Entscheidungsprozessen zu öffnen. Gleichzeitig wird vor übertriebenen Erwartungen gewarnt. Wenn die Hauptursache der wachsenden Demokratieunzufriedenheit darin liegt, dass die Gesellschaft in politischer und sozialer Hinsicht immer weiter auseinanderdriftet, kann die Antwort darauf nicht allein (oder primär) in institutionellen Reformen liegen.

2 Politische Beteiligung in Nordrhein-Westfalen

2.1 Formen der Partizipation: eine Typologie

In der Politikwissenschaft gibt es heute einen weitgehenden Konsens, was (und was nicht) man unter politischer Partizipation bzw. Beteiligung – diese Begriffe sind bedeutungsgleich – zu verstehen hat. Einen guten Vorschlag, der zugleich die verschiedenen Definitionen in der angelsächsischen Literatur berücksichtigt, macht Kaase (1997: 160). Er fasst unter den Partizipationsbegriff alle Handlungen, »die Bürger freiwillig mit dem Ziel vornehmen, Entscheidungen auf den verschiedenen Ebenen des politischen Systems zu beeinflussen«. Die Definition enthält vier wesentliche Elemente. Erstens geht es um Handlungen. Einstellungen wie das politische Interesse oder die Demokratiezufriedenheit fallen nicht unter den Begriff der Partizipation, auch wenn sie dieser vorausgehen. Zweitens sind die Handlungen freiwillig. Sie gehen von den Bürgern als Adressaten der Politik und nicht von berufsmäßigen Politikern aus. Drittens soll mit den Handlungen Einfluss genommen werden. Rein kommunikative oder passiv-unterstützende Handlungen bleiben ausgeklammert (Diskussion über Politik im Freundeskreis, Verfolgen der politischen Berichterstattung in Zeitungen oder Fernsehen, Zahlen von Steuern, Mitsingen der Nationalhymne usw.). Und viertens sind die Handlungen politischer Natur. Soziales oder gesellschaftliches Engagement fällt aus der Definition heraus, auch wenn die Übergänge fließend sein mögen. Gerade die Anhänger eines weiter gefassten Demokratieverständnisses tun sich schwer, beides zu trennen, weshalb die politischen und sozialen Partizipationshandlungen in der Literatur manchmal unter dem Oberbegriff »bürgerschaftliches« oder »zivilgesellschaftliches« Engagement zusammengefasst werden (Steinbrecher 2009: 29).

Insgesamt findet sich eine kaum zu überblickende Zahl an Möglichkeiten der politischen Beteiligung. Van Deth (2003: 175 ff.) listet allein über 70 verschiedene Formen auf, die in wissenschaftlichen Arbeiten irgendwann unter die Lupe genommen wurden. Diese können unter verschiedenen Gesichtspunkten unterschieden und klassifiziert werden.

(1) *Verfasst versus nicht-verfasst.* Bei den verfassten Formen sind die Beteiligungsverfahren durch Verfassung, Gesetz oder sonstige Regelungen rechtlich vorgegeben (institutionalisiert), bei den nicht-verfassten Formen laufen sie außerhalb eines solchen institutionellen Rahmens informell ab.

(2) *Legal versus illegal.* Die nicht-verfassten Formen können auch gesetzeswidrige Handlungen umfassen. Bei diesen ist wiederum zwischen gewaltsamen und nicht gewaltsamen Formen zu unterscheiden. Unter die erstgenannten fallen z.B. terroristische Handlungen oder Ausschreitungen bei Demonstrationen, unter die letztgenannten Akte des zivilen Ungehorsams wie Blockaden, Hausbesetzungen oder Steuerstreiks.

(3) *Legitim versus illegitim.* Legitim sind Beteiligungshandlungen, die von den Mitgliedern der politischen Gemeinschaft als moralisch gerechtfertigt betrachtet werden. Bei den illegitimen Handlungen ist das nicht der Fall, selbst wenn es sich um legale Formen handelt. Legitimitätsvorstellungen verändern sich im Zeitverlauf und unterscheiden sich auch zwischen Ländern und Gesellschaften. Im Zuge des Wertewandels hat z.B. die Akzeptanz von Protestmärschen oder Demonstrationen zugenommen, sodass diese heute, anders als früher, zu den legitimen Partizipationsformen zählen.

(4) *Konventionell versus unkonventionell.* Bei dieser Unterscheidung werden die Merkmale 1 und 3 kombiniert. Als konventionell gelten die Beteiligungsarten, die »mit hoher Legitimitätsgeltung auf institutionalisierte Elemente des politischen Prozesses, insbesondere die Wahl bezogen sind, auch wenn diese Formen selbst nicht institutionalisiert sind«, als unkonventionell die Beteiligungsarten, die »auf institutionell nicht verfasste unmittelbare Einflussnahme auf den politischen Prozess abstellen« (Kaase 1997: 162). Nachdem die unkonventionellen Formen in das Beteiligungsrepertoire der Bürger immer mehr Einzug gehalten haben, wird die Unterscheidung heute kaum noch verwendet. Auch ihr Erfinder Max Kaase hat sich von der Begrifflichkeit distanziert.

(5) *Von oben versus von unten ausgehend.* Der Ausgangspunkt der politischen Partizipation kann entweder bei den staatlichen Behörden oder Institutionen liegen, die die Bürger durch die Organisation von Wahlen und Abstimmungen, Verfahren der Kooperation und Konsultation sowie die Bereitstellung von Informationen zur Beteiligung anhalten bzw. ihnen die Chance der Beteiligung geben. Oder die Initiative geht von den Bürgern aus, die sich im Rahmen verfasster (Bürger- und Volksbegehren, Petitionen)

oder nicht-verfasster Partizipationsformen (Kampagnen, Lobbying, Herstellung von Transparenz) in die Politik »einmischen« (Kubicek 2012).

(6) *Problem- bzw. protestorientiert versus aktiv unterstützend.* Problemoder protestorientierte Partizipation richtet sich zumeist auf ganz bestimmte Anliegen und Projekte. Die Bürger können sich dabei für oder gegen etwas engagieren. Die Bandbreite der Formen reicht von der Beteiligung an genehmigten Demonstrationen über die Mitarbeit in Bürgerinitiativen bis hin zu Boykottmaßnahmen. Sie schließt aber auch verfasste Partizipationsformen mit ein. Volksabstimmungen zielen z.b. häufig darauf ab, Vorhaben der Regierenden zu Fall zu bringen. Auch das Wahlverhalten kann von Protestmotiven bestimmt sein und zur gezielten Unterstützung von radikalen oder Außenseiterparteien genutzt werden (Decker 2004: 181 ff.). Aktiv unterstützende Handlungen bewegen sich demgegenüber ausschließlich in der Sphäre des Parteienwettbewerbs. Sie betonen zum einen die Staatsbürgerrolle, indem man an Wahlen und Abstimmungen teilnimmt, zum anderen die Schlüsselstellung der Parteien als politische Willensbildungs- und Entscheidungsorgane.

(7) *Direkt versus indirekt.* Bei Wahlen und Abstimmungen haben die Partizipanten direkten Einfluss auf die Entscheidungen. Das gilt auch für Personal- und Sachentscheidungen in den Parteien, sofern diese von den Mitgliedern bzw. der Parteibasis getroffen werden. Bei den nicht-elektoralen Beteiligungsformen können die Bürger ihren Einfluss dagegen nur indirekt ausüben.

(8) *Breit versus selektiv.* Während in Wahlen über ein weites Spektrum politischer Fragen gleichzeitig entschieden wird, sind die Gegenstände bei allen anderen verfassten und nicht-verfassten Partizipationsformen inhaltlich begrenzt (von Extremfällen wie einem politischen Generalstreik einmal abgesehen). Bei den Wahlen muss wiederum eine Abstufung nach territorialen Einheiten – Bund, Land oder Kommune – vorgenommen werden. Weil auf der oberen Ebene im Zweifel die wichtigeren Materien angesiedelt sind, dürfte dort auch die Wahlbeteiligung höher ausfallen.

Wissenschaftlich griffen Barnes und Kaase (1979) die Veränderungen der Partizipationskultur in ihrer ›Political Action‹-Studie auf, indem sie die nicht-verfassten Beteiligungsformen, die Anfang der sechziger Jahre aufkamen und vor allem auf Protest ausgelegt waren, in ihre Analyse integrierten. Seitdem sind immer wieder neue Formen der politischen Beteiligung entstanden bzw. Formen in die Politik eingebracht worden, die vorher dem privaten Raum vorbehalten waren. Aus der jüngeren Vergangenheit wäre hier etwa die Mobilisierung für oder gegen bestimmte Anliegen im Internet zu nennen. Portale wie *campact.de* sammeln Unterstützung für online-Petitionen zu politischen Themen, vernetzen andere Organisationen und Interessengruppen oder generieren Unterstützergruppen für Aktionen vor Ort. Auch ein kritisches Konsumverhalten, das auf ökologisch oder arbeitsrechtlich fragwürdige Produktionsbedingungen hinweisen will, wird mittlerweile als Form der politischen Beteiligung angesehen (Teorell/Torcal/Montero 2007, Micheletti 2003).

Die nachfolgende Darstellung knüpft an die Grundunterscheidung von verfassten und nicht-verfassten Partizipationsformen an, wobei innerhalb der letzteren zusätzlich zwischen legalen und illegalen und hier wiederum zwischen zivilen und gewaltsamen Formen differenziert wird. Anknüpfend an eine ältere Studie von Uehlinger (1988) hat Beate Hoecker (2006: 11) eine solche Klassifikation vorgeschlagen. Sie wird hier leicht modifiziert und um einige neuere Partizipationsformen ergänzt wiedergegeben.

Dimensionen politischer Beteiligung	Formen politischer Beteiligung	konkrete Akte politischer Beteiligung
verfasst	Staatsbürgerrolle	▪ sich an Wahlen oder Abstimmungen beteiligen
	parteiorientierte Partizipation	▪ in einer Partei mitarbeiten ▪ einen Kandidaten unterstützen
nicht-verfasst a) legal	problemorientierte Partizipation	▪ Mitarbeit in einer Bürgerinitiative ▪ Teilnahme an einer genehmigten Demonstration ▪ Unterschriften sammeln ▪ sich an öffentlichen Diskussionen beteiligen ▪ Online-Protest ▪ kritischer Konsum
b) illegal – gewaltlos	ziviler Ungehorsam	▪ Teilnahme an einer verbotenen Demonstration ▪ Verkehrsblockade ▪ Besetzungsaktionen ▪ Krach bei Demonstration ▪ Beteiligung an wilden Streiks
– gewaltsam	politische Gewalt	▪ Gewalt gegen Personen und Sachen ▪ politische Gegner einschüchtern

Abb. 2: Typologie politischer Partizipation
Quelle: Hoecker 2006: 11, eigene Ergänzungen.

2.2 Verfasste Formen politischer Partizipation

Nach wie vor sind es die verfassten Formen politischer Beteiligung, die von Bürgern am häufigsten genutzt werden. Auch bei diesen gibt es eine deutliche Rangfolge: Von den institutionell festgeschriebenen Beteiligungsmöglichkeiten nehmen die Bürger vor allem das Recht wahr, an Wahlen teilzunehmen. Am höchsten ist die Beteiligung dabei auf der Bundesebene, also bei den Bundestagswahlen. Weniger häufig Gebrauch gemacht wird von den auf kommunaler und Länderebene vorhandenen Instrumenten direkter Demokratie (Bürger- und Volksbegehren), auch wenn sich hier seit den neunziger Jahren ein Aufschwung feststellen lässt. Die Mitarbeit in Parteien stellt dagegen nur für wenige Bürger eine Option dar, sich politisch einzubringen. Zuletzt finden sich in einzelnen Städten und Gemeinden neuere Formen verfasster Partizipation wie z.b. Bürgerhaushalte oder Planungszellen.

2.2.1 Wahlen als »klassisches« Element der Bürgerbeteiligung

Wahlen stehen im Zentrum der politischen Beteiligung durch die Bürger. Durch sie übt das Volk die Staatsgewalt aus, wie es das Grundgesetz in Art. 20 Abs. 2 formuliert. Wahlen sind somit das institutionelle Kernstück der Demokratie. Manche Demokratietheoretiker gehen sogar so weit, sie als einziges Merkmal heranzuziehen, um demokratische von undemokratischen Systemen zu unterscheiden (Huntington 1991, Przeworski u.a. 1996). Auch bei einer schmalen Demokratiedefinition sind die Wahlen an Voraussetzungen geknüpft. Zum einen müssen sie in regelmäßigen Abständen stattfinden. Nur wenn die Repräsentanten sich der Wiederwahl stellen müssen, erfüllen Wahlen ihren Zweck: Die gewählten Vertreter orientieren sich an den Interessen der Bürger, weil sie andernfalls »vom Hof gejagt« werden. Darüber hinaus gelten für die Wahlen bestimmte Standards. Im Grundgesetz sind diese in den fünf Wahlrechtsgrundsätzen des Art. 38 Abs. 1 festgeschrieben. Die Abgeordneten werden danach von den Bürgern in »allgemeiner, unmittelbarer, freier, gleicher und geheimer Wahl« gewählt.

Dass unter allen Partizipationsformen eigentlich nur das Wahlrecht vom größten Teil der Bevölkerung wahrgenommen wird, hängt mit dem günstigen Kosten-Nutzen-Verhältnis zusammen. Wahlen finden in der Regel nur alle paar Jahre statt und sind für den Bürger mit geringem Aufwand verbunden. Mittlerweile kann man sich in vielen Fällen sogar den Gang in das Wahllokal sparen und per Briefwahl von zu Hause aus abstimmen. Zudem gibt es neben einem reichhaltigen Informationsangebot durch Kandidaten, Parteien und Medien weitere zahlreiche »Anhaltspunkte« für die Bürger, um eine Entscheidung zu treffen. Wahlempfehlungen von Verbänden, Gewerkschaften oder Interessengruppen, eine langfristige Bindung an eine politische Partei oder Gespräche im Bekanntenkreis dienen als Informationsquellen, ohne dass sämtliche Wahlprogramme der Parteien durchgearbeitet werden müssen.

Auch in Nordrhein-Westfalen ist die Beteiligung an Wahlen nach wie vor die am meisten genutzte Möglichkeit politischer Beteiligung. Abbildung 3 macht allerdings deutlich, dass diese Aussage in doppelter Hinsicht der Einschränkung bedarf. Zum einen weichen die Beteiligungsraten auf den verschiedenen Ebenen des politischen Systems – Europa, Bund, Land, Kommune – zum Teil erheblich voneinander ab. Und zum anderen gilt für alle Ebenen, dass die Wahlbeteiligung im Zeitverlauf schwankt, wobei sich seit Ende der siebziger Jahre eine allgemein rückläufige Tendenz abzeichnet.

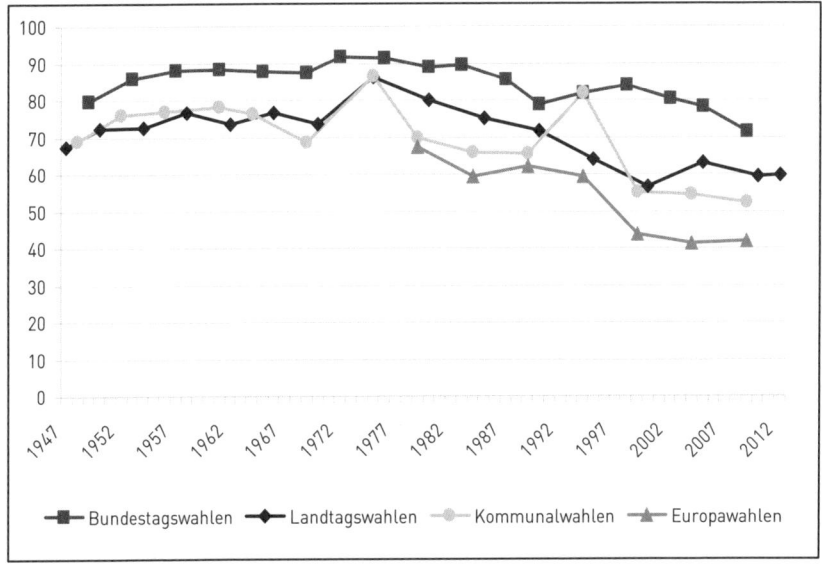

Abb. 3: Wahlbeteiligung in Nordrhein-Westfalen, 1947-2012

41

Beim Vergleich der Ebenen zeigt sich, dass die Bürger in Nordrhein-Westfalen mit Abstand am häufigsten an Bundestagswahlen teilnehmen. Im Schnitt lag die Wahlbeteiligung hier bei 84,6 Prozent. Es folgen die Landtagswahlen (70,5 Prozent) vor den Kommunalwahlen (70,0 Prozent) und den Wahlen zum Europäischen Parlament (53,6 Prozent). Dass die Wahlbeteiligung bei Landtags- und Kommunalwahlen im Durchschnitt so nahe beieinander liegt, ist auch der Tatsache geschuldet, dass die Kommunalwahlen 1975 mit den Landtags- und 1994 mit den Bundestagswahlen auf einen gemeinsamen Termin gelegt wurden. Grundsätzlich zeichnete sich bereits 1966 ab, dass die Beteiligung an den Wahlen zum Landtag höher ist als bei den Kommunalwahlen.

Wie lassen sich die Unterschiede erklären? Es ist plausibel anzunehmen, dass die Wähler nicht allen Ebenen die gleiche Wichtigkeit beimessen. So könnten konkrete Probleme in der eigenen Gemeinde einen anderen Stellenwert einnehmen als etwa die politischen Abläufe in Brüssel. Im täglichen Leben mag man von den Entscheidungen, die im Land getroffen werden, anders berührt werden als von bundespolitischen Maßnahmen. Hierbei geht es weniger um die tatsächlichen Kompetenzen, die den Entscheidungsträgern der verschiedenen Bereiche zukommen, als um die Frage, wie wichtig die unterschiedlichen Ebenen jeweils für das eigene Leben der Bürger sind.

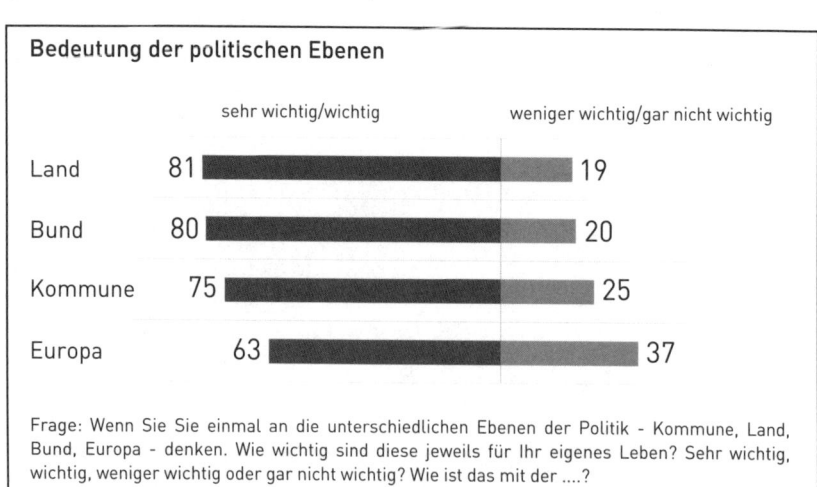

Abb. 4: Bedeutung der politischen Ebenen

Zwar werden alle genannten vier politischen Ebenen mehrheitlich als sehr wichtig oder wichtig eingestuft, die europäische Ebene fällt aber deutlich ab, nur 63 Prozent der Befragten halten sie für sehr wichtig oder wichtig. Bedeutsamer sind für die Bürger Nordrhein-Westfalens die Kommunen. Auch dies entspricht der Rangordnung bei den Wahlbeteiligungen, die bei den Kommunalwahlen höher liegt als bei den Europawahlen. Überraschend ist der Vergleich zwischen Landes- und Bundesebene. Obwohl die Beteiligung bei den Landtagswahlen in Nordrhein-Westfalen im Schnitt mehr als zehn Prozentpunkte unter derjenigen bei Bundestagswahlen liegt, messen die Bürger der Landespolitik dieselbe Bedeutung zu wie der Bundespolitik. Ein weiterer interessanter Befund ergibt sich, wenn man das Antwortverhalten in verschiedenen Altersgruppen betrachtet. Während für alle Altersgruppen ab dem 25. Lebensjahr die europäische Ebene in der Bedeutung hinter den anderen Ebenen zurückbleibt, spielt für die Gruppe der 16- bis 24-Jährigen Europa eine größere Rolle als die Kommunen. Bezieht man andere Kontrollvariablen mit ein, sind die Ergebnisse wenig überraschend. Auf allen Ebenen steigt deren zugeschriebene Bedeutung mit dem durchschnittlichen Haushaltseinkommen und dem höchsten erworbenen Bildungsgrad an. In dieselbe Richtung wirkt das politische Interesse (s. Tabellenanhang).

Ungeachtet der Bedeutung, die die Bürger selbst der Landes- und Bundespolitik zuweisen, spiegelt die niedrigere Beteiligungsrate bei Landtagswahlen die Kompetenzverteilung zwischen beiden staatlichen Ebenen treffend wider. Im bundesdeutschen Föderalismus liegt das »Übergewicht der die materielle Lebenswirklichkeit prägenden Politikgestaltung […] auf der Bundesebene« (Decker/von Blumenthal 2002: 146). In der Gesetzgebung sind den Ländern nur wenige eigene Gestaltungsmöglichkeiten verblieben, insbesondere in den Bereichen Schule und Hochschule. Landtagswahlen ziehen deshalb nicht nur im Allgemeinen weniger Interesse auf sich als die als wichtiger empfundenen Bundestagswahlen, sie finden auch in deren Schatten statt, indem sich die Wähler bei der Stimmabgabe im Land an der bundespolitischen Konstellation orientieren. Allerdings lässt sich seit geraumer Zeit ein Bedeutungsanstieg der Länderpolitik feststellen, der in erster Linie auf die Schulpolitik zurückzuführen sein dürfte (Pisa-Schock und G8-Reform). Die Rückgewinnung von Kompetenzen im Zuge der Föderalismusreform spielt demgegenüber eine geringere Rolle.

Wie die Landtagswahlen, so werden auch die Kommunal- und Europawahlen häufig als »Zwischenwahlen« oder »Second-Order-Elections« (Reif/

Schmitt 1980) apostrophiert, bei denen tatsächlich oder zumindest im Empfinden der Bürger weniger auf dem Spiel steht als bei den Bundestagswahlen. Die Intensität der Wahlkampagnen und der Medienberichterstattung ist bei den Nebenwahlen entsprechend geringer. Damit entfallen Anreize, sich zu beteiligen. Bei den Wahlen zum Europäischen Parlament kommt noch erschwerend hinzu, dass nicht hinreichend deutlich wird, wen man eigentlich wählt und wie mit der Stimme Einfluss auf die europäischen Entscheidungsprozesse genommen werden kann.

Die rückläufige Wahlbeteiligung seit Ende der siebziger Jahre, die auf allen Ebenen zu verzeichnen ist, entspricht einem allgemein-europäischen Trend. Prozentual am stärksten betrifft sie ausgerechnet die Europawahlen, an denen sich 2009 in Nordrhein-Westfalen nur noch 41,8 Prozent der Wahlberechtigten beteiligen mochten. Bei der ersten Direktwahl im Jahre 1979 lag der Wert bei immerhin 67,4 Prozent. Einen starken Rückgang verzeichnete zuletzt auch die Beteiligung bei Bundestagswahlen, die in Nordrhein-Westfalen 2009 auf den bisherigen Tiefstwert von 71,4 Prozent sank. Im Rekordjahr 1972 hatte sie mit 91,8 Prozent noch mehr als zwanzig Punkte darüber gelegen.

In der Literatur gibt es Stimmen, die in der abnehmenden Wahlbeteiligung nicht unbedingt ein Krisenzeichen erkennen wollen. Schäfer (2009) arbeitet drei Begründungslinien heraus. Nach der ersten Begründungslinie handelt es sich eher um eine Normalisierung als eine Krise. Deutschland bewege sich nach wie vor auf einem im internationalen Vergleich hohen Level der Wahlbeteiligung, die extrem hohen Beteiligungsraten der siebziger Jahre seien die Ausnahme von der Regel, nicht die heutige Situation (*Normalisierungsthese*). Andere sehen in der rückläufigen Wahlbeteiligung einen Indikator dafür, dass die Leute im Grunde zufrieden mit den Ergebnissen der Politik seien; von daher bräuchten sie nicht zur Wahl zu gehen, um Abhilfe zu schaffen (*Zufriedenheitsthese*). Schließlich wird angeführt, dass die rückläufigen Wahlbeteiligungen mit der verstärkten Nutzung anderer, nicht-verfasster Partizipationsformen einhergingen (z.B. Dalton 2008). Die Bürger seien nach wie vor politisch interessiert, nur finde ihr Engagement vermehrt außerhalb der herkömmlichen Pfade statt (*Substitutionsthese*).

Auf der anderen Seite stehen Interpretationen, die die rückläufigen Wahlbeteiligungen als Krisensymptom betrachten. Wenn immer weniger Bürger an Wahlen teilnähmen, erodiere letztlich die Legitimationsgrundlage des gesamten politischen Systems. Gerade weil die Wahlen häufig die einzige von den Bürgern genutzte Partizipationsform seien, müsse es bedenklich stimmen, wenn bei Kommunal- und Europawahlen die Beteiligung mittlerweile regelmäßig unter die »magische« 50-Prozent-Grenze falle, also nicht einmal die Hälfte der Berechtigten zur Wahl gehe geschweige denn die siegreiche(n) Partei(en) unterstütze. Sinkende Wahlbeteiligungen seien insofern ein Anzeichen für den Vertrauensverlust der Bürger in die politischen Institutionen und Akteure, der in der deutschen Diskussion mit Begriffen wie Politik-, Politiker- oder Parteienverdrossenheit umschrieben wird.

Für eine Bewertung der beiden Interpretationsansätze ist es notwendig, sich die Forschung zur Wahlbeteiligung etwas genauer anzuschauen. Als Gründe für den Rückgang wird in der Literatur zum einen auf gesellschaftliche Modernisierungsprozesse verwiesen, die seit Ende der sechziger Jahre zu einer stärkeren Individualisierung geführt haben. Weil traditionelle Milieus verschwinden und Organisationen wie Gewerkschaften oder Kirche an gesellschaftlicher Bindekraft einbüßen, treffen die Wähler ihre Entscheidungen stärker nach eigenen Interessen. Gleichzeitig kommen neue Wertvorstellungen auf, die die Repräsentationsfähigkeit der vorhandenen Parteien überfordern. Das politische Angebot hält mit den veränderten Bedürfnissen nicht Schritt, weshalb sich gerade jüngere Wähler in Wahlabstinenz üben. Eine weitere Folge des Wertewandels ist die abnehmende Bedeutung der Wahlnorm, also der Überzeugung, dass es eine staatsbürgerliche Pflicht sei, das Wahlrecht auszuüben (Rattinger/Krämer 1995).

Ein zweiter Erklärungsstrang hebt auf die schwindenden Anreize ab, sich an Wahlen zu beteiligen. Weil sich die Parteien programmatisch angleichen, haben die Wähler keine Möglichkeit mehr, mit ihrer Wahl eine grundlegende politische Richtungsentscheidung zu treffen. Durch die Zersplitterung der Parteienlandschaft kommt es zudem zu einer Entkoppelung von Parlaments- und Regierungswahl. Welche Parteien nach der Wahl eine Koalition bilden, machen die Parteien bzw. genauer: die Parteiführungen unter sich aus, ist dem unmittelbaren Wählereinfluss also entzogen. Damit verliert die Stimme an Gewicht (Franklin 2004). Auch die Häufung von Wahlterminen, die dem föderalistischen Staatsaufbau geschuldet ist und durch institutionelle Reformen wie die Direktwahl der Bürgermeister oder die Ausweitung von Volksentscheiden noch verstärkt wurde, begünstigt die Wahlmüdigkeit.

Wenig Evidenz findet sich in der Literatur für die Zufriedenheitsthese. Die Daten belegen vielmehr eindrucksvoll, dass es gerade die Unzufriedenen sind, die sich von den Parteien abwenden und den Wahlen fernbleiben. Die Vertrauenskrise spiegelt sich im abnehmenden staatsbürgerlichen Selbstbewusstsein. Nach den Gründen der rückläufigen Wahlbeteiligung gefragt, stimmen in Nordrhein-Westfalen 78 Prozent der Befragten der Auffassung zu, dass die Bürger glaubten, durch Wahlen nichts verändern zu können. Mit Blick auf die Möglichkeiten der Beteiligung scheint es also innerhalb der Bevölkerung eine gewisse Resignation zu geben. 65 Prozent führen die Wahlabstinenz auf das Verhalten der Parteien zurück, die kein Interesse am Gemeinwohl hätten, während fast genauso viele der Meinung sind, dass die Bürger selbst sich für Politik zu wenig interessierten. Auch die schwindende Bedeutung der Wahlnorm wird von den meisten als Grund (63 Prozent) angegeben. Unter allen Items die geringste Unterstützung findet die Aussage, dass Nichtwähler aus Protest zu Hause bleiben, allerdings stimmt dem immer noch eine Mehrheit von 55 Prozent der Befragten zu.

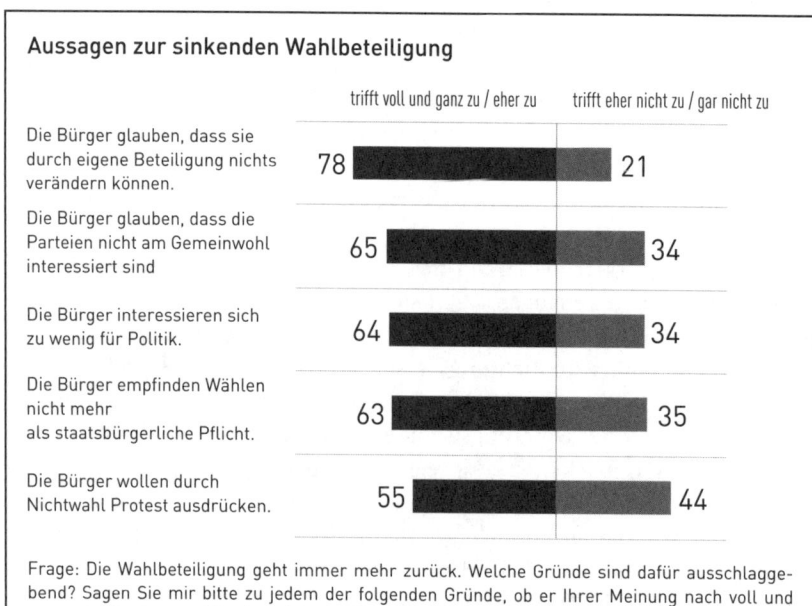

Aussagen zur sinkenden Wahlbeteiligung

	trifft voll und ganz zu / eher zu	trifft eher nicht zu / gar nicht zu
Die Bürger glauben, dass sie durch eigene Beteiligung nichts verändern können.	78	21
Die Bürger glauben, dass die Parteien nicht am Gemeinwohl interessiert sind	65	34
Die Bürger interessieren sich zu wenig für Politik.	64	34
Die Bürger empfinden Wählen nicht mehr als staatsbürgerliche Pflicht.	63	35
Die Bürger wollen durch Nichtwahl Protest ausdrücken.	55	44

Frage: Die Wahlbeteiligung geht immer mehr zurück. Welche Gründe sind dafür ausschlaggebend? Sagen Sie mir bitte zu jedem der folgenden Gründe, ob er Ihrer Meinung nach voll und ganz zutrifft, eher zutrifft, eher nicht zutrifft, ganz und gar nicht zutrifft.

Abb. 5: Aussagen zur sinkenden Wahlbeteiligung

Interessante Befunde ergeben sich, wenn man die Zustimmung zu den Aussagen in verschiedenen Gruppen betrachtet. Dies gilt vor allem für die Altersgruppen. Bei den Items Wirksamkeit eigener politischer Beteiligung, Interesse der Bürger und Protestwahl zeigen sich deutliche Zusammenhänge zwischen dem Alter und den Zustimmungsraten. Während die Zustimmung zu den beiden erstgenannten Items mit dem Alter tendenziell abnimmt, steigt sie hinsichtlich der Aussage zum Protestcharakter der Nichtwähler. Die Gruppe der 16- bis 24-Jährigen führt die sinkende Wahlbeteiligung also stärker auf das Desinteresse der Bürger und die fehlende Wirksamkeit politischer Beteiligung zurück. Dagegen ist für sie das Fernbleiben von der Urne seltener ein Ausdruck des Protestes.

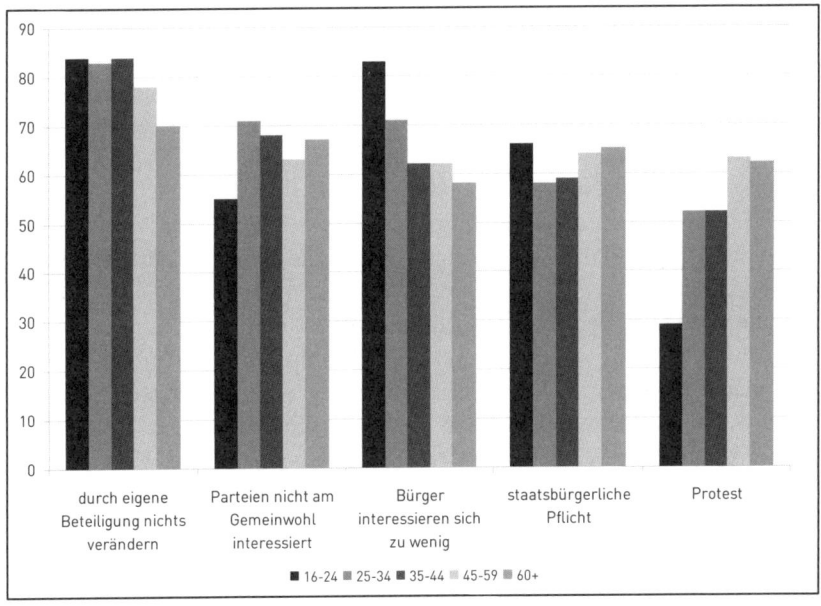

Abb. 6: *Aussagen zur sinkenden Wahlbeteiligung nach Altersgruppen*

Für andere Kontrollvariablen ergeben sich vereinzelte Auffälligkeiten. So steigt z.B. die Zustimmung zur Aussage »Die Bürger glauben, dass sie durch eigene Beteiligung nichts verändern können« mit dem Grad der Bildung und der Höhe des Haushaltseinkommens. Dies spricht für die Annahme, dass in diesen Gruppen höhere Anforderungen an die Partizipationsmöglichkeiten gestellt werden und die Enttäuschung von Erwartungen an die eigenen Beteiligungsmöglichkeiten als Grund für die Nichtwahl stärker durchschlägt. Bei der Aussage zum Protestcharakter der Nichtwahl verhält es sich umgekehrt; hier ist die Zustimmungsquote in der Gruppe mit dem formal niedrigsten Bildungsabschluss am größten (s. Tabellenanhang).

Wie kann man den rückläufigen Wahlbeteiligungen begegnen? Die Vorschläge, die hierzu in der Literatur diskutiert werden, sind fast ausnahmslos institutioneller Natur. Sie zielen darauf ab, die Anreize für das Wählengehen zu steigern. Zwei Gruppen von Vorschlägen müssen unterschieden werden. Die erste Gruppe besteht aus Maßnahmen, die die Zahl der Wahlberechtigten ausdehnt. Indem bisher nicht wahlberechtigte Teile der Bevölkerung das Wahlrecht erhalten, soll die Allgemeinheit der Wahl erhöht werden. Zu den in Frage kommenden Teilen gehören erstens die Kinder (Goerres/Tiemann 2009), zweitens die im Land dauerhaft lebenden Ausländer (Celikates 2011) und drittens die unter 18-jährigen Jugendlichen (Wagner/Johann/Kritzinger 2012). Während das Wahlrecht der Kinder von deren Eltern treuhänderisch ausgeübt werden könnte, müsste es bei den Ausländern von der bisherigen Bindung an die Staatsbürgerschaft und bei den Jugendlichen von der Bindung an die Volljährigkeit gelöst werden. Die Absenkung des Wahlalters dürfte dabei verfassungsrechtlich die wenigsten Probleme aufwerfen.

Die zweite Gruppe von Maßnahmen zielt auf eine Steigerung der Wahlbeteiligung. Die Ausweitung der Wahlberechtigung wird hierzu wahrscheinlich nichts beitragen, sondern vermutlich sogar auf die Wahlbeteiligung drücken. Umso wichtiger erscheint es, durch eine Erhöhung der Attraktivität der Wahl mehr Wähler zum Urnengang zu bewegen. Der Hauptansatzpunkt dafür liegt im Wahlsystem. Untersuchungen zeigen, dass Verhältniswahlsysteme die Wahlbereitschaft eher fördern als Mehrheitswahlsysteme, weil bei ihnen weniger Stimmen unter den Tisch fallen. Anschließend daran ließe sich in der Bundesrepublik z.B. über die Zweckmäßigkeit der Fünfprozenthürde streiten. Häufiger werden Maßnahmen ins Spiel gebracht, die auf eine Stärkung der personellen Auswahlmöglichkeiten des Wählers abzielen. Dazu gehören z.B. das Kumulieren und Panaschieren bei der Listenwahl (Tiefenbach 2006) oder die Einführung von offenen Vorwahlen. Letztere würden bereits im Vorfeld der Kandidatenaufstellung greifen und wären damit zugleich ein Beitrag zur Organisationsreform der Parteien (Siefken 2002).

Des Weiteren wird über Maßnahmen nachgedacht, die den Bürgern die Stimmabgabe erleichtern, sei es im Rahmen der bestehenden Briefwahl (Stainer-Hämmerle 2009) oder durch die Möglichkeit der elektronischen Stimmabgabe (Kersting/Baldersheim 2004). Eine noch einfachere Variante bestünde in der Verlängerung der Öffnungszeiten von Wahllokalen, was in der bundesdeutschen Debatte merkwürdigerweise fast völlig ausgeblendet wird. Wesentlich populärer ist der Vorschlag, die Wahlmüdigkeit dadurch zu bekämpfen, dass man Wahlen auf einer oder mehreren Ebenen auf einem Termin zusammenlegt. Finden Landtags-, Kommunal- oder Europawahlen am selben Tag statt wie Bundestagswahlen, wird die Wahlbeteiligung gleichsam »künstlich« nach oben getrieben. Weil die Wahlperioden verfassungsrechtlich vorgegeben sind, dürfte eine Bündelung der Wahltermine allerdings nur in engen Grenzen möglich sein. Außerdem gerieten die Nebenwahlen so noch mehr in den Sog der Bundespolitik, was mit Blick auf den föderalen Charakter der Bundesrepublik problematisch wäre. Naheliegender erscheint es deshalb, die vorhandenen Wahlen zu nutzen, um gleichzeitig über Sachfragen abzustimmen. Erfahrungen aus den US-amerikanischen Bundesstaaten zeigen, dass Wahlen nicht nur als Verstärker für die Beteiligung an Abstimmungen dienen können, sondern umgekehrt auch die Abstimmungen als Verstärker für die Wahlbeteiligung (Tolbert/ Bowen/Donovan 2009).

Die einfachste und effektivste Möglichkeit zur Steigerung der Wahlbeteiligung läge in der Einführung einer Wahlpflicht, wie sie heute noch in Belgien, Griechenland, Luxemburg und – abgeschwächt – Italien besteht. Auch diese Maßnahme ist rechtlich umstritten und wäre schon mit Blick auf die Verfassungstradition in der Bundesrepublik kaum zu legitimieren (Wattenberg 2012). Ihr Wiederauftauchen in der aktuellen Diskussion muss vor allem vor dem Hintergrund der wachsenden sozialen Selektivität des Wählerverhaltens gesehen werden, auf die wir weiter unten (3.2) zurückkommen.

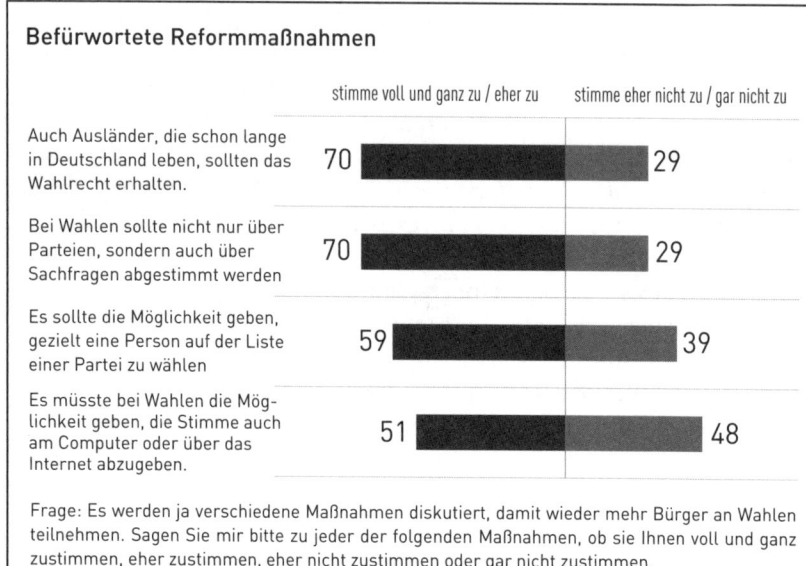

Befürwortete Reformmaßnahmen

	stimme voll und ganz zu / eher zu	stimme eher nicht zu / gar nicht zu
Auch Ausländer, die schon lange in Deutschland leben, sollten das Wahlrecht erhalten.	70	29
Bei Wahlen sollte nicht nur über Parteien, sondern auch über Sachfragen abgestimmt werden	70	29
Es sollte die Möglichkeit geben, gezielt eine Person auf der Liste einer Partei zu wählen	59	39
Es müsste bei Wahlen die Möglichkeit geben, die Stimme auch am Computer oder über das Internet abzugeben.	51	48

Frage: Es werden ja verschiedene Maßnahmen diskutiert, damit wieder mehr Bürger an Wahlen teilnehmen. Sagen Sie mir bitte zu jeder der folgenden Maßnahmen, ob sie Ihnen voll und ganz zustimmen, eher zustimmen, eher nicht zustimmen oder gar nicht zustimmen.

Abb. 7: Befürwortete Reformmaßnahmen

Von den sieben zur Auswahl gestellten Reformvorschlägen, um die Allgemeinheit der Wahl zu erhöhen, finden unter den Befragten Bürgern Nordrhein-Westfalens vier eine Mehrheit. So sprechen sich jeweils 70 Prozent dafür aus, Ausländern, die schon lange in Deutschland leben, das Wahlrecht zuzugestehen und bei Wahlen nicht nur über Parteien, sondern auch über Sachfragen abstimmen zu lassen. Immerhin 59 Prozent befürworten die Einführung eines Wahlsystems, das ermöglicht, einzelne Personen auf einer Parteiliste auszuwählen, wohingegen nur eine knappe Mehrheit von 51 Prozent möchte, dass man seine Stimme künftig auch per Computer oder Internet abgeben kann.

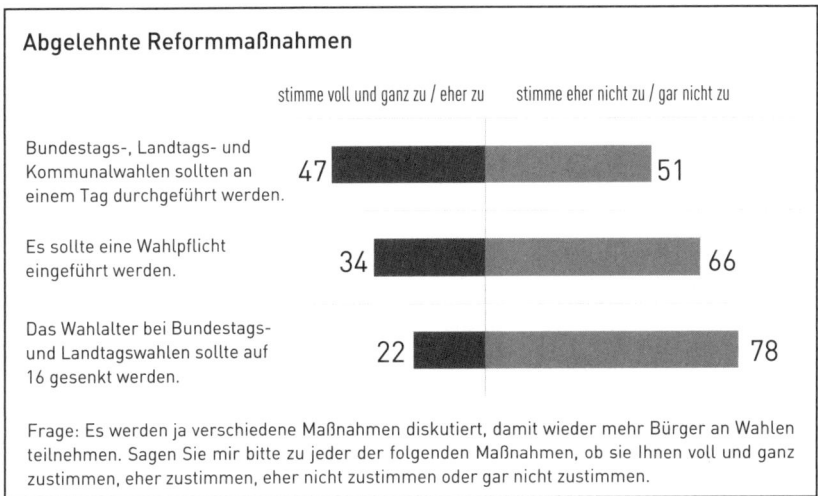

Abgelehnte Reformmaßnahmen

stimme voll und ganz zu / eher zu   stimme eher nicht zu / gar nicht zu

Bundestags-, Landtags- und Kommunalwahlen sollten an einem Tag durchgeführt werden. 47 51

Es sollte eine Wahlpflicht eingeführt werden. 34 66

Das Wahlalter bei Bundestags- und Landtagswahlen sollte auf 16 gesenkt werden. 22 78

Frage: Es werden ja verschiedene Maßnahmen diskutiert, damit wieder mehr Bürger an Wahlen teilnehmen. Sagen Sie mir bitte zu jeder der folgenden Maßnahmen, ob sie Ihnen voll und ganz zustimmen, eher zustimmen, eher nicht zustimmen oder gar nicht zustimmen.

Abb. 8: Abgelehnte Reformmaßnahmen

Die Zusammenlegung der Wahltermine von Bundestags-, Landtags- und Kommunalwahlen wird von einer knappen Mehrheit abgelehnt, die Einführung einer Wahlpflicht erachten sogar nur 34 Prozent der Befragten als positiv. Die mit Abstand geringste Zustimmung findet eine Absenkung des Wahlalters bei Bundestags- und Landtagswahlen auf 16 Jahre, die lediglich 22 Prozent der Nordrhein-Westfalen befürworten. Dass sich die rot-grüne Landesregierung ausgerechnet diesen Vorschlag zu eigen gemacht hat, darf also mit Blick auf den Wählerwillen als mutig gelten.

Die Zustimmung zu den einzelnen Reformvorschlägen verteilt sich unterschiedlich über die jeweiligen Untergruppen. Bei fast allen Vorschlägen unterstützt die Gruppe der 16 bis 24-Jährigen die möglichen Reformen am stärksten. So stehen beispielsweise 88 Prozent der Einführung eines Wahlrechts für Ausländer positiv gegenüber, während die Zustimmung in der Gruppe der Über-60-Jährigen hier nur bei 62 Prozent der Befragten liegt. Wenig überraschend findet sich auch für eine Absenkung des Wahlalters bei Bundes- und Landtagswahlen auf 16 Jahre die größte Unterstützung in der jüngsten Altersgruppe. Allerdings sprechen sich auch in dieser Gruppe nur 37 Prozent für eine solche Reform aus. Lediglich beim Vorschlag, gezielt einzelne Personen von Parteilisten wählen zu können, steigt die Zustimmung tendenziell mit dem Alter.

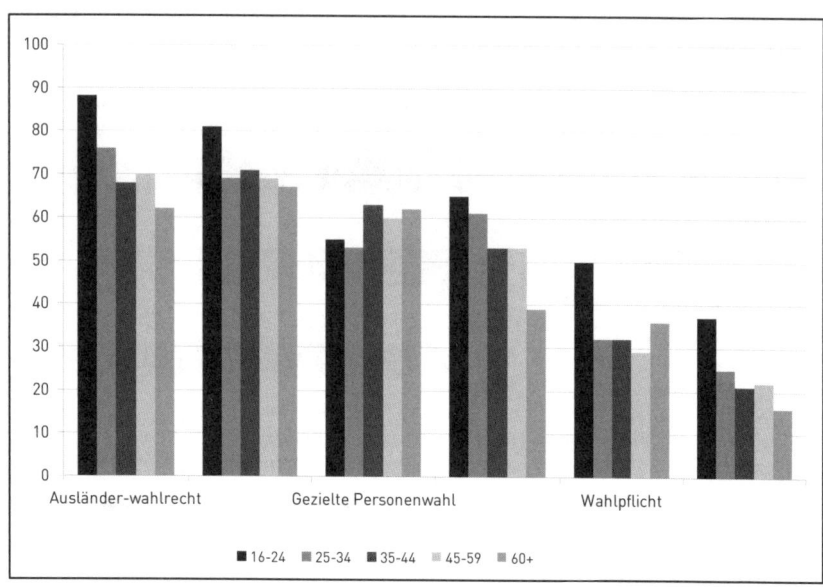

Abb. 9: Aussagen zu Reformmaßnahmen nach Altersgruppen

Unterscheidet man die Befragten danach, wie stark sie sich im Allgemeinen für Politik interessieren, so ist die Unterstützung für die genannten Reformvorschläge bei den nicht oder wenig Interessierten am größten. Am deutlichsten zeigt sich der Zusammenhang bei der Frage nach der Einführung von E-Voting und der Zusammenlegung von Wahlterminen. Dies spricht für die Annahme, dass politisch weniger interessierte Bürger zur Wahlteilnahme bewogen werden könnten, wenn man den Aufwand des Wahlaktes reduzierte.

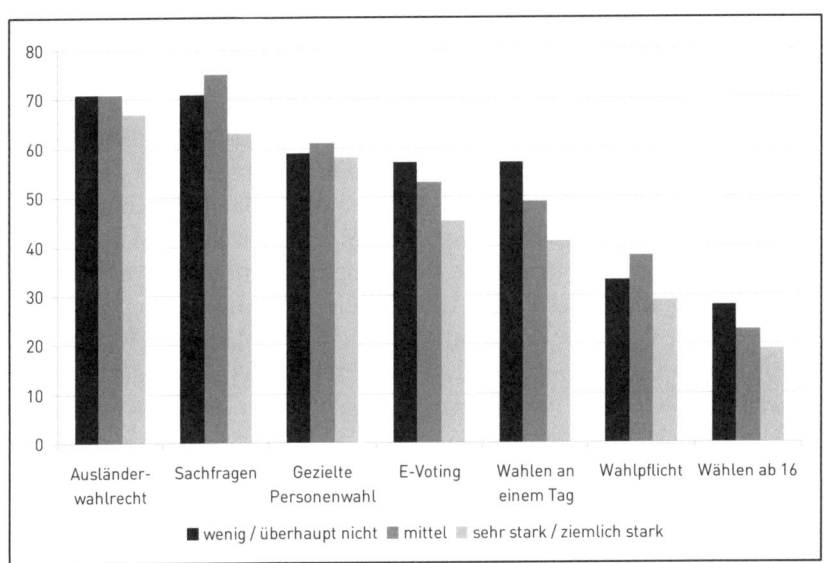

Abb. 10: Aussagen zu Reformmaßnahmen nach politischem Interesse

Bei einigen Reformvorschlägen zeigen sich deutliche Unterschiede, wenn nach dem Bildungsgrad und dem Haushaltseinkommen der Befragten unterschieden wird. So steigt z.b. die Zustimmung zur Einführung eines Wahlrechts für Ausländer mit dem erreichten Bildungsabschluss, während der Einfluss der Einkommenshöhe umgekehrt ist: Je niedriger das Einkommen der Befragten, desto höher die Zustimmung zum Ausländerwahlrecht. Bei den Items »gezielte Personenwahl« und »Wahlpflicht« ist das Bild anders gelagert, hier ist die Unterstützung sowohl bei den Befragten mit niedrigerem Bildungsgrad als auch mit geringerem Einkommen höher.

	Schulabschluss			Haushalts-Nettoeinkommen		
	Volks-/ Haupt- schule	mittl. Reife / POS	Abitur / Fachhoch- schulreife	unter 1.500	1.500 bis unter 3.000	3.000 und mehr
Ausländerwahlrecht	60	70	76	74	70	66
Gezielte Personenwahl	68	56	55	66	59	56
Wahlpflicht	37	36	27	41	39	27

Abb. 11: Aussagen zu Reformmaßnahmen nach Bildungsgrad und Einkommen

53

In Abb. 12 wird schließlich das Antwortverhalten nach der Parteipräferenz der Befragten aufgeschlüsselt. Auch hier zeigen sich unterschiedliche Präferenzen, je nachdem, welcher Partei man zuneigt. Sowohl bei den SPD- als auch den Grünen-Anhängern erfährt die Einführung des Ausländerwahlrechts die höchsten Zustimmungswerte, CDU-Anhänger unterstützen dagegen eher die Ermöglichung von Abstimmungen über Sachfragen. Vergleicht man die Zustimmungsmuster für die einzelnen Items, so zeigen sich die Unionsanhänger bei fast allen Vorschlägen skeptischer als die Anhänger der beiden anderen Parteien, lediglich die Zusammenlegung von Wahlen findet bei ihnen größere Zustimmung. SPD-Anhänger sprechen sich relativ stärker für das E-Voting, eine Wahlpflicht und die Möglichkeit der gezielten Personenwahl aus, während Sympathisanten der Grünen das Ausländerwahlrecht und die Absenkung des Wahlalters als Reformmaßnahmen favorisieren.

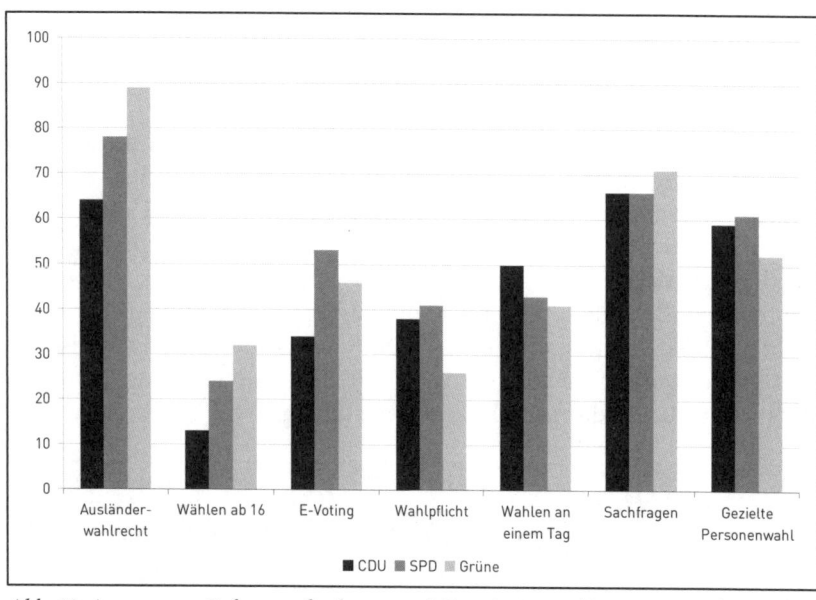

Abb. 12: Aussagen zu Reformmaßnahmen nach Parteineigung (CDU, SPD und Grüne)

2.2.2 Direktdemokratische Verfahren

Im Gegensatz zu Wahlen handelt es sich bei direktdemokratischen Verfahren um »alle durch Verfassung und weitere Rechtsvorschriften ermöglichten Verfahren, durch die die stimmberechtigten Bürgerinnen und Bürger eines Staates, eines Bundeslandes oder einer Kommune politische Sachfragen durch Abstimmung selbst und unmittelbar entscheiden bzw. auf die politische Agenda setzen« (Kost 2008: 10). Die Entscheidungen werden also nicht von gewählten Repräsentanten getroffen, vielmehr erhalten die Bürger die Möglichkeit, selber über bestimmte Fragen abzustimmen. In der Verfassungsrealität moderner Staaten finden sich verschiedene Formen von direktdemokratischen Abstimmungen. Für ihre Kategorisierung ist vor allem maßgeblich, wer berechtigt sein soll, einen Volksentscheid herbeizuführen (»auslösende Instanz«). Drei Varianten lassen sich grundsätzlich unterscheiden (Decker 2011b: 173):

Obligatorische Referenden. Hiermit sind Abstimmungen gemeint, die verfassungsrechtlich vorgesehen sind und insofern »automatisch« ausgelöst werden. Anwendung finden sie z.B. bei einer Änderung bzw. Totalrevision der Verfassung oder beim Beitritt zu supranationalen Organisationen.

(Einfache) Referenden. Als zweite Verfahrensvariante sind Volksabstimmungen zu nennen, die von den Regierenden selber anberaumt werden. Unter die »Regierenden« fallen dabei die Regierung (im engeren Sinne), das Parlament oder das Staatsoberhaupt. Ein Beispiel für ein solches »top down«-Verfahren aus der Bundesrepublik ist die Volksabstimmung in Baden-Württemberg über den Bahnhofsneubau »Stuttgart 21« im November 2011.

Bei beiden Arten von Referenden beschränkt sich die Beteiligung der Bürger auf den Volksentscheid selbst, mit dem eine Sachfrage entschieden werden soll. Damit unterscheiden sie sich von der dritten Variante, den *Initiativen.* Hierunter werden Verfahren gefasst, die die Bürger selbst auslösen, die also »von unten« ausgehen. Vorstellbar sind zum einen Vetoinitiativen, mit denen Gesetze, die vom Parlament verabschiedet wurden, durch die Sammlung einer festgelegten Unterschriftenanzahl noch einmal einer Abstimmung unterworfen werden. Das Prä bleibt in diesem Fall bei den Parlamenten, die Bürger werden nur nachträglich tätig. Anders ist dies bei Gesetzesinitiativen: Mit ihnen können eigene Gesetzesvorschläge auf den Weg gebracht werden, über die, nachdem alle Verfahrensanforderungen gemeistert sind, auch von den Bürgern verbindlich abgestimmt wird.

In der Bundesrepublik sind alle drei Verfahrensarten verbreitet, allerdings mit einer doppelten Schlagseite. Zum einen kommen die direktdemokratischen Verfahren nur auf der kommunalen und Länderebene zum Einsatz, während sich der Bund – vom unwahrscheinlichen Anwendungsfall einer Länderneugliederung abgesehen – in plebiszitärer Enthaltsamkeit übt. Zum anderen konzentriert sich die direkte Demokratie in Ländern und Kommunen auf das Instrument der Initiative. Obligatorische und »von oben« auszulösende Referenden sind kaum verbreitet, auf kommunaler Ebene spielen nur die letzteren (als Ratsbürgerentscheide) eine gewisse Rolle. Einige Länder, darunter Nordrhein-Westfalen, kennen darüber hinaus das Instrument der »Volkspetition«. Mit dieser kann der Landtag aufgefordert werden, sich mit einer bestimmten Angelegenheit zu befassen. Daraus ergeben sich aber weder konkrete Handlungszwänge noch mündet das Verfahren in einen verbindlichen Volksentscheid.

In den meisten Ländern ist die Volksgesetzgebung als dreistufiges Verfahren ausgestaltet. Während eine relativ geringe Zahl von Unterschriften für einen Gesetzentwurf ausreicht, um das Verfahren in Gang zu bringen (Volksinitiative), müssen in der zweiten Phase (des Volksbegehrens) wesentlich mehr Bürger mobilisiert werden, bevor es zum abschließenden Volksentscheid kommt. Auf der kommunalen Ebene sind nur zwei Phasen vorgesehen (Bürgerbegehren und Bürgerentscheid).

Der Blick auf die tatsächliche Nutzung der Verfahren fällt ernüchternd aus. Insgesamt wurden in den Bundesländern bisher 269 Verfahren initiiert, von denen 75 in ein Volksbegehren mündeten. Von diesen wiederum führten 19 zu einem Volksentscheid. Die meiste Erfahrung mit Volksbegehren und -entscheiden hat Bayern, Nordrhein-Westfalen verfügt hingegen über eine sehr überschaubare Praxis. Als Hauptgrund für die geringe Nutzung auf der Landesebene wird die Verfahrensausgestaltung angeführt, die hohe Anforderungen an mögliche Initiatoren stellt (Eder 2010). Die Klippen bestehen erstens in der Zahl der Unterschriften, die in den ersten beiden Verfahrensstufen gesammelt werden müssen, zweitens in den hierfür eingeräumten Fristen, drittens in den Modalitäten der Unterschriftensammlung (freie Sammlung oder Amtseintragung) und viertens in den Mehrheitserfordernissen beim Volksentscheid (Zustimmungs- bzw. Beteiligungsquorum oder nicht).

Von noch größerer Bedeutung ist der Umstand, dass über vieles gar nicht abgestimmt werden darf. Da im Wege der Volksgesetzgebung nur

Materien geregelt werden können, die in die Gesetzgebungszuständigkeit der Länder fallen, ergeben sich bereits durch den Föderalismus starke Einschränkungen. Zudem sind in allen Ländern Initiativen ausgeschlossen, die die sogenannte »Finanztrias« berühren: Haushalt, Abgaben und Besoldung. Bezogen auf den Haushalt heißt das, dass selbst finanzwirksame Vorlagen dem Volksgesetzgeber nur teilweise zugänglich sind. Unter dem Strich zeigt die Ausgestaltung somit ein schizophrenes Bild. Auf der einen Seite hat sich der Verfassungsgeber mit der Initiative für das potenziell weitestreichende Instrument der direkten Demokratie entschieden, auf der anderen Seite schränkt er die Volksrechte in der Nutzbarkeit so stark ein, dass diese im politischen Entscheidungsprozess eine stumpfe Waffe bleiben und im realen Verfassungsleben nur eine geringe Rolle spielen.

Theoretisch könnten die Bürger in dieser Situation auf zweierlei Weise reagieren: Entweder sie fügen sich in den Widerspruch oder sie versuchen ihn durch eine Verbesserung der Anwendungsbedingungen der direkten Demokratie zu beseitigen. In der Bundesrepublik hat man eher den zweiten Weg eingeschlagen. Symptomatisch dafür sind die Bemühungen des Vereins »Mehr Demokratie«, dem es gelungen ist, durch Nutzung der Volksrechte »in eigener Sache« in mehreren Bundesländern maßgebliche Verfahrenserleichterungen durchzusetzen. In einigen Fällen (wie z.B. Hamburg) waren sie dabei so erfolgreich, dass die direkte Demokratie dort mittlerweile erheblichen Einfluss auf die politischen Prozesse nimmt (Christmann/ Solar 2012).

Bundesland	Einführung	Gesamtzahl Anträge/VI	davon VB	davon VE	Alle ... Jahre findet ein Antrag auf VB bzw. VI statt
Hamburg	1996	35	14	6	0,5
Brandenburg	1992	37	8	0	0,5
Mecklenburg-Vorpommern	1994	23	1	0	0,8
Schleswig-Holstein	1990	27	5	2	0,8
Bayern	1946	45	18	6	1,5
Sachsen	1992	11	4	1	1,8
Niedersachsen	1993	9	3	0	2,1
Thüringen	1994	9	5	0	2,0
Berlin	1949-1975, seit 1995	23	6	3	1,9
Baden-Württemberg	1974	9	0	0	4,2
Nordrhein-Westfalen	1950	12	2	0	5,2
Saarland	1979	6	0	0	5,5
Sachsen-Anhalt	1992	3	3	1	6,7
Bremen	1947	9	4	0	7,2
Hessen	1946	6	1	0	11,0
Rheinland-Pfalz	1947	5	1	0	13,0
Gesamt		**269**	**75**	**19**	**4,0**

Abb. 13: Praxis der direkten Demokratie in den Ländern
Quelle: Mehr Demokratie 2012.

Im Durchschnitt der Bundesländer bleibt die Zahl der Verfahren weiter gering, zumal wenn man sie mit den Gliedstaaten der USA oder der Schweiz vergleicht (Solar 2011). Dasselbe gilt für die Beteiligung an den 19 »von unten« ausgelösten Volksentscheiden, die es bis heute gegeben hat. Diese reicht von 25,9 Prozent beim Entscheid über die kommunalen Sparkassen in Sachsen im Oktober 2001 bis zu 76,4 Prozent bei der Abstimmung über die Rechtschreibreform in Schleswig-Holstein im September 1998. Letztere fand jedoch gleichzeitig mit einer Bundestagswahl statt. Betracht man nur die separat abgehaltenen Volkentscheide, wurde die höchste Beteiligung mit 43,8 Prozent bei der Abstimmung über das Abfallwirtschaftsgesetz in Bayern im Februar 1991 erreicht. Einen noch höheren Wert verzeichnete lediglich die »von oben« angesetzte Abstimmung über Stuttgart 21 in Baden-Württemberg, an der im November 2011 48,3 Prozent der Wahlberechtigten teilnahmen.

Bundesland	Gemeinden	Einführung	Bürger-begehren	Bürger-entscheide	Rats-referenden
Baden-Württemberg	1.146	1956	521	302	180
Bayern	2.057	1995	1.930	1.315	305
Berlin (Bezirke)	12	2005	39	15	1
Brandenburg	450	1993	115	148	101
Bremen	2	1994	6	1	0
Hamburg (Bezirke)	7	1998	97	15	1
Hessen	426	1993	358	126	0
Mecklenburg-	976	1993	87	42	27
Niedersachsen	1.202	1996	246	76	2
Nordrhein-Westfalen	426	1994	615	170	13
Rheinland-Pfalz	2.493	1994	160	56	0
Saarland	58	1997	15	0	0
Sachsen	547	1990	226	142	53
Sachsen-Anhalt	1.215	1990	136	177	98
Schleswig-Holstein	1.135	1990	352	187	29
Thüringen	1.006	1993	127	34	0
Gesamt	13.158		5.030	2.806	810

Abb. 14: Praxis der direkten Demokratie in den Kommunen[5]
Quelle: Mehr Demokratie (www.mehr-demokratie.de/5970.html).

5 In Nordrhein-Westfalen gibt es insgesamt 396 Städte und Gemeinden. Da aber auch die Möglichkeit besteht, Bürgerbegehren auf Kreisebene anzustoßen, werden diese mitgezählt, woraus sich die Zahl von 426 Gemeinden in der Tabelle ergibt.

Auf der kommunalen Ebene werden die direktdemokratischen Verfahren häufiger genutzt. Spitzenreiter ist auch hier Bayern, auf das allein 40 Prozent aller Bürgerbegehren entfallen. In Nordrhein-Westfalen wurden bis Juli 2012 615 Bürgerbegehren eingeleitet, von denen ein gutes Viertel (170) in einen Bürgerentscheid mündeten, dazu kommen 13 Ratsbürgerentscheide. Selbst wenn diese Bürgerentscheide gleichverteilt über Nordrhein-Westfalen hinweg stattgefunden hätten, hätten lediglich in rund einem Drittel der nordrhein-westfälischen Gemeinden bislang Bürger über ein Bürgerbegehren abgestimmt. In den Kommunen beteiligen sich im Durchschnitt deutlich mehr Bürger an den Abstimmungen als in den Ländern. Bis zum Jahr 2007 lag der entsprechende Wert bundesweit bei knapp über 50 Prozent. Kleinere Gemeinden weisen dabei höhere Beteiligungsraten auf als große Städte oder Landkreise (Mehr Demokratie 2008: 28).

Das vergleichsweise schwache Interesse an der Nutzung der plebiszitären Verfahren mutet erstaunlich an, wenn man es der hohen Wertschätzung der direkten Demokratie in der Bevölkerung gegenüberstellt. In den Umfrageergebnissen schlägt sich zum einen der Wunsch der Bürger nieder, an den Entscheidungsprozessen unmittelbarer beteiligt zu werden, zum anderen bringen sie die Unzufriedenheit mit dem Ist-Zustand der direkten Demokratie in Deutschland zum Ausdruck, die in Kommunen und Ländern wenig zu bewirken scheint und auf der Bundesebene ganz fehlt. Der Ruf nach mehr direktdemokratischen Verfahren entspricht einem allgemeinen Trend, der in ähnlicher Form auch in anderen europäischen Staaten anzutreffen ist (Donovan/Karp 2006). So formuliert in der NRW-Umfrage eine große Mehrheit der Bevölkerung (81 Prozent) die Erwartung, dass die Bürger mittels Volksentscheiden selber Themen in die politische Diskussion einbringen könnten. Ähnlich hoch (76 bzw. 70 Prozent) liegt der Anteil derjenigen, die sich von den Abstimmungen eine Zunahme des politischen Interesses und der Zufriedenheit versprechen. Und 66 Prozent stimmen der Ansicht zu, dass durch Volksentscheide die Politiker besser kontrolliert werden könnten.

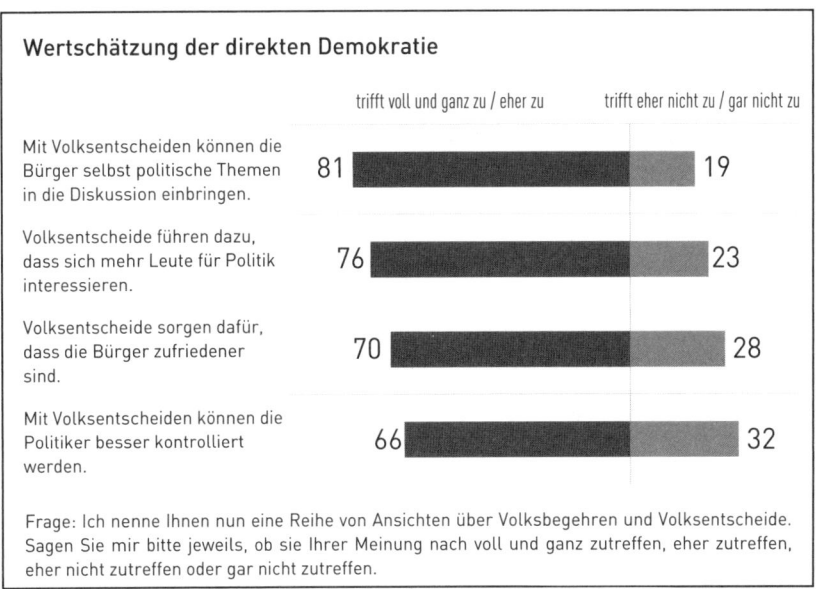

Abb. 15: *Wertschätzung der direkten Demokratie*

Unter den negativen Aussagen fanden nur zwei mehrheitliche Zustimmung. Immerhin 59 Prozent der Befragten äußern die Sorge, dass die Bürger nicht genug informiert seien, um selber politische Entscheidungen zu treffen. Und 50 Prozent stimmen der Aussage zu, dass Volksbegehren Sonderinteressen bevorzugten. Dass die direkte Demokratie Minderheiten benachteilige, sehen dagegen nur 46 Prozent so, und ein noch größerer Teil der Befragten hält die Annahme für unbegründet, dass durch Volksabstimmungen ein vernünftiges Regieren erschwert werde.

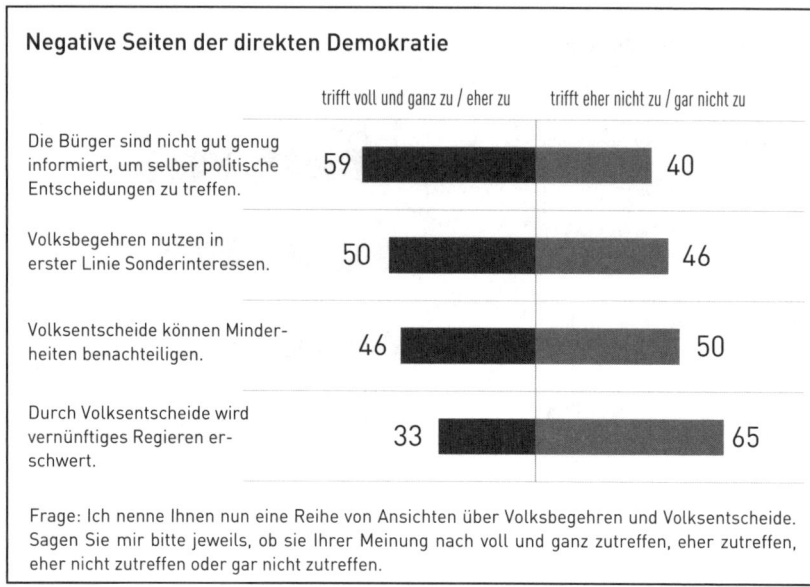

Negative Seiten der direkten Demokratie

	trifft voll und ganz zu / eher zu	trifft eher nicht zu / gar nicht zu
Die Bürger sind nicht gut genug informiert, um selber politische Entscheidungen zu treffen.	59	40
Volksbegehren nutzen in erster Linie Sonderinteressen.	50	46
Volksentscheide können Minderheiten benachteiligen.	46	50
Durch Volksentscheide wird vernünftiges Regieren erschwert.	33	65

Frage: Ich nenne Ihnen nun eine Reihe von Ansichten über Volksbegehren und Volksentscheide. Sagen Sie mir bitte jeweils, ob sie Ihrer Meinung nach voll und ganz zutreffen, eher zutreffen, eher nicht zutreffen oder gar nicht zutreffen.

Abb. 16: Negative Seiten der direkten Demokratie

Mit der positiven Grundhaltung korrespondiert eine kritische Bewertung der vorhandenen direktdemokratischen Einrichtungen. Nach den Gründen befragt, warum in der Regel nur ein kleiner Teil der Bürger an den Abstimmungen teilnehme, antworten die meisten (82 Prozent), dass die Bürger über diese Beteiligungsformen zu wenig wüssten. Eine große Mehrheit (77 Prozent) stimmt der Ansicht zu, dass die Bürger über die wichtigsten Fragen gar nicht abstimmen dürften, und fast genauso vielen (69 Prozent) fehlt das Vertrauen, dass sich die Politiker an die Ergebnisse der Volksabstimmungen halten. Zu hohe Hürden nennen dagegen nur 54 Prozent der Befragten als Grund. Allerdings gibt es gerade bei diesem Item einen nicht unerheblichen Teil von 9 Prozent der Befragten, der mit »weiß nicht« antwortet. Damit bestätigen die Bürger im Grunde die Wissenslücken, die sie in Item 1 bei sich selber vermuten.

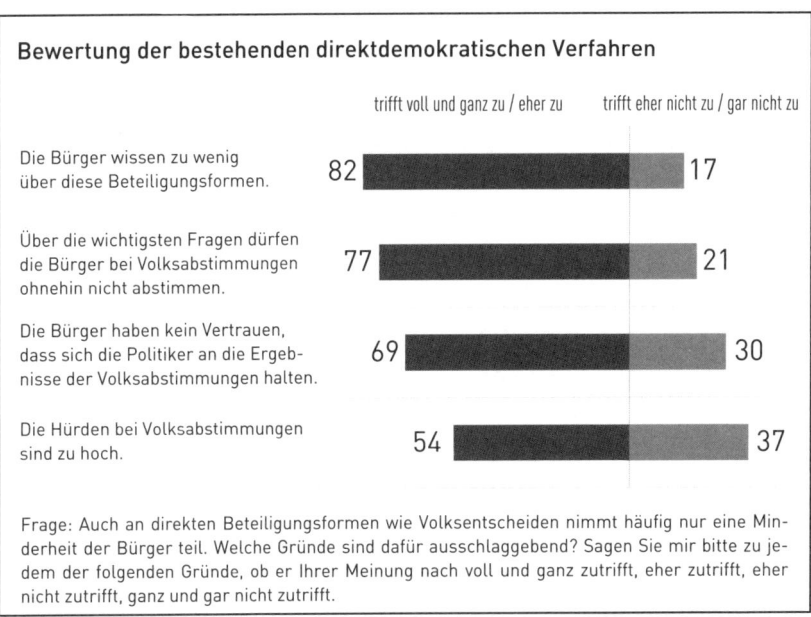

Bewertung der bestehenden direktdemokratischen Verfahren

trifft voll und ganz zu / eher zu   trifft eher nicht zu / gar nicht zu

Die Bürger wissen zu wenig über diese Beteiligungsformen.   82 ▬ 17

Über die wichtigsten Fragen dürfen die Bürger bei Volksabstimmungen ohnehin nicht abstimmen.   77 ▬ 21

Die Bürger haben kein Vertrauen, dass sich die Politiker an die Ergebnisse der Volksabstimmungen halten.   69 ▬ 30

Die Hürden bei Volksabstimmungen sind zu hoch.   54 ▬ 37

Frage: Auch an direkten Beteiligungsformen wie Volksentscheiden nimmt häufig nur eine Minderheit der Bürger teil. Welche Gründe sind dafür ausschlaggebend? Sagen Sie mir bitte zu jedem der folgenden Gründe, ob er Ihrer Meinung nach voll und ganz zutrifft, eher zutrifft, eher nicht zutrifft, ganz und gar nicht zutrifft.

Abb. 17: Bewertung der bestehenden direktdemokratischen Verfahren

Bei der Frage nach den Themen, über die sie gerne abstimmen würden, werden gerade die Bereiche am häufigsten aufgeführt, die der direkten Demokratie heute nahezu vollständig entzogen sind: Sozialleistungen, Steuern, Abgeordnetendiäten und Haushalt. Auffällig ist die vergleichsweise geringe Priorität der Infrastrukturpolitik. Zwar hält auch hier eine deutliche Mehrheit Volksabstimmungen für wichtig (40 Prozent), sehr wichtig (28 Prozent) oder sogar außerordentlich wichtig (8 Prozent). Der Bereich rangiert aber unter den gewünschten Abstimmungsgegenständen an vorletzter Stelle; nur die Zuständigkeiten der EU werden als noch weniger wichtig eingestuft.

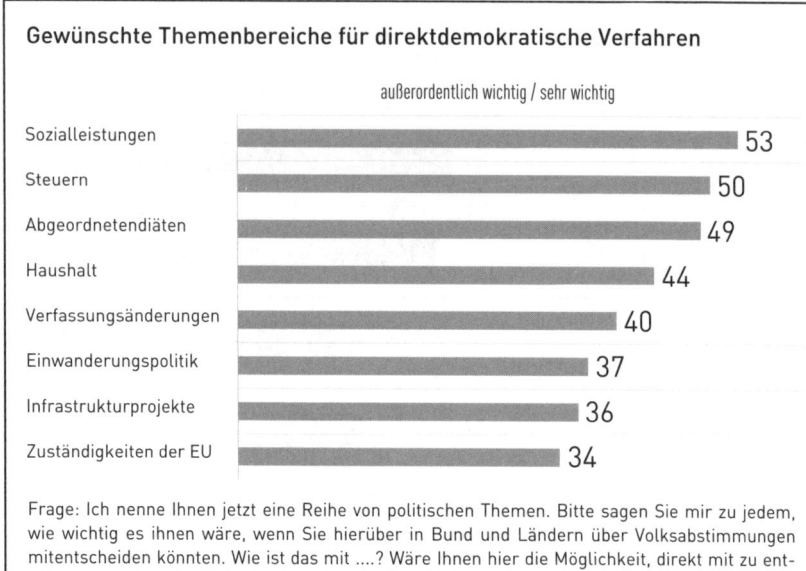

Abb. 18: Gewünschte Themenbereiche für direktdemokratische Verfahren

Betrachtet man das Antwortverhalten in den verschiedenen Untergruppen, so zeigen sich vergleichsweise geringe Unterschiede bei der allgemeinen Wertschätzung der direkten Demokratie. Ältere sind, was mögliche negative Auswirkungen auf das Regieren angeht, etwas skeptischer als Jüngere. Generell werden die Sorgen von den weniger gebildeten und einkommensschwächeren Gruppen eher geteilt als von den ressourcenstarken. Umgekehrt gilt dasselbe für die positiven Items, denen eher die ressourcenstarken Bürger zustimmen.

Mit Blick auf die Präferenzen der verschiedenen Parteisympathisanten wird die Erwartung bestätigt, dass Grünen-Anhänger den direktdemokratischen Verfahren am positivsten gegenüberstehen. Bei drei der vier Positivaussagen ist ihre Zustimmung am größten, während unter den negativen Aussagen – verglichen mit Unions- und SPD-Anhängern – ebenfalls drei von vier die geringste Zustimmung erfahren. Davon ausgenommen bleibt freilich die Befürchtung, dass Minderheiten benachteiligt werden könnten, die gerade die Grünen-Anhänger umtreibt. Sieht man von diesem Punkt ab, sind die Sympathisanten der CDU, was die in die direkte Demokratie gesetzten Erwartungen angeht, am zurückhaltendsten, während die SPD-Anhänger zwischen Union und Grünen eine mittlere Position einnehmen.

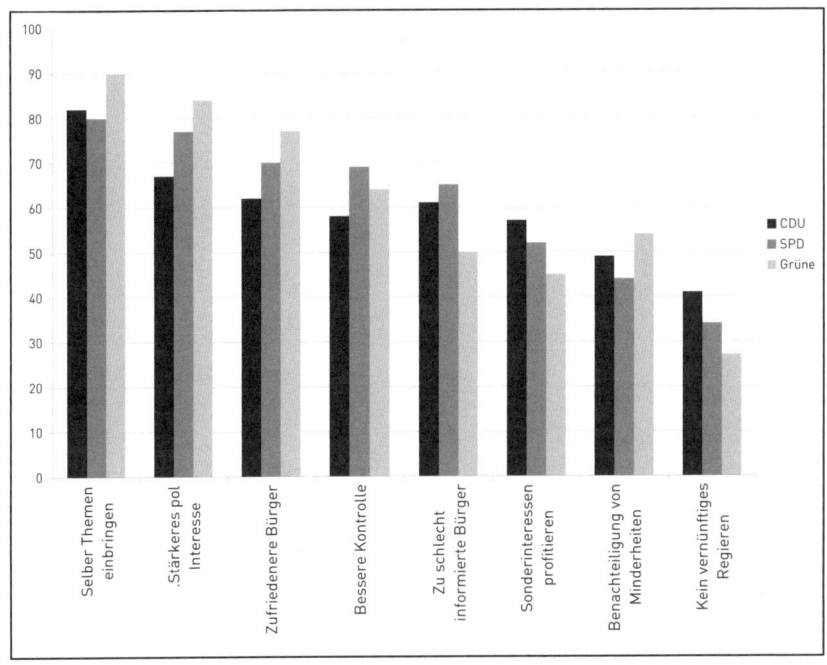

Abb. 19: Aussagen zur direkten Demokratie nach Parteipräferenz

Bei der Frage nach den gewünschten Themen fällt auf, dass es gerade die Bürger mit niedrigem Bildungsgrad sind, die sich für mehr direkte Demokratie einsetzen. In sechs der acht vorgeschlagenen Themenfelder unterstützen diese die Forderung nach Abstimmungen eher als die formal besser Gebildeten. Dies gilt vor allem für die verteilungsbezogenen Themen Steuern, Sozialleistungen und – mit der relativ stärksten Unterstützung – Abgeordnetendiäten; nur in den abstrakten Bereichen Verfassung und Infrastruktur fällt die Zustimmung geringer aus.

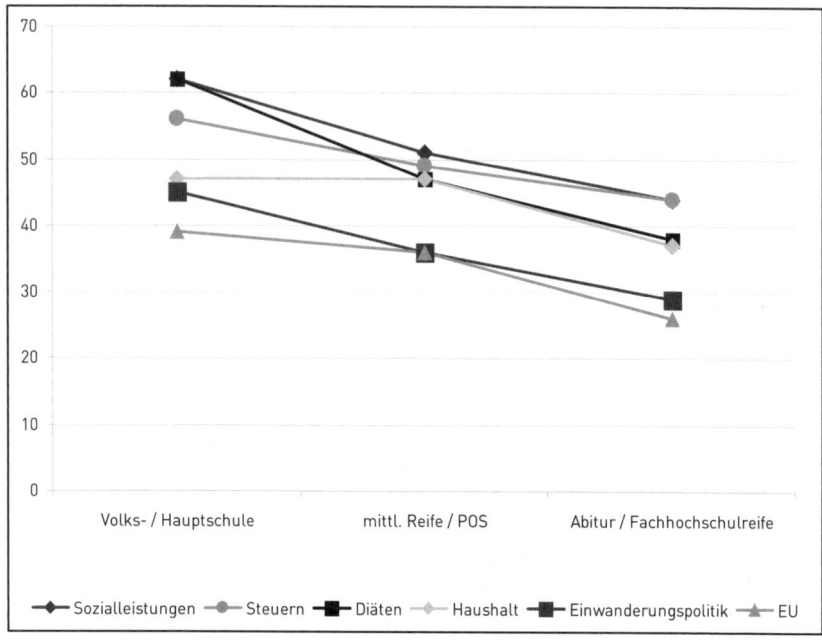

Abb. 20: Gewünschte Themenbereiche nach Bildungsabschluss

Bei den abstrakteren Themen und der EU zeigt sich hingegen eine starke Abhängigkeit des Antwortverhaltens vom politischen Interesse. So sprechen sich unter den sehr oder ziemlich stark Interessierten mehr als doppelt so viele Befragte dafür aus, Volksabstimmungen über Verfassungsänderungen zu ermöglichen, als unter den wenig oder überhaupt nicht Interessierten (50 gegenüber 21 Prozent).

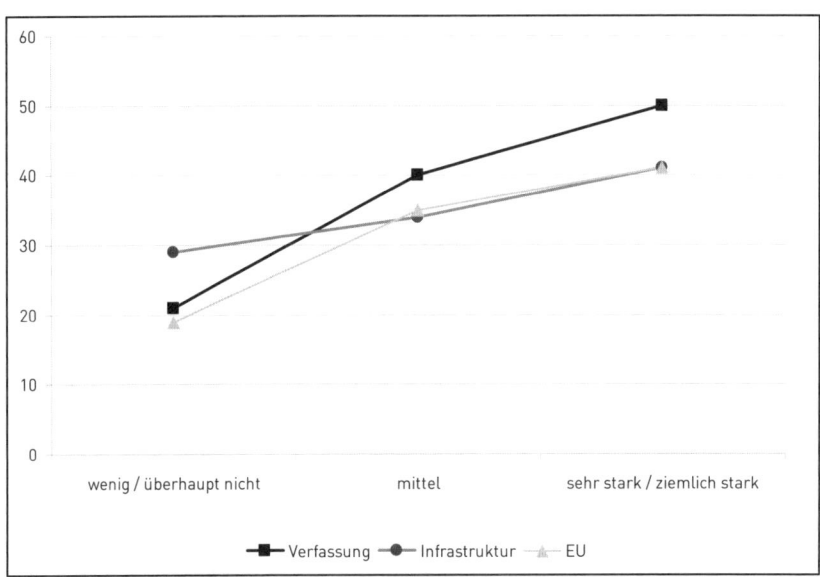

Abb. 21: Gewünschte Themenbereiche nach politischem Interesse

Blicken wir abschließend auf die von den Bürgern genannten Gründe für die niedrigen Abstimmungsbeteiligungen. Deutliche Unterschiede in den Untergruppen ergeben sich hier vor allem bei der Aussage, die Politiker würden sich an die Ergebnisse der Abstimmungen nicht halten, die auf ein generelles Misstrauen gegenüber den Regierenden hindeutet. Dieses Antwortverhalten bestätigt den auch in anderen Untersuchungen ermittelten Befund, dass das Misstrauen gerade unter den Bürgern mit geringer Ressourcenausstattung am verbreitetsten ist (Niedermayer 2005). Bezogen auf die genannte Aussage kann sie allerdings nicht als bloße Schimäre oder Verschwörungstheorie abgetan werden. Tatsächlich ist es schon häufiger vorgekommen, dass Parlamente bzw. Regierungen Ergebnisse von Volksabstimmungen ignoriert oder nachträglich korrigiert haben, so z.B. in gleich zwei Fällen – beim Krankenhausverkauf und der Wahlrechtsreform – in Hamburg (Decker 2007). Die Bürger liegen also durchaus nicht falsch, wenn sie die bestehenden direktdemokratischen Verfahren als »unehrlich« hinstellen. Dasselbe gilt für die Kritik an den weitreichenden Themenausschlüssen und zu hohen Hürden, die durch die Grundentscheidung des Verfassungsgebers für die Volksgesetzgebung präjudiziert sind. Ob die direkte Demokratie in ihrer heutigen Ausgestaltung einen Beitrag leisten kann, die Bürger für das politische System zurückzugewinnen, scheint deshalb mehr als fraglich.[6]

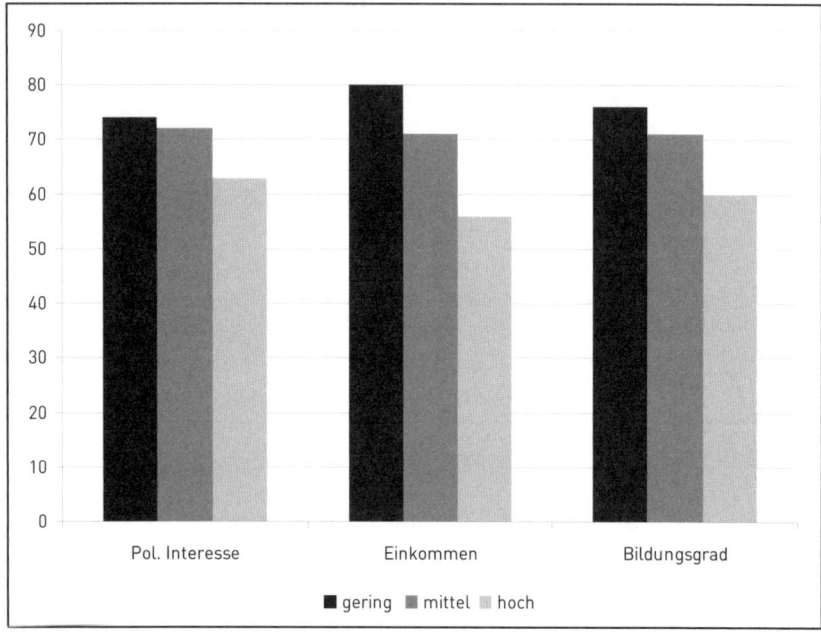

Abb. 22: Verdacht, dass Politiker sich nicht an die Ergebnisse von Volksabstimmungen halten, nach politischem Interesse, Einkommen und Bildungsgrad

6 Auch beim Widerstand gegen den Bahnhofsneubau in Stuttgart spielte die Wahrnehmung der direkten Demokratie eine zentrale Rolle. Auf die Frage, welches Ereignis sie bewogen habe, sich am Protest gegen Stuttgart 21 zu beteiligen, nannten in einer vom Berliner Wissenschaftszentrum für Sozialforschung (2010) durchgeführten Untersuchung die meisten Befragten (31 Prozent) die Verweigerung eines Bürgerentscheides über den geplanten Bahnhofsneubau in der Stadt Stuttgart. Dieser war im Jahre 2007 von einer qualifizierten Minderheit der Bürger verlangt, vom Gemeinderat dann aber als rechtlich unzulässig abgelehnt worden.

Welche verfassungspolitischen Konsequenzen lassen sich aus dem unbefriedigenden Ist-Zustand der direkten Demokratie in den deutschen Ländern und speziell in Nordrhein-Westfalen ziehen? Um den Widerspruch zwischen weitreichendem Modell und restriktiver Praxis zu überbrücken und die Volksrechte zugleich in eine angemessene Balance mit dem repräsentativ-parlamentarischen System zu bringen, bietet sich am besten eine mittlere Linie an, die die plebiszitären Verfahren anwendbar macht, aber zugleich dafür sorgt, dass sie den politischen Prozess nicht dominieren.

Um dieses Ziel zu erreichen, bedarf es *erstens* einer Erweiterung der abstimmbaren Gegenstände durch Lockerung des sogenannten »Finanztabus«. Die in allen Landesverfassungen nahezu wortgleich übernommene Bestimmung, wonach über Steuern, Besoldungsregelungen und das Haushaltsgesetz kein Volksentscheid stattfinden kann, war in ähnlicher Form bereits in der Weimarer Reichsverfassung enthalten. Ihr brisantester Teil ist der Haushaltsvorbehalt, der – zumindest potenziell – auch solche Gesetze in den Ausschluss einbezieht, die lediglich finanzielle Auswirkungen haben. Dies wurde bisher von den Verfassungsgerichten in den Ländern überwiegend so bestätigt. Lediglich in Berlin, Bremen und Sachsen sind ausgabenwirksame Vorlagen ausdrücklich erlaubt. Die rot-grüne Landesregierung hat in ihrem Koalitionsvertrag angekündigt, die Möglichkeit finanzwirksamer Volksinitiativen zu prüfen. Abzuwarten bleibt, ob sich dafür die notwendige verfassungsändernde Mehrheit im Landtag organisieren lässt. Als erster Schritt wird eine interfraktionelle Verfassungskommission eingesetzt, die auch andere demokratiepolitische Fragen behandeln soll (s.u.).

Will man auf den Haushaltsvorbehalt nicht ganz verzichten, böte sich ein Kompromiss dahingehend an, dass man den Initianten bei wesentlichen finanziellen Auswirkungen abverlangt, Deckungsvorschläge zu unterbreiten und diese schon in die Vorlagen mit aufzunehmen. Dies dürfte aber zu erheblichen rechtlichen Abgrenzungsproblemen führen, die am Ende erneut in verfassungsgerichtliche Auseinandersetzungen münden. Besser wäre es, darauf zu vertrauen, dass die Frage der Finanzierbarkeit zum Gegenstand der politischen Debatte um das Für und Wider einer Initiative gemacht wird.

Zweitens gilt zu prüfen, ob die in den verschiedenen Stadien des Verfahrens aufgestellten Beteiligungshürden gesenkt werden können. Hier gibt es nach herrschender politikwissenschaftlicher Lesart einen gewissen *trade off* zwischen der Eingangsphase und dem abschließenden Entscheid. Entweder man verbindet – gemäß dem sogenannten »Kieler Modell« – niedrige Beteiligungshürden und großzügig bemessene Eintragungsfristen in der Eingangsphase (Initiative und Begehren) mit einem vergleichsweise hohen Zustimmungsquorum beim Entscheid, oder man geht umgekehrt vor: hohe Beteiligungshürden und kürzere Fristen bei Initiative und Begehren, dafür aber kein bzw. nur ein geringes Quorum beim Entscheid. Von beiden Modellen zu unterscheiden sind die Extremlösungen, die niedrige oder hohe Quoren in jeweils beiden Phasen kombinieren. Das erste Modell – niedrige Hürden in der Eingangsphase und beim Entscheid – besteht bis heute nur in Hamburg.

Entscheid Initiative / Begehren	niedrig	hoch
niedrig	Hamburg	Schleswig-Holstein
hoch	Bayern Hessen Nordrhein-Westfalen Sachsen	Baden-Württemberg Berlin Brandenburg Bremen Mecklenburg-Vorpommern Niedersachsen Rheinland-Pfalz Saarland Sachsen-Anhalt Thüringen

Abb. 23: Beteiligungshürden bei Initiative / Begehren und Entscheid
Quelle: Decker 2012a: 183. Niedrige Hürden bei Initiativen/Begehren sind bei Werten unter 1 Prozent (Initiative), 8 Prozent (Begehren) sowie nicht ausschließlicher Amtseintragung (Begehren) gegeben, niedrige Quoren beim Entscheid bei Werten unter 20 Prozent.

Folgt man bei der Verfahrenserleichterung der hier eingeschlagenen mittleren Linie, sind die »gemischten« Kombinationen den extremen Lösungen vorzuziehen. Bleibt die Frage, welches von den gemischten Modellen das bessere ist, ob die Quoren also eher in der Eingangsphase oder beim abschließenden Entscheid niedrig gehalten werden sollten. Aus demokratietheoretischer Sicht lassen sich für beide Positionen gute Argumente beibringen. Für niedrige Hürden in der Eingangsphase spricht die nützliche Agenda-setting-Funktion der Initiativen, die zu Innovationen beiträgt. Ihre

Kehrseite liegt in der Missbrauchsgefahr, weil damit auch offenkundig unsinnige Vorschläge in den politischen Prozess Einzug halten könnten. Zustimmungs- oder Beteiligungsquoren[7] beim abschließenden Entscheid sollen sicherstellen, dass sich hinter dem Ergebnis nicht nur eine kleine Minderheit der Stimmberechtigten versammelt. Wirken sie insoweit legitimationsfördernd, haben die Quoren andererseits den Nachteil, dass sie die Gegner einer Vorlage anhalten, der Abstimmung fernzubleiben. Dies kann aus demokratischer Sicht nicht wünschenswert sein.

Wägt man Vor- und Nachteile gegeneinander ab, spricht unter dem Strich mehr dafür, die Quoren beim Entscheid als in der Eingangsphase abzusenken. Der Verzicht auf ein Zustimmungsquorum würde dem Vorbild Bayerns und Sachsens folgen, die von einem solchen Quorum bei einfachen Gesetzen bislang als einzige Bundesländer absehen.[8] Für die Initiative würden wir ein Unterschriftenquorum von 2 Prozent der Stimmberechtigten als angemessen betrachten, für das Begehren das Vierfache davon, also 8 Prozent.

Nordrhein-Westfalen kommt diesen Anforderungen mittlerweile recht nahe (Meerkamp 2011: 199 ff.). Zwar sieht die Verfassung bei den Abstimmungen ein Zustimmungsquorum vor, doch liegt dieses mit 15 Prozent unterhalb des Durchschnitts der anderen Bundesländer. Auch mit Blick auf die Einleitungsphase ist es in jüngster Vergangenheit zu Bewegungen gekommen. Bisher nützen die großzügigen Regelungen bei der Initiative, für die bereits 0,5 Prozent der Wahlberechtigten ausreichen und zudem keine Themenausschlüsse bestehen, wenig, weil mit der Initiative in NRW kein Volksbegehren eingeleitet werden kann. Im Rahmen der erwähnten Verfassungskommission soll deshalb auch darüber nachgedacht werden, ob und wie sich die Volksinitiative in das Volksgesetzgebungsverfahren integrieren lässt. Ebenfalls auf der Agenda steht eine weitere Absenkung der Unterschriftenhürde für Volksbegehren, die zurzeit bei 8 Prozent liegt. Bereits im Dezember 2011 wurde durch Änderung des Ausführungs-

---

7 Zustimmungsquoren verlangen, dass ein bestimmter Prozentsatz der Wahlberechtigten der Vorlage zugestimmt, Beteiligungsquoren, dass sich ein bestimmter Prozentsatz der Wahlberechtigten an der Abstimmung beteiligt haben muss.

8 Bei verfassungsändernden Gesetzen sollte dagegen weiter nicht nur ein höherer Anteil der Ja-Stimmen (analog zum parlamentarischen Verfahren), sondern auch eine Mindestbeteiligung von 40 oder 50 Prozent der Stimmberechtigten verlangt werden.

gesetzes die freie Unterschriftensammlung für Volksbegehren ermöglicht, nachdem die Unterstützungsunterschriften zuvor ausschließlich in Amtsräumen abgegeben werden konnten. Hält man an einer Mindestbeteiligung beim Volksentscheid fest, ist *drittens* die Terminierung der Abstimmung von erheblicher Bedeutung. Findet diese parallel zu einer regulären Wahl statt, ist die Wahrscheinlichkeit, dass das Quorum überschritten wird, sehr viel größer als bei einer getrennt anberaumten Abstimmung. Nur in Hamburg schreibt die Verfassung zwingend vor, dass Volksentscheide zeitgleich mit der Bundestags- oder Bürgerschaftswahl abzuhalten sind – es sei denn, die Initiatoren selbst beantragen einen anderen Termin.[9] Die 2008 vorgenommene Neuregelung sieht zudem in beiden Fällen unterschiedliche Quoren vor: Bei einer zeitgleichen Wahl müssen mindestens so viele Wähler der Vorlage zustimmen, wie der Mehrheit der in dem gleichzeitig gewählten Parlament repräsentierten Hamburger Stimmen entspricht, im anderen Fall genügen 20 Prozent der Wahlberechtigten.

Viertens geht es um die Verbindlichkeit der volksbeschlossenen Gesetze. Zwar stimmen Befürworter und Gegner der Plebiszite darin überein, dass Volks- und Parlamentsgesetze als prinzipiell gleichrangig betrachtet werden müssen. Beide wären damit wechselseitig aufhebungsfähig. Das heißt: So wie das Volk die Möglichkeit hat, ein Parlamentsgesetz einem Referendum zu unterwerfen oder durch eine spätere (positive) Gesetzesinitiative zu korrigieren, so muss auch das Parlament ein vom Volk beschlossenes Gesetz wieder rückgängig machen können. Dennoch wäre es falsch, von einer vollständigen Symmetrie der beiden Verfahrenstypen auszugehen. Dazu muss man keine normative Höherwertigkeit der Plebiszite unterstellen, wie es pro-direktdemokratisch argumentierende Autoren wie Otmar Jung tun. Eine solche Höherwertigkeit kommt ihnen im Sinne einer Bindewirkung allenfalls politisch zu. Einerseits wird ja nur ein kleiner Teil zumeist besonders wichtiger bzw. als wichtig empfundener Gesetze auf plebiszitärem Wege beschlossen. Andererseits würde das Vertrauen der Bürger in die Direktdemokratie untergraben, wenn das Parlament einen Volksentscheid schon am nächsten Tage wieder aufhöbe. Deshalb ist es durchaus

---

9 Dies kann jedoch nur bei Volksentscheiden über einfache Gesetze gemacht werden, Volksentscheide über Verfassungsänderungen müssen immer zwingend zeitgleich mit Wahlen abgehalten werden.

zweckmäßig, den volksbeschlossenen Gesetzen einen höheren Bestands-schutz einzuräumen als den Parlamentsgesetzen. Eine Lösung könnte z.b. darin liegen, dass man bestimmte Fristen vorsieht, innerhalb derer der parlamentarische Gesetzgeber auf ein plebiszitär zustande gekommenes Gesetz nicht zugreifen darf. Noch konsequenter wäre es, die Aufhebung oder Korrektur eines solchen Gesetzes von einem neuerlichen Volksvotum abhängig zu machen oder sie der Möglichkeit einer Vetoinitiative zu unter-werfen, wie es die in diesem Punkt geänderte Hamburger Verfassung in Art. 50 Abs. 4 und 4a jetzt vorsieht (Jung 2010: 436 ff.).

2.2.3 Partizipation in Parteien

Parteien stehen in der parlamentarischen Demokratie im Zentrum des po-litischen Willensbildungs- und Entscheidungsprozesses. Die Mitarbeit in Parteien stellt deshalb die potenziell einflussreichste Form der politischen Partizipation dar. Die Parteiaktiven prägen zum einen die inhaltliche Aus-richtung der Willens- und Entscheidungsbildung. Zum anderen haben sie »die Möglichkeit, an der politischen Elitenauslese unmittelbar mitzuwirken oder gar selbst ein politisches Amt anzustreben bzw. eine politische Karrie-re einzuschlagen« (Wiesendahl 2012: 126).

So wie die Parteien, was die Rekrutierung des politischen Personals be-trifft, faktisch ein Monopol besitzen, so bleiben die Mitwirkungsrechte in den Parteien exklusiv an die Mitgliedschaft gebunden. Das Modell der Mitglie-derpartei ist in der Bundesrepublik auch rechtlich festgeschrieben, was im internationalen Vergleich durchaus ungewöhnlich ist und auf die hervorge-hobene Stellung der Parteien als Verfassungsinstitutionen verweist. In der Praxis hat es allerdings an Attraktivität deutlich eingebüßt, wie ein Blick auf die Mitgliederentwicklung belegt. Besaßen in der alten Bundesrepublik 1983 fast zwei Millionen Bundesbürger ein Parteibuch (entsprechend einer Quo-te von 4,1 Prozent der Wahlberechtigten), waren es im wiedervereinigten Deutschland Ende 2011 noch gut 1,3 Millionen – die Quote hatte sich da-mit auf 1,9 Prozent mehr als halbiert (Niedermayer 2012b). Die von der DDR geerbten Mitgliederbestände der SED/PDS, Ost-CDU und LDPD führ-ten nach der deutschen Einheit zu einem Allzeithoch, das aber nur kurz währte und durch massenhafte Austritte rasch abgebaut wurde. Betrachtet man die Entwicklung der Mitgliederzahlen seit Mitte der neunziger Jahre, sind von den Verlusten ausschließlich die beiden großen Parteien betroffen (und von der Union wiederum nur die CDU); die kleinen Parteien konnten ihre jeweiligen Bestände halten oder leicht steigern. Bezogen auf die Zahl ihrer Wähler weisen FDP, Grüne und LINKE dabei immer noch einen deutlich niedrigeren Organisationsgrad auf als CDU und SPD; über die im Verhältnis zur Wählerschaft meisten Mitglieder verfügt die CSU.

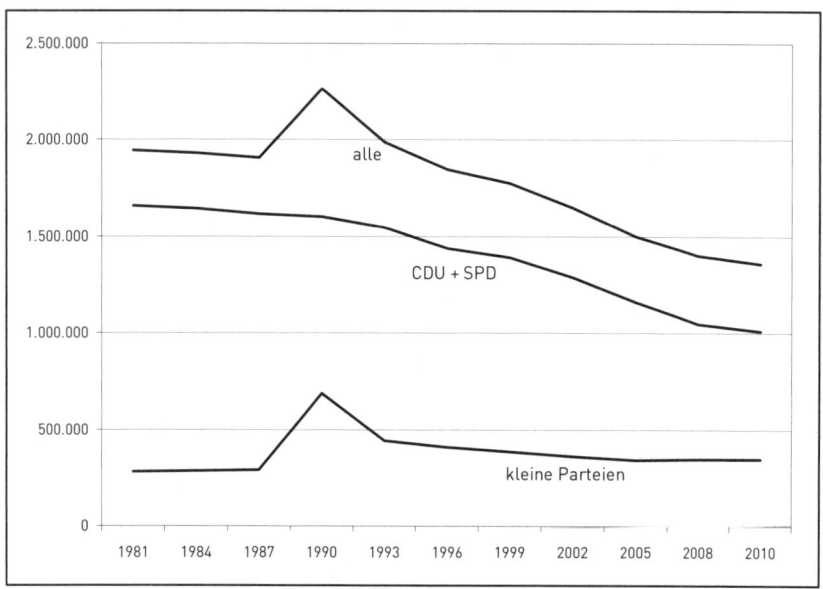

Abb. 24: Mitgliederentwicklung der deutschen Parteien seit 1981

Blickt man speziell auf die Mitgliederzahlen in Nordrhein-Westfalen, so lässt sich ein beschleunigter Abwärtstrend seit spätestens Anfang der neunziger Jahre feststellen. Nachdem im Rekordjahr 1980 noch fast 600.000 Bürger als Mitglieder in den etablierten Parteien[10] eingeschrieben waren,

10 In die Zusammenstellung der Mitgliederzahlen fließen Angaben zu SPD, CDU, FDP, Grünen und LINKE sowie (für die Jahre 2009 bis 2011) zur Piratenpartei mit ein. Für andere Parteien gibt es zwar vereinzelte Angaben zu den Mitgliederzahlen (z.B. in Recker/Tenfelde 2005 oder den Berichten des Verfassungsschutzes NRW), insgesamt bewegen diese sich aber auf einem so geringen Niveau, dass sie das Gesamtbild nur unwesentlich verändern würden.

fiel die Anzahl 1993 unter die 500.000-Marke und bewegt sich seither kontinuierlich auf eine Größenordnung von 300.000 zu. Wie im Bund geht der Mitgliederschwund auch im Land vor allem auf Kosten der beiden großen Parteien SPD und CDU. Die Sozialdemokraten verzeichneten nach der Regierungsübernahme der sozial-liberalen Koalition in Bonn, die in NRW 1966 unter der Führung Heinz Kühns vorweg genommen worden war, einen massiven Anstieg der Mitgliederzahlen, die Union zog ein wenig zeitversetzt nach. Dafür setzte der Rückgang bei den Christdemokraten früher ein, nämlich Mitte der achtziger Jahre, während der Abstieg der SPD erst 1990 begann, als sie mit Ministerpräsident Johannes Rau an der Spitze zum dritten und vorerst letzten Mal die absolute Mehrheit erzielt hatte. Seit 2003 ist die CDU die mitgliederstärkste Partei in Nordrhein-Westfalen, weil ihr Mitgliederschwund in den letzten Jahren nicht ganz dramatisch verlief wie bei den Sozialdemokraten.

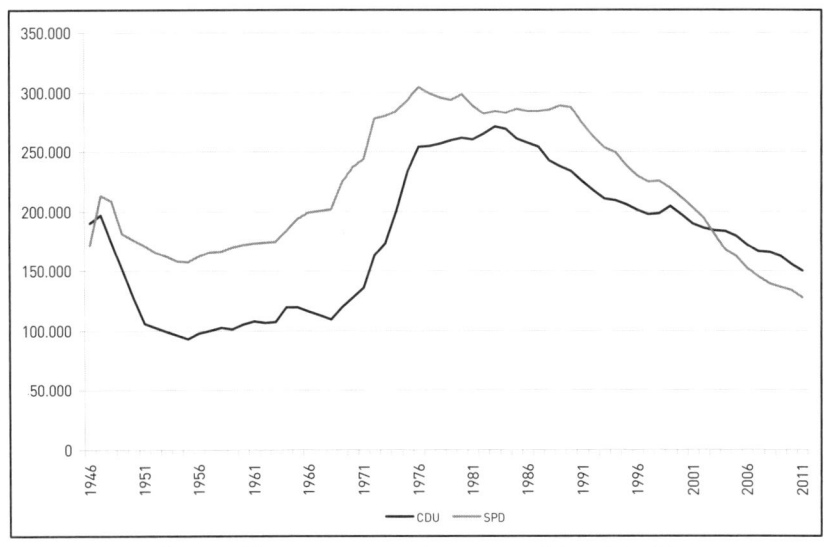

Abb. 25: Mitgliederentwicklung von CDU und SPD in Nordrhein-Westfalen

Bei der FDP pendelten sich die Zahlen seit Anfang der neunziger Jahre auf einem Niveau von ca. 16.000, bei den Grünen von 10.000 Mitgliedern ein. Nach zwischenzeitlichen Rückschlägen (insbesondere im Zuge ihrer Regierungsbeteiligung im Bund) erfahren die NRW-Grünen seit einiger Zeit wieder einen Mitgliederzulauf, der Abstand zu den Freidemokraten scheint sich zu verringern. Den größten Sprung machte in der jüngeren Vergangenheit die PDS, die nach der Fusion mit der Wahlalternative Arbeit & soziale Gerechtigkeit (WASG) und der Gründung der gesamtdeutschen Partei DIE LINKE ihren Mitgliederbestand mit 8.100 (Stand 2011) mehr als vervierfachte, auch wenn die Entwicklung mittlerweile wieder leicht nach unten weist. Beim neuesten Akteur im nordrhein-westfälischen Parteiensystem, der Piratenpartei, waren Ende 2008 ganze 144 Personen als Mitglieder gemeldet. Im Dezember 2012 gab die Partei den Bestand mit 6.300 an, von denen aber aufgrund nicht gezahlter Mitgliedsbeiträge lediglich 4.000 stimmberechtigt seien. (Auf der Bundesebene lauten die Vergleichszahlen ca. 33.000 bzw. 16.000.)

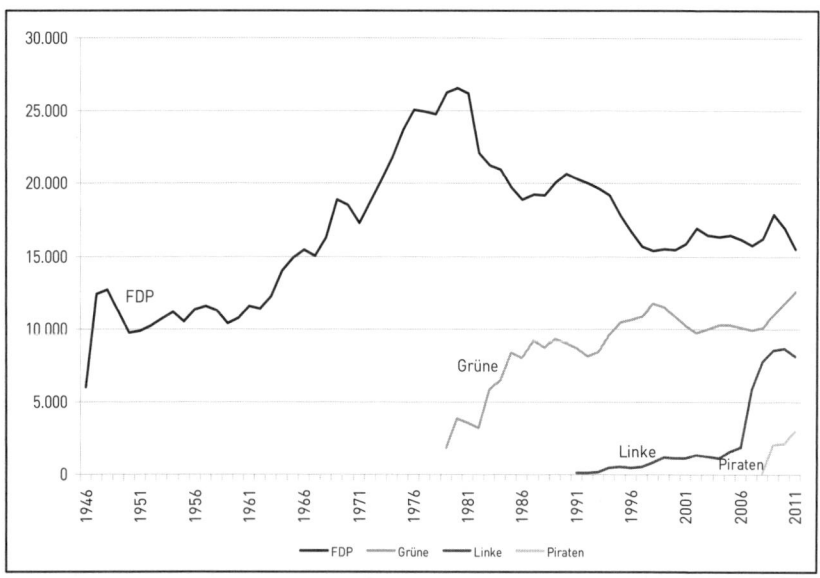

Abb. 26: Mitgliederentwicklung der kleinen Parteien in Nordrhein-Westfalen

Wenn die Mitarbeit in Parteien die potenziell einflussreichste Form politischer Partizipation darstellt, drängt sich natürlich die Frage auf, warum sie so wenig nachgefragt wird. Die in der Literatur angebotenen Erklärungen stellen vor allem auf den hohen Ressourcenaufwand für den einzelnen ab, dem ein nur ungewisser Nutzen gegenüberstehe. Die Parteiarbeit nimmt viel Zeit in Anspruch, Termine finden häufig am (Feier-)Abend statt, man muss sich in gewachsenen Strukturen zurechtfinden und einen Mitgliedsbeitrag entrichten. Wer tatsächlich Einfluss ausüben, politische Ziele durchsetzen und auf der eigenen Karriereleiter nach oben kommen will, braucht Machtwillen, gute Nerven und auch ein gehöriges Stück Idealismus, da die Mitarbeit in Parteien in der Öffentlichkeit und im eigenen Umfeld meistens wenig Prestige mit sich bringt. Insofern sprechen Whiteley und Seyd (2002: 1) zu Recht von einer »high intensity political participation«.

So wie sich innerhalb der Bevölkerung nur ein relativ kleiner Kreis von Personen in den Parteien engagiert, so bestehen auch innerhalb der Parteien, was den Grad der Aktivität angeht, große Unterschiede. So stuft sich in der Parteimitgliederstudie lediglich ein gutes Viertel (27 Prozent) der Befragten als sehr bzw. ziemlich aktiv ein, ein knappes Drittel (31 Prozent) bezeichnet sich als überhaupt nicht aktiv (Spier 2011). Als häufigste Form der Aktivität nennen die Mitglieder den Besuch von Parteiversammlungen, aber auch hier gibt nur die Hälfte (51 Prozent) an, dies regelmäßig zu tun. Bedeutend weniger Mitglieder sind bereit, sich darüber hinaus zu engagieren, z.B. durch die Übernahme eines Amtes in der Partei (29 Prozent), Hilfe bei der Organisation der Parteiarbeit (27 Prozent), einer Kandidatur für öffentliche Ämter (23 Prozent) oder der Werbung von neuen Mitgliedern (14 Prozent).

Allgemein ist davon auszugehen, dass der Anteil aktiver Mitglieder bei mitgliederschwachen Parteien größer ist als bei mitgliederstarken. Besonders ausgeprägt zeigt sich dieses Phänomen in den neuen Ländern. Weil der Organisationsgrad – gemessen an der Mitgliederdichte – hier im Schnitt nur etwa halb so groß ist wie in den Altbundesländern (bei der SPD beträgt er sogar nur ein Fünftel), wären die Parteien ansonsten kaum noch in der Lage, genügend Kandidaten zu rekrutieren, um Vorstandsposten und kommunale Wahlämter zu besetzen. Umgekehrt zeigt das Beispiel der Piraten, dass auch in einer Partei mit basisdemokratischer Gesinnung und hehren Partizipationsansprüchen die Teilnahmebereitschaft an Grenzen stößt. So sind bei *Liquid Feedback*, dem »Herzstück der Mitmach-Partei« (*Der Spiegel*) bisher nicht mehr als ein Drittel der rund 30.000 Mitglieder überhaupt angemeldet. Von diesen wiederum haben zwei Drittel noch niemals an einer Abstimmung teilgenommen und nur knapp 7 (!) Prozent einen Antrag eingebracht. Ob von der digitalen Partizipation tatsächlich eine »neue Chance für innerparteiliche Demokratie im 21. Jahrhundert«

(Jabbusch 2011) ausgeht, darf vor dem Hintergrund dieser Zahlen bezweifelt werden.[11]

Dreht man die Perspektive um, bleibt die Frage, warum sich viele Bürger trotz der beschriebenen Hürden weiterhin in Parteien engagieren. Laux (2011) listet folgende Gründe auf:

- persönliche Vorteile, die sich aus der Mitgliedschaft ergeben (z.b. berufliche Vorteile oder das Erreichen eines politischen Amtes)
- persönliche Vorteile, die sich aus der konkreten Mitarbeit in einer Partei ergeben (z.b. das Kennenlernen netter Leute oder die Information über politische Themen)
- die Durchsetzung politischer Inhalte und Ziele
- die Erfüllung von Erwartungen aus dem eigenen Umfeld
- die Übernahme staatsbürgerlicher Verantwortung
- das Verfolgen ideologischer Ziele
- die Unterstützung der favorisierten Partei und ihrer Politiker

Die aktuelle Parteimitgliederstudie bestätigt den schon in früheren Untersuchungen ermittelten Befund, wonach die Durchsetzung von politischen Inhalten Hauptmotiv für den Beitritt und die Mitarbeit in einer Partei bleibt. Parteiengagement in Deutschland speist sich also vor allem aus dem Wunsch, Politik zu gestalten und an der Formulierung politischer Ziele teilzuhaben. Danach folgen das Anliegen, der Verantwortung als Bürger in der Demokratie nachzukommen und Unterstützung für die eigene Partei zu bekunden. Am wenigsten wird als Motiv genannt, dass man mit einem Parteibeitritt den Erwartungen des eigenen Umfelds gerecht werden und die Parteimitgliedschaft als Vehikel für eigene berufliche oder politische Ambitionen nutzen möchte. Entgegen landläufigen Vorurteilen scheint es also tatsächlich nur einem kleineren Teil der Parteimitglieder darum zu gehen, politische Ämter zu erreichen. Berücksichtigt man, dass es neben den etwa 200.000 ehrenamtlich tätigen kommunalen Mandatsträgern in der Bundesrepublik gerade einmal 2.700 Berufspolitiker gibt, die als Abge-

---

11 Durch die Möglichkeit des *Delegated Voting*, die ein Kernelement der *Liquid Democracy* darstellt, ist die ungleiche Partizipation bereits in deren Konzept angelegt. Die eigene Stimme kann danach bei einer Abstimmung flexibel auf eine andere Person übertragen werden. Wieweit dies zur Hierarchiebildung führt, ist völlig ungeklärt.

ordnete im Bundestag, in den Landtagen und im Europaparlament sitzen (Wiesendahl 2006: 12), wäre die Zahl von immerhin 300.000 aktiven oder ziemlich aktiven Parteimitgliedern ansonsten nicht zu erklären.

2.2.4 Weitere Formen verfasster Beteiligung

Neben Wahlen, Abstimmungen und der Mitarbeit der Parteien gibt es weitere Partizipationsmöglichkeiten, die als »verfasst« gelten können. Dabei handelt es sich um neue Verfahren und Einrichtungen, die das bestehende Beteiligungsspektrum erweitern (Klages 2007). Ihre Einordnung unter die verfassten Formen mag auf den ersten Blick verwundern, da die Verfahren weder verfassungsrechtlich verankert noch fest institutionalisiert sind; vielmehr werden sie auf ad hoc-Basis eingesetzt. Was sie zu verfassten Formen macht, ist die Tatsache, dass sie von staatlicher Seite aus unterbreitet und im staatlichen Rahmen organisiert, also nicht von den Bürgern selbst betrieben werden. Von den Bürgern kann allerdings die Initiative ausgehen, die zur Einrichtung der Verfahren führt (Beck/Ziekow 2011).

Neuere Formen der politischen oder Bürgerbeteiligung finden sich vor allem auf der kommunalen Ebene. Verortet werden sie meist im Kontext des Übergangs von der klassischen Form politischer Entscheidungsfindung vor Ort (*local government*) zu neuen Strukturen des kommunalen Regierens (*local governance*) (Schwalb/Walk 2007). Im Governance-Modell ist der Staat keine von der Gesellschaft oder dem Markt abgeschottete, übergeordnete Institution. Vielmehr werden »[p]olitische und gesellschaftliche Koordination […] zunehmend als Zusammenspiel von Hierarchie, Verhandlungssystemen und Konkurrenzbeziehungen interpretiert« (Holtkamp/Bogumil 2007: 231). Die gewählten Institutionen sind immer noch maßgeblich an der Entscheidungsfindung beteiligt. Diese wird jedoch nicht einseitig von oben herab gesteuert, sondern bezieht neben privatwirtschaftlichen Unternehmen auch die zivilgesellschaftlichen Akteure in den Verhandlungsprozess mit ein (Geißel 2007).

Die neuen Formen der Partizipation sprechen nicht unbedingt alle Bürger an, sondern setzen auf freiwilliges Engagement. Klages (2007) hat in einer Studie für die Friedrich-Ebert-Stiftung insgesamt 27 Verfahren aufgelistet, die – alphabetisch sortiert – von der »Aktivierenden Befragung« bis zur »Zukunftswerkstatt« reichen. In einer jüngeren Publikation der Bertelsmann-Stiftung (2010) werden 16 Verfahren genannt und näher erörtert. Die meisten davon stammen aus den USA. In der Bundesrepublik sind bislang unter anderem folgende Formen erprobt worden:

Kinder- und Jugendparlamente. Hier wird einer Gruppe eine Partizipationsmöglichkeit geboten, die (meist) selber nicht über das Wahlrecht verfügt (Betz/Gaiser/Pluto 2011). Die Zielgruppe wählt in ihrer Gemeinde ein Vertretungsgremium, das sich mit kinder- und jugendspezifischen Fragestellungen beschäftigt. Oftmals verfügen Kinder- und Jugendparlamente über Antrags- und Rederechte in den kommunalen Gremien und bestimmen über einen bescheidenen Etat (Hafeneger/Niebling 2008). Die Verbreitung und genaue Ausgestaltung unterscheidet sich zwischen den Bundesländern. Die Datenbank des Deutschen Kinderhilfswerks führt für die Bundesrepublik insgesamt 220 Einrichtungen auf.

Bürgerhaushalte. Bei Bürgerhaushalten handelt es sich um »ein Verfahren, das Bürgern die Beteiligung an der Planung von Einnahmen und Ausgaben öffentlicher Mittel ermöglicht« (Sintomer/Herzberg/Röcke 2010: 42). Die Verfahren sind dabei teilweise sehr unterschiedlich ausgestaltet. Für die deutschen Kommunen hält Holtkamp (2008) drei Kernmerkmale fest: die Information über den eingebrachten Haushaltsentwurf, die Konsultationsphase, in der die Bürger ihre Prioritäten für Kürzungs- oder Investitionsentscheidungen formulieren können, und die Rechenschaftsablegung des Rates, welche der Vorschläge in welcher Form umgesetzt wurden. Laut dem jüngsten Bericht der Internet-Plattform *Buergerhaushalt.org* (2012) werden bundesweit zurzeit in 115 Kommunen aktiv Bürgerhaushalte genutzt, weitere 98 Kommunen erwägen, sie einzurichten. In Nordrhein-Westfalen ist das Verfahren auch in Großstädten wie Aachen, Bonn oder Köln eingesetzt worden.

Planungszellen, Bürgergutachten und Bürgerforen. Mit diesen Instrumenten werden Bürger im Vorfeld einer Entscheidung gebeten, Lösungsvorschläge für Planungsprobleme zu erarbeiten. In dem von Peter C. Dienel (2002) entwickelten Verfahren der Planungszelle erfolgt die Zusammenstellung der etwa 20 bis 25 Personen umfassenden Gruppen per Zufallsauswahl. Für die Dauer ihrer Tätigkeit werden die Bürger beruflich freigestellt und finanziell entschädigt. Die Informationen, auf deren Basis sie ein Konzept erarbeiten sollen, stellen Experten zur Verfügung. Die Ergebnisse der Beratung münden in ein Bürgergutachten, an dem sich die politischen Entscheidungsträger orientieren können.

Bürgerpanel und Bürgerbefragung. Eine andere Möglichkeit besteht darin, die Bürger zu bestimmten Themen zu befragen. Zu diesem Zweck kann eine Stichprobe gezogen werden oder es werden alle Bürger einbezogen (Masser 2008). In die letzte Kategorie fällt z.b. die Einwohnerbefragung zum Ausbau des Godorfer Hafens in Köln im Juli 2011. Durch Wiederholungsbefragungen derselben Gruppe lässt sich aufzeigen, welchen Veränderungen die Präferenzen im Zeitverlauf unterliegen. Die Ergebnisse dienen als Entscheidungsgrundlage für die Kommunalpolitiker, sind aber nicht verbindlich, es sei denn, die Parteien gehen eine entsprechende Selbstverpflichtung ein. Vorstellbar sind auch internetgestützte Befragungen (Brake 2008).

Open Government. Bei diesem Verfahren geht es zum einen darum, den Bürgern durch die Veröffentlichung von Daten Einsicht in staatliche Dokumente zu gewähren. Zum anderen »soll mit Open Government (Government 2.0) eine Plattform für die Organisation von gemeinschaftlichem Handeln und die Produktion von Gemeingütern entwickelt werden, auf der staatliche Organe und Bürger sich auf Augenhöhe begegnen und in Form offener Prozessketten [...] zusammenarbeiten« (Hill 2011: 59 f.). Die Basis für die Schaffung einer solchen Plattform legen die Informationsfreiheitsgesetze in Bund und Ländern, die in einigen Fällen (z.B. in Hamburg) bereits um noch weitergehende Transparenzregelungen ergänzt worden sind.

2.3 Nicht-verfasste Beteiligung

Die Politikwissenschaft misst das Partizipationsverhalten anhand von zwei Indikatoren: der Bereitschaft der Bürger, sich in dieser oder jener Form politisch zu beteiligen (*Verhaltensabsicht*) und der tatsächlichen Nutzung der verschiedenen Partizipationsformen (*Verhaltensmanifestation*) (Steinbrecher 2009: 103). Beides wird regelmäßig im Rahmen der Allgemeinen Bevölkerungsumfrage der Sozialwissenschaften[12] (Allbus) erhoben. Im Folgenden werden die Verhaltensabsichten und -manifestationen im Bereich der nicht-verfassten Partizipationsformen in der Bundesrepublik seit 1988 dargestellt. Zu Vergleichszwecken finden dabei auch die verfassten Beteiligungsformen Berücksichtigung. Beide Indikatoren ergeben ein nahezu

---

12 Die im Rahmen der Allbus erhobenen Daten sind allgemein zugänglich über www.gesis.org.

identisches Bild. Weit über allen anderen Beteiligungsformen steht die Wahl. Zwar haben die Bereitschaft wählen zu gehen und die tatsächliche Wahlbeteiligung seit 1988 leicht abgenommen, aber immer noch kommt die Teilnahme an Wahlen für rund 80 Prozent der Bundesbürger in Frage bzw. wird auch tatsächlich genutzt. Die Niedrigschwelligkeit kommt auch darin zum Ausdruck, dass die Unterschiede zwischen Verhaltensabsicht und -manifestation im Gegensatz zu den anderen Partizipationsformen sehr gering sind. Fast alle Leute, die sich vorstellen können, wählen zu gehen, tun dies auch.

Im Bereich der nicht-verfassten, problem- und protestorientierten Partizipationsformen liegen die Werte deutlich darunter. Am häufigsten kommt hier die ebenfalls wenig voraussetzungsvolle Beteiligung an Unterschriftensammlungen in Frage. 2008 waren knapp zwei Drittel der Deutschen dazu bereit und etwa die Hälfte hatte sich auch tatsächlich schon ein einmal an einer Unterschriftensammlung beteiligt. Es folgen für 2008 die Teilnahme an öffentlichen Diskussionen (A[bsicht]: 39,7; M[anifestation]: 26,7), kritischer Konsum (A: 39,7; M: 27,9), die Teilnahme an genehmigten Demonstrationen (A: 35,3; M: 21,2), die Mitarbeit in Bürgerinitiativen (A: 31,4; M: 10,7) und die Teilnahme an Online-Protesten (A: 17,1; M: 7,8).

Partizipationsform	1988	1998	2008
Wahlbeteiligung	87,3	84,9	81,3
Unterschriftensammlung		55,8	63,3
Öffentliche Diskussionen	44,8	36,1	39,7
Kritischer Konsum			39,1
Genehmigte Demonstration		33,7	35,3
Bürgerinitiative	40,7	28,8	31,4
Online-Protest			17,1
In Partei mitarbeiten	18,3	10,9	13,9
Kandidaten unterstützen	14,8	10,4	
Ungenehmigte Demonstration	8,1	9,1	7,3
Verkehrsblockade		7,9	
Besetzungsaktionen	3,1	3,3	
Politische Gegner einschüchtern	2,9	2,6	
Krach bei Demonstration	1,4	2,4	
Gewalt gegen Personen	1,5	2,3	

Abb. 27: Bereitschaft zur Nutzung verschiedener Partizipationsformen 1988 bis 2008 (verfasste Partizipationsformen weiß, nicht-verfasste Partizipationsformen grau)
Quelle: Datenhandbuch Allbus 1980-2008, Studien-Nr. 4570.

Dieselben Schwankungen zeigen sich, wenn man die tatsächliche Beteiligung in den Blick nimmt. Allerdings liegen die Werte hier, gemessen an der Beteiligungsbereitschaft, im Schnitt deutlich niedrigrer. Gerade bei den problemorientierten Formen politischer Partizipation besteht also eine große Kluft zwischen Verhaltensabsicht und Verhaltensmanifestation. Dies liegt zum einen in der Natur der Sache, handelt es sich doch um voraussetzungsvollere Formen als etwa das Wählengehen. Sich die Mitarbeit in einer Bürgerinitiative oder die Teilnahme an einer öffentlichen Diskussion vorzustellen, ist eine Sache. Eine andere Sache ist es, die damit verbundenen Mühen oder Zumutungen tatsächlich auf sich zu nehmen. Womöglich reicht das zur Erklärung aber allein nicht aus. Es könnte auch sein, dass das vorhandene Beteiligungsangebot immer noch zu wenig Anreize setzt, sich zu engagieren (Klages/Daramus/Masser 2008).

Bei den weiteren Formen der Partizipation liegen Engagementbereitschaft und tatsächliches Engagement auf noch niedrigerem Niveau. So kommt die Mitarbeit in einer Partei laut der letzten Erhebung nur für knapp 14 Prozent der Bürger als mögliche Beteiligungsform in Frage. Ein noch kleinerer Teil kann sich den Rückgriff auf illegale Formen der Partizipation vorstellen, um Protest auszudrucken. Dabei gibt es noch einmal eine deutliche Abstufung zwischen Akten des zivilen Ungehorsams und Gewaltakten. Selbst wenn man in Rechnung stellt, dass die Befragten gerade bei den illegalen Formen der politischen Beteiligung aus Gründen der sozialen Erwünschtheit nicht immer ehrlich antworten, belegen die Zahlen doch eindrucksvoll, dass für die Bürger politische Beteiligung abseits des gesetzlich festgelegten Rahmens kaum eine Rolle spielt (Steinbrecher 2009: 103 ff.).

Partizipationsform	1988	1998	2008
Wahlbeteiligung	83,7	80,9	79,6
Unterschriftensammlung		37,6	47,3
Kritischer Konsum			27,9
Öffentliche Diskussionen	22,7	22,9	26,7
Genehmigte Demonstration		15,9	21,2
Bürgerinitiative	12,3	8,6	10,7
Online-Protest			7,8
In Partei mitarbeiten	5,1	4,1	4,9
Ungenehmigte Demonstration	2,5	3,6	3,8
Kandidaten unterstützen	4,8	3,2	
Verkehrsblockade		1,8	
Politische Gegner einschüchtern	0,9	0,7	
Besetzungsaktionen	0,7	0,6	
Krach bei Demonstration	0,3	0,6	
Gewalt gegen Personen	0,3	0,4	

Abb. 28: Tatsächliche Nutzung verschiedener Partizipationsformen 1988 bis 2008 (verfasste Partizipationsformen weiß, nicht-verfasste Partizipationsformen grau)
Quelle: Allbus-Datenhandbuch 1980-1988, Studien-Nr. 4570.

Im Unterschied zu den verfassten Partizipationsformen entwickelt sich die Nutzung der problem- und protestorientierten Formen wellenförmig. Phasen starker und schwacher Mobilisierung wechseln einander ab. Die Ende der sechziger Jahre kulminierenden Studentenproteste, der von den Neuen Sozialen Bewegungen ausgehende Widerstand gegen Atomkraft und Aufrüstung zu Beginn der achtziger Jahre, die Demonstrationen gegen die im wiedervereinigten Deutschland neu aufflammende Fremdenfeindlichkeit Anfang der neunziger Jahre und der Protest gegen die Sozialreformen im

Jahre 2004 markieren die jeweiligen Hochphasen. Auch wenn die Zahlen der Protestereignisse und -teilnehmer danach wieder zurückgehen, lässt sich für den Gesamtzeitraum ein Anstieg der protestorientierten Partizipationsformen verzeichnen, die heute zum Standardrepertoire der politisch aktiven Bürger in der Bundesrepublik gehören. Dies belegt auch ein europäischer Vergleich, wo Deutschland im Protestaufkommen nur von Frankreich übertroffen wird (Hutter/Teune 2012: 11 ff.).[13]

Betrachtet man die nicht-verfassten Formen politischer Beteiligung in ihrer gesamten Bandbreite, so steht das Protestmotiv klar im Vordergrund. Das gilt nicht für alle Aktivitäten (z.b. die Beteiligung an öffentlichen Diskussionen). Ebenso wenig müssen sich die Proteste immer gegen politische Entscheidungen oder Institutionen richten; sie können z.b. auch auf gesellschaftliche Missstände aufmerksam machen. Die Tatsache, dass die nicht-verfassten Formen der Beteiligung ihren Ursprung außerhalb der politischen Institutionen und festgelegter Normen haben, bringt ihre oppositionelle Stoßrichtung zum Ausdruck. Die alljährlich stattfindenden Aktionen gegen die Castor-Transporte, der Streit um Großprojekte wie Stuttgart 21 oder die Flughafenneu- und -ausbauten in Frankfurt, Berlin und München, und die »Occupy-Bewegung« scheinen auf eine neuerliche Zunahme von Protestereignissen in der jüngeren Vergangenheit hinzudeuten, die in der publizistische Debatte breiten Niederschlag gefunden hat (Giesa 2011). Nicht umsonst kürte die Gesellschaft für deutsche Sprache »Wutbürger« zum Wort des Jahres 2010.[14] Tatsächlich lässt sich – unabhängig von den Konjunkturen der öffentlichen Aufmerksamkeit und über die Bundesrepublik

13 Die Zahlen gelten für die Entwicklung bis 2005 und berücksichtigen nur die höherschwelligen Protestformen oberhalb der Unterschriftensammlung. Bezieht man letztere in die Zählung mit ein, schiebt sich die Schweiz (wo die Unterschriftensammlung ein integraler Bestandteil der verfassten direktdemokratischen Partizipation ist), vor die Bundesrepublik.

14 Der im Umfeld von Stuttgart 21 entstandene und von den Medien gerne aufgegriffene Begriff suggeriert, der Protest der Stuttgarter sei primär vom wohlsituierten Bürgertum ausgegangen. Umfragen zeigen allerdings, dass es keineswegs mehrheitlich frühere CDU-Wähler waren, die jetzt entgegen ihrer Gewohnheit auf die Straße gingen und zu laut skandierenden »Wutbürgern« mutierten, sondern die »üblichen Verdächtigen«: Die meisten Teilnehmer entstammten dem linken und hier vor allem grünen Wählerspektrum und verfügten über zum Teil langjährige Demonstrationserfahrung (Göttinger Institut für Demokratieforschung 2010).

hinausweisend – ein solcher Trend erkennen (Roth 2012). Dies gilt umso mehr, als Protest – wie oben gesehen – nicht ausschließlich über Formen nicht-verfasster Partizipation an das politische System herangetragen wird. Bei Wahlen geschieht dies z.b. über das Fernbleiben von den Urnen oder die Wahl einer anderen als der gewöhnlich präferierten Partei. Und die direktdemokratischen Verfahren sind hierzulande so ausgestaltet, dass sie zu oppositionellem Verhalten geradezu einladen. Schließlich verbleibt bei bestimmten Entscheidungen noch der Weg vor Gericht, wenn Grundrechte oder persönliche Rechte berührt sind.

Die Umfrage zeigt, dass die Bürger, die Protest bekunden wollen, dies lieber im Rahmen verfasster als nicht-verfasster Partizipationsformen tun. Dabei fällt insbesondere die starke Wertschätzung der direkten Demokratie ins Auge. Auf die Frage, wie sie gegen ein Gesetz oder einen Beschluss vorgehen würden, mit dem sie nicht einverstanden seien, antworten in Nordrhein-Westfalen die meisten Befragten (83 Prozent), dass sie ein Volksbegehren unterstützen würden. 74 Prozent wollten bei der nächsten Wahl eine andere Partei wählen und jeweils 71 Prozent konnten sich vorstellen, in einer Bürgerinitiative mitzuarbeiten oder seinen/ihren Abgeordneten anzusprechen. Nur eine Minderheit (47 Prozent) wollte vor Gericht ziehen oder an einer Demonstration teilnehmen (49 Prozent).

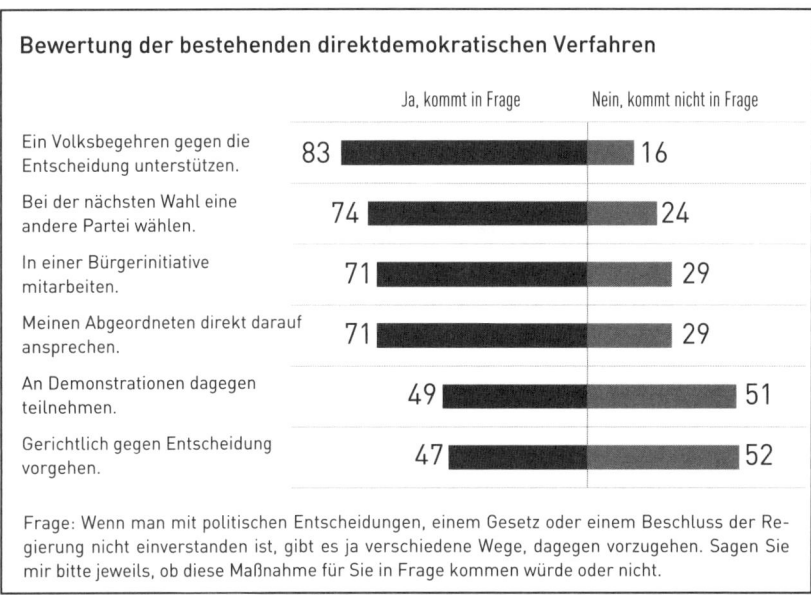

Abb. 29: Bevorzugte Formen des Protests

Wiederum zeigen sich Abweichungen zwischen verschiedenen Bevölkerungsgruppen. Wenig überraschend steigt die Bereitschaft, eines der genannten Instrumente zu ergreifen, mit dem Grad des politischen Interesses und dem Bildungsgrad, nur bei der Ansprache des Abgeordneten ist eine Einschränkung zu machen: Hier liegen die Volks- oder Hauptschul-Absolventen mit 77 Prozent vor den Befragten mit Abitur bzw. Fachholschulreife (66 Prozent). Mit Blick auf die Altersgruppen ergibt sich eine U-förmige Verteilung. Die Bereitschaft, sich gegen eine Maßnahme zu engagieren steigt zunächst mit dem Alter an und sinkt später wieder. Ausnahme ist wiederum das Abgeordneten-Item. Hier steigt die Zustimmung linear an und ist in der Gruppe der Über-60-Jährigen am größten.

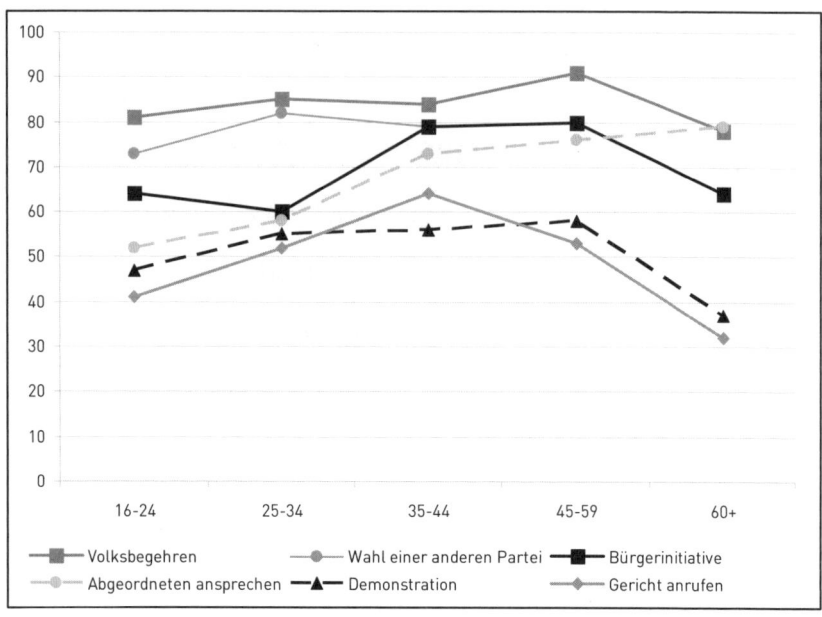

Abb. 30: Bevorzugte Formen des Protests nach Altersgruppen

Des Weiteren zeigen sich teils erhebliche Differenzen zwischen den Anhängern verschiedener Parteien. Grünen-Anhänger sind durchweg eher bereit, die verfassten und nicht-verfassten Formen protestorientierter Partizipation zu nutzen, während die Protestneigung unter den Unions-Anhängern bei allen abgefragten Items am geringsten ausgeprägt ist. Die größte Diskrepanz ergibt sich in Bezug auf die Teilnahme an Demonstrationen. Während das für Grünen-Anhänger fast selbstverständlich (79 Prozent) in Frage kommt, geben unter den Sympathisanten der CDU nicht einmal ein Drittel an, dass dies für sie eine Option darstellen würde. Offensichtlich gibt es hier durchaus noch Differenzen in der Wahrnehmung, ob Demonstrationen ein legitimes Mittel des politischen Protestes darstellen. Die heutigen Anhänger der Grünen scheinen jedenfalls die geschichtlichen Wurzeln der Partei, die aus den Protesten der Neuen Sozialen Bewegungen hervorging, nach wie vor hochzuhalten.

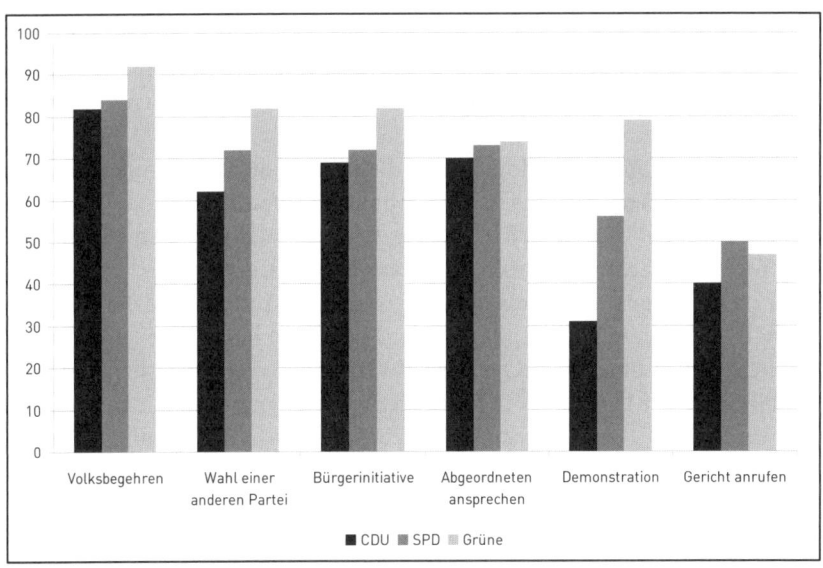

Abb. 31: Bevorzugte Formen des Protests nach Parteipräferenz

2.4 E-Partizipation

Unter elektronischer oder digitaler Partizipation, zumeist als E-Partizipation (*eParticipation*) abgekürzt, versteht man alle politischen Beteiligungsformen, die über elektronische bzw. digitale Medien, also E-Mail und Internet abgewickelt werden (Kubicek 2010). Der Begriff beschreibt also die steigende Relevanz von Informationstechnologien im Hinblick auf politische Entscheidungen durch Parlamente und Regierungen (Kersting 2012, Medaglia 2012). Voraussetzung dafür ist, dass die technischen Ressourcen gegeben und unter den Bürgern annähernd gleich verteilt sind. Besaßen im Jahr 2002 nur 41,2 Prozent der Deutschen einen Internetanschluss (Chadwick 2006: 56), lag die Quote laut einer Studie von ARD und ZDF im Jahre 2011 bereits bei 73,3 Prozent (Eimeren/Frees 2011: 335).

An der digitalen Partizipation kann eine Vielzahl unterschiedlicher Akteure beteiligt sein: Auf der Angebotsseite der Politik sind etwa Regierungen, Parlamente oder auch einzelne Politiker zu nennen. Auf der Nachfrageseite schalten sich Bürger, Vereine oder Nicht-Regierungsorganisationen

(NGOs) in den Prozess ein (Meister/Oldenburg 2009: 158). Es gibt eine beachtliche Formenvielfalt. So gehören zum E-Voting, das im Sprachgebrauch meist mit der Stimmabgabe über das Internet gleichgesetzt wird, beispielsweise der in Nordrhein-Westfalen von 2002 bis 2009 eingesetzte Wahlautomat, oder die Möglichkeit, Petitionen an den Bundestag über dessen Homepage einzureichen und online Unterschriften zu sammeln bzw. abzugeben. Unter den Monitoring-Instrumenten ist z.b. die Plattform abgeordnetenwatch.de zu nennen, die aus einer bürgerschaftlichen Initiative hervorgegangen ist (Kleinsteuber/Voss 2012). Mit Blick auf die Formenvielfalt verwundert es nicht, dass in der Forschung lange Zeit verschiedene Bezeichnungen unter dem Oberbegriff »eDemocracy« kursierten (Emmer/ Wolling 2009: 84). Entsprechend überzogen wirken manchmal auch die Erwartungen, die zuweilen an die Zukunft der Beteiligungsmöglichkeiten herangetragen werden. So ist etwa bei Meister und Oldenburg (2009: 162) von »kollaborativer Wissensentwicklung« und »dynamische[n] Themen-Communities« die Rede, also einer in Zukunft neuen Gestalt der politischen Teilhabe durch die Verschränkung von Online- und Offline-Kommunikation.

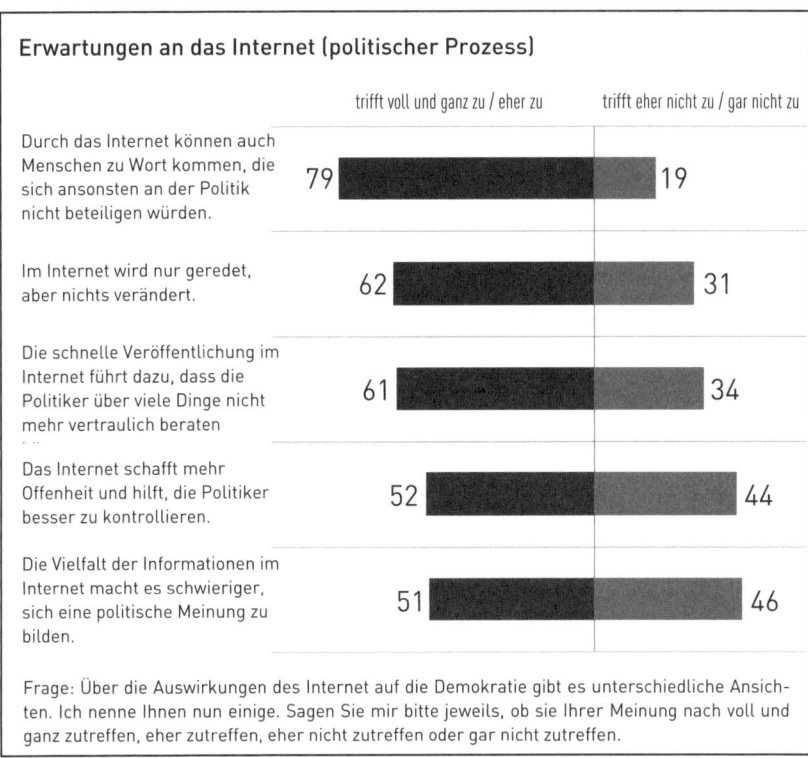

Erwartungen an das Internet (politischer Prozess)

	trifft voll und ganz zu / eher zu	trifft eher nicht zu / gar nicht zu
Durch das Internet können auch Menschen zu Wort kommen, die sich ansonsten an der Politik nicht beteiligen würden.	79	19
Im Internet wird nur geredet, aber nichts verändert.	62	31
Die schnelle Veröffentlichung im Internet führt dazu, dass die Politiker über viele Dinge nicht mehr vertraulich beraten	61	34
Das Internet schafft mehr Offenheit und hilft, die Politiker besser zu kontrollieren.	52	44
Die Vielfalt der Informationen im Internet macht es schwieriger, sich eine politische Meinung zu bilden.	51	46

Frage: Über die Auswirkungen des Internet auf die Demokratie gibt es unterschiedliche Ansichten. Ich nenne Ihnen nun einige. Sagen Sie mir bitte jeweils, ob sie Ihrer Meinung nach voll und ganz zutreffen, eher zutreffen, eher nicht zutreffen oder gar nicht zutreffen.

Abb. 32: Erwartungen an das Internet (politischer Prozess)

Tatsächlich stellt das Internet als neuartiges Medium der politischen Kommunikation auch eine Projektionsfläche für Erwartungen dar, die die Bürger mit Blick auf die Politik im Allgemeinen hegen. Grundsätzlich ist der überwiegende Teil der Befragten in Nordrhein-Westfalen (79 Prozent) der Ansicht, dass durch das Internet auch Menschen zu Wort kommen können, die sich ansonsten nicht beteiligen würden. Lediglich ein geringer Teil meint, dass dies »eher nicht« oder »ganz und gar nicht« zutreffe (19 Prozent).

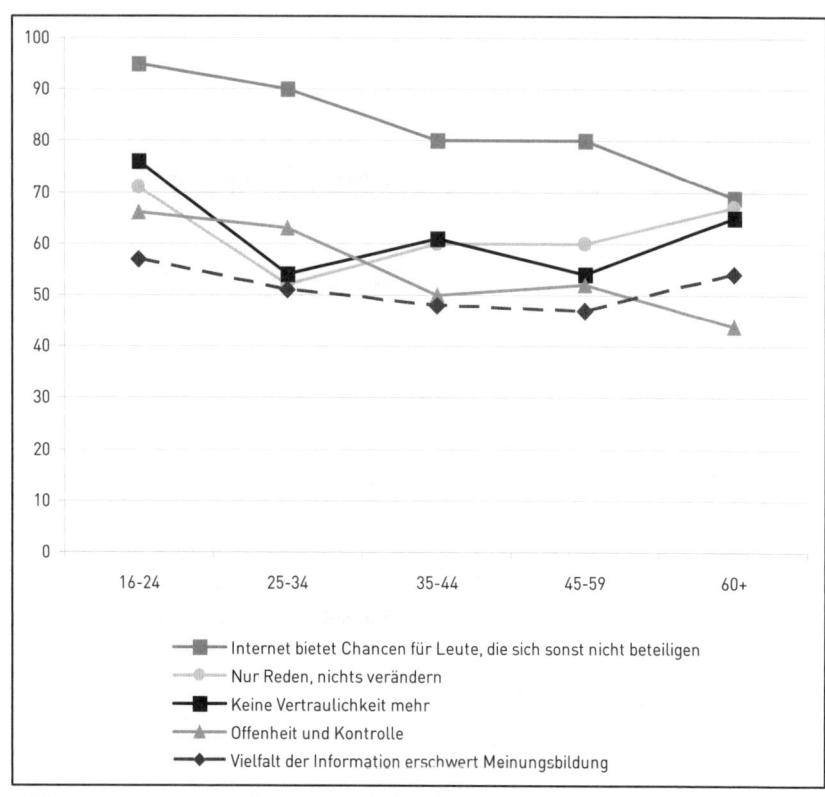

Abb. 33: Erwartungen an das Internet (politischer Prozess) nach Altersgruppen

Vergleicht man die Alterskohorten, dann zeigt sich, dass die Erwartungshaltung hinsichtlich der Internet-Partizipation steigt, je jünger die Befragten sind. So ist die Zustimmung zur Aussage, durch das Internet könnten sich mehr Menschen am politischen Geschehen beteiligen, in der jüngsten Alterskohorte der 16- bis 24-Jährigen am höchsten. Demgegenüber liegt die älteste Gruppe (60 und älter) zwar deutlich hinter den jüngeren Befragten zurück, urteilt aber insgesamt ebenfalls mehrheitlich positiv: Nur knapp ein Fünftel stimmt der Aussage »ganz und gar nicht« zu. Bedenkt man, dass das Internet unter jüngeren Menschen sehr viel verbreiteter ist, dann überrascht dieser Befund nicht: Nutzten 2011 rund 99 Prozent der 14 bis 19-Jährigen das Internet, waren es unter den Über-60-Jährigen lediglich 34,5 Prozent (Eimeren/Frees 2011: 336).

Sieht man von der erwarteten Partizipationsausweitung ab, werden die Potenziale des Internets überwiegend skeptisch betrachtet.[15] Nur eine geringe Mehrheit glaubt, dass Politiker durch das Netz besser kontrolliert werden könnten (52 Prozent), während eine fast gleich hohe Anzahl von Befragten (44 Prozent) den Kontrolleffekt eher gering einschätzt. In der Bevölkerung scheint sich also noch kein rechtes Bewusstsein für die Möglichkeiten herausgebildet zu haben, Skandale mithilfe des Internets aufzudecken bzw. Ereignisse mithilfe des Internets zu skandalisieren, obwohl es in der jüngeren Vergangenheit dafür mehrere bezeichnende Beispiele gegeben hat – etwa die Aufdeckung plagiierter Doktorarbeiten von Spitzenpolitikern (Pörksen/Detel 2012).[16]

Ähnlich stark ausgeprägt ist die Skepsis, was die Auswirkungen des Internets auf den politischen Prozess angeht – also die Beeinflussung des Regierungshandelns und der Gesetzgebung. Der These, dass im Internet nur geredet werde, sich aber nichts verändere, stimmen 62 Prozent der Befragten »voll und ganz« oder »eher« zu. Nur 31 Prozent glauben, dass dies »eher nicht« oder »ganz und gar nicht« zutreffe. Berücksichtigt man die Parteineigung, zeigt sich die Skepsis unter den Anhängern der CDU am stärksten ausgeprägt. So stimmen etwa der Aussage, dass im Internet nur geredet, aber nichts verändert werde, 69 Prozent der Unionsanhänger zu, während dies nur 61 Prozent der SPD-Sympathisanten bzw. 53 Prozent der Grünen-

15 In einer weiteren Partizipationsstudie, die von der Herbert Quandt-Stiftung in Auftrag gegeben wurde, hat Infratest dimap dieselben Items im Januar 2012 noch einmal für die gesamte bundesdeutsche Bevölkerung abgefragt, hier allerdings ohne die 16- bis 18-Jährigen. Nach diesen Zahlen werden die Chancen, die das Internet für eine bessere Bürgerbeteiligung bereit hält, von den Bundesbürgern im Schnitt etwas positiver bewertet als von den Bürgern des Landes Nordrhein Westfalen (Infratest dimap 2012: 18).

16 Auch beim Rücktritt von Bundespräsident Horst Köhler im Mai 2010 spielte das Internet eine mitentscheidende Rolle. Anlass war ein umstrittenes Interview Köhlers mit dem Deutschlandfunk zum Engagement der Bundeswehr in Afghanistan, von dem die Öffentlichkeit vermutlich keine Notiz genommen hätte, wenn nicht einige Blogger im Netz über den Wortlaut gestolpert wären. Diese hielten durch ihre Berichterstattung und Diskussion die Geschichte am Leben, bis sie von den regulären Medien – in dem Falle dem »Spiegel« – aufgegriffen wurde und die Affäre auslöste (Beckedahl/Lüke 2012: 188 f.).

Anhänger teilen. Allerdings überwiegt auch bei den Anhängern der beiden linken Parteien die Skepsis.

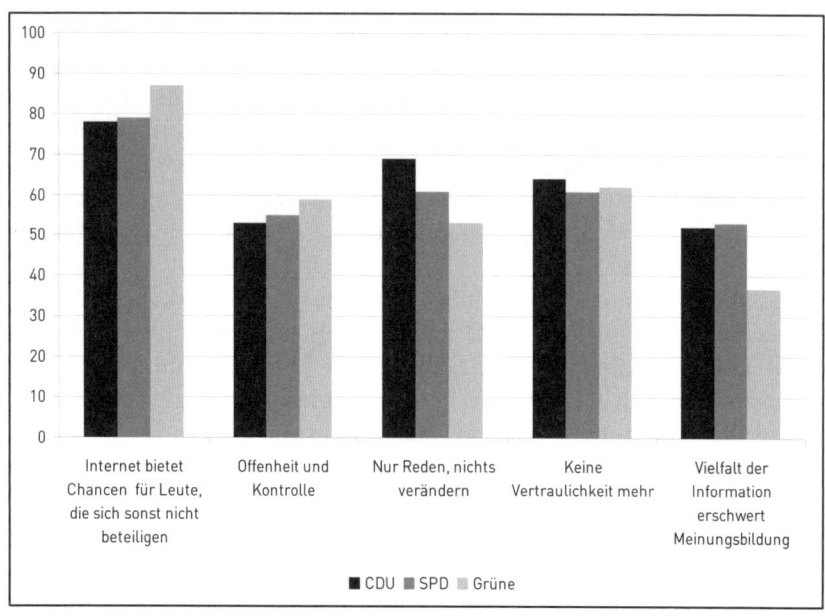

Abb. 34: Erwartungen an das Internet (politischer Prozess) nach Parteipräferenz

Auch wenn man nach dem Informationsgehalt des Internets fragt, überwiegt die Skepsis. Hier stellt sich überraschenderweise heraus, dass gerade die jüngere Generation es schwieriger findet, sich angesichts des weitläufigen Angebots eine politische Meinung zu bilden. Die mittleren Alterskohorten sind annähernd gleich verteilt, während die Über-60-Jährigen die Frage ebenfalls stark bejahen. Die geringste Skepsis weisen die mittleren Alterskohorten zwischen 25 und 59 Jahren auf.

Insgesamt wird von einer leichten Mehrheit erwartet, dass die Informationsfülle des Internets die Bildung einer politischen Meinung eher schwieriger macht. Die Skepsis ist dabei bei Personen mit stark bzw. mittelstark ausgeprägtem politischen Interesse ähnlich groß wie bei den nur mäßig Interessierten.

Werfen wir abschließend einen Blick auf die verschiedenen Möglichkeiten der Partizipation im Internet. Hier gründen sich die Hoffnungen vor

allem darauf, die Hürden der wichtigsten und verbreitetsten Partizipationsform – des Wählens – weiter abzusenken, indem man seine Stimme nicht
mehr nur im Wahllokal oder per Brief, sondern auch online abgeben kann.
Dieses Vorgehen wurde punktuell beispielsweise in Großbritannien prakti-
ziert, in Deutschland, also auch in Nordrhein-Westfalen, ist es bislang noch
nicht zum Einsatz gekommen.

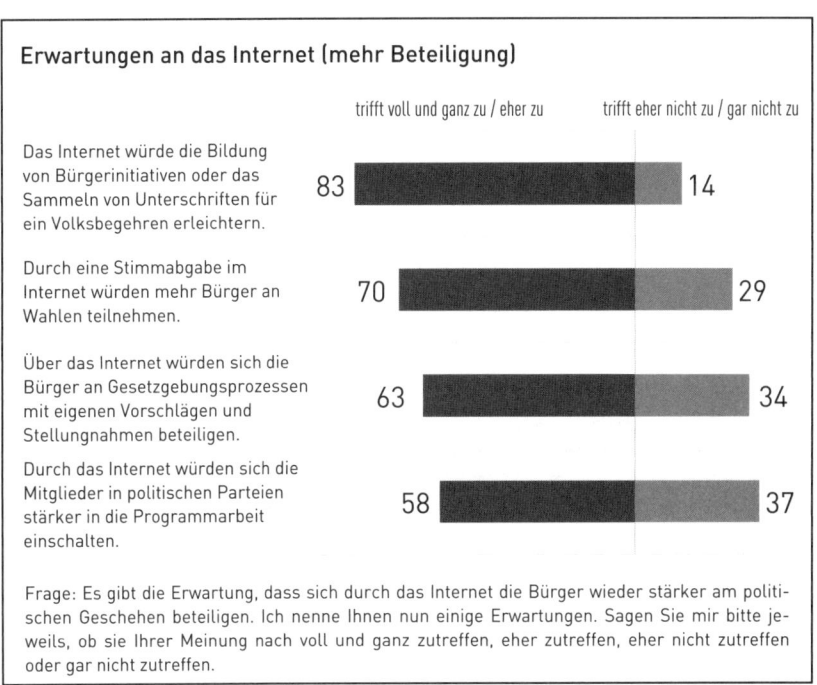

Abb. 35: Erwartungen an das Internet (mehr Beteiligung)

Man sieht, dass die Erwartung, durch die Möglichkeit der Stimmabgabe im
Internet mehr Menschen zum Wählen bewegen zu können, durchweg
hoch ist. Überraschenderweise fällt die Zustimmung dabei unter denjenigen am stärksten aus, die ihr eigenes politisches Interesse mit »gering«
angeben. Es scheint, als diene das Internet hier vor allem als Ausdruck
eines allgemeinen Bedürfnisses nach mehr (und einflussreicherer) Partizipation, das aber nicht näher spezifiziert wird. Bei den ressourcenaufwändi-
geren Partizipationsformen (Parteiarbeit und Unterschriftensammlung)

werden die Vorteile der elektronischen Partizipation dagegen eher von den politisch Interessierten betont.

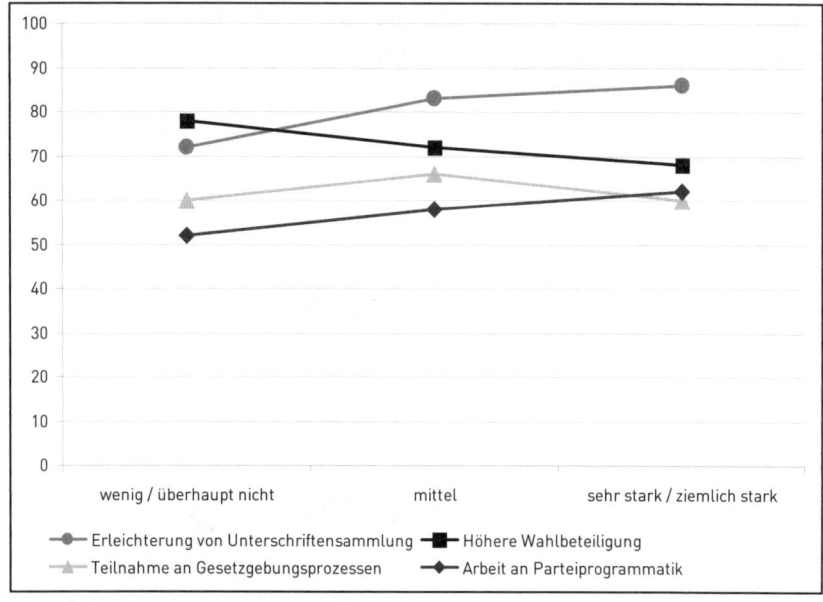

Abb. 36: Erwartungen an das Internet (mehr Beteiligung) nach politischem Interesse

3 Partizipation und soziale Selektivität

3.1 Politische Parteien –
Raumschiffe oder Bevölkerungsquerschnitt?

Laut Grundgesetz (Art. 21) wirken die Parteien an der »politischen Willensbildung des Volkes« mit. Sie sollen dabei erstens soziale Kräfte zum Ausdruck bringen, zweitens mittels Regierungsmacht die staatliche Willensbildung beeinflussen, hierzu drittens politisches Führungspersonal bereitstellen und viertens die Bürger zu Teilnahme an der Willensbildung mobilisieren (Steffani 1988). Parteien sind also, kurz gesagt, Organisationen zur politischen Partizipation, da sie Korridore zwischen Gesellschaft und Staat herstellen. Das unterscheidet sie im Übrigen auch von anderen, gemeinhin als »moderner« angesehenen Formen politischer Willensbildung, etwa Bürgerinitiativen.

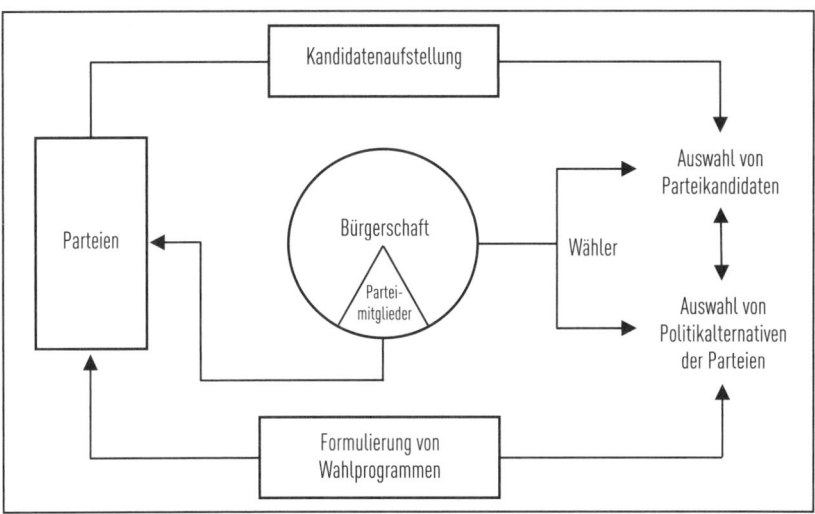

Abb. 37: Politische Partizipation in der Parteiendemokratie
Quelle: Wiesendahl 2012: 125.

Idealtypisch sind Parteien ein Hort von »Aktivbürger[n], ... die in einem diskursiven Prozess innerparteilicher Willensbildung politische Ideen und Programmvorstellungen entwickeln, die in Grundsatz- und Wahlprogrammen ihren Niederschlag finden« (Wiesendahl 2012: 123 f.). Dabei ist die grundlegende Frage, ob die politischen Ansichten von Parteimitgliedern von denen der »Durchschnittsbürger« abweichen – also »extremer« sind – nicht abschließend geklärt (Heidar 2006: 309). Krisenbeschreibungen, nach denen die Parteien ihren »eigentlichen« Aufgaben nicht nachkommen, begleiten die Parteien seit ihrer Entstehung im späten 18. Jahrhundert – und zwar sowohl seitens der Bürger als auch innerhalb der Mitgliedschaft (Siri 2012). Dennoch lässt sich nicht von der Hand weisen, dass durch die gesellschaftliche Auszehrung zumal der Volksparteien deren Repräsentations- und Legitimitätsfunktion in Frage gestellt wird. In der Bundesrepublik Deutschland liegt der Organisationsgrad der Parteien – gemessen am Anteil der Parteimitglieder an der wahlberechtigten Bevölkerung – im europaweiten Vergleich im unteren Drittel (Van Biezen/Mair/Poguntke 2012: 28).

Die nachlassende Repräsentationsfunktion der Parteien firmiert in der Politikwissenschaft unter dem Begriff »Dealignment« (Beyme 1982: 357). Dieser besagt einerseits, dass die Parteien, die sich noch bis in die siebziger Jahre hinein einer relativ stabilen Stammwählerschaft gewiss sein konnten, immer weniger auf die Loyalität der Wählerschaft zählen können: Die Zahl der »Wechselwähler« nimmt zu. Auf der anderen Seite fühlen sich auch die Bürger selbst im Laufe ihres Lebens immer weniger ein und derselben Partei zugehörig. War bis vor einigen Jahrzehnten noch die soziale Zugehörigkeit zu einem Milieu für die lebenslange Treue zu einer bestimmten Partei entscheidend, so sind immer mehr Menschen bereit, im Laufe ihres Lebens für unterschiedliche, sich programmatisch möglicherweise sogar widersprechende Parteien zu stimmen. Die Ursache hierfür liegt in Entwicklungen, die unter dem Begriff der »Pluralisierung« zusammengefasst werden können (Decker 2011a: 46 ff.):

Erstens hat der Ausbau des Wohlfahrtsstaates nach dem Zweiten Weltkrieg zu einer Angleichung der Lebensverhältnisse geführt. Dadurch wurde nicht nur eine zentrale politische Forderung der Sozialdemokratie erfüllt, was Ralf Dahrendorf zu seiner berühmten These verleitete, die sozialdemokratische Bewegung habe sich mit den Errungenschaften des 20. Jahrhunderts gewissermaßen selbst abgeschafft. Mit der Herausbildung der Dienstleistungs- und Informationsgesellschaft sollten auch die alten sozio-ökonomischen Milieus zerfallen, die sich auf lebenslange Gemeinschaft in gemeinsamen Arbeitszusammenhängen und Wohnvierteln gestützt hatten. Zweitens haben Bildungsexpansion und die wachsende Bedeutung der Massenmedien die Beziehung zwischen Parteien und Bürgern qualitativ verändert. Kommunizierten die Parteien bis in die erste Hälfte des 20. Jahrhunderts hinein noch vor allem über parteieigene Medien – etwa den sozialdemokratischen »Vorwärts« – mit ihrer Klientel und nahmen direkte Kontakte zwischen Parteifunktionären und Bürgern im Wohnviertel eine wichtige Rolle ein, so nehmen die Bürger Politik inzwischen fast nur noch über die Medien wahr. Die Parteien sehen sich dadurch gezwungen, ihre Personen und Programme möglichst unterhaltsam zu präsentieren (Dörner 2001). Das Dilemma besteht aber darin, dass es gerade Unterhaltungsformate sowie Symbol- und Scheinpolitik sind, die die öffentlichen Auftritte von Parteien ähnlicher erscheinen lassen und die »Parteienverdrossenheit« noch befördern.

Die dritte Entwicklung kann mit den Begriffen »Individualisierung« und »Wertewandel« umschrieben werden. Der Wandel der Arbeitswelt und Erwerbsformen, die steigenden Möglichkeiten und Bedürfnisse des Konsums, das wachsende Freizeit- und Medienangebot sowie die Pluralität sozialer Normen und Werteinstellungen führen dazu, dass sich die individuellen Lebensverläufe und -stile immer stärker unterscheiden. Religiöse Werte verlieren im Zuge der Säkularisierung an Bedeutung, während auf der anderen Seite materielle durch immaterielle Wertvorstellungen abgelöst bzw. ergänzt werden (Inglehart 1977). Dies macht es für die Parteien schwieriger, ihre Wählergruppen unter einer gemeinsamen ideologischen Klammer zusammenzuhalten.

Historisch betrachtet sind die Parteien ein Ausdruck sozialer Konfliktlagen (Lipset/Rokkan 1967). Das Parteiensystem in Nordrhein-Westfalen war lange Zeit durch einen starken politischen Katholizismus geprägt sowie, insbesondere in den Industriezentren des Ruhrgebiets, eine hoch organisierte Arbeitnehmerschaft (Solar 2010, Kranenpohl 2008). Dass die SPD aus der industriellen Kultur bis Anfang der sechziger Jahre keinen Profit schlagen konnte, lag darin begründet, dass die konfessionelle Bindung an die katholische Kirche einen Großteil der Industriearbeiter zunächst zur Zentrumspartei und in der jungen Bundesrepublik zur Union hinzog, die es überdies verstand, sich in NRW als eine Art »christliche Arbeiterpartei« zu positionieren (Korte 2009: 221 f.). Erst mit der Liberalisierung der katholischen Kirche im Zuge des Zweiten Vatikanischen Konzils und nachdem sie sich selbst im Godesberger Programm von 1959 von ihren marxistischen Grundsätzen verabschiedet hatte, wurde die SPD für die kirchengebundene Industriearbeiterschaft zu einer wählbaren Partei (Rohe 1992: 173).

Der Bedeutungsverlust der einstmals parteienbildenden Konfliktlinien und Milieus spiegelt sich vor allem in der nachlassenden Bindungskraft der beiden großen Volksparteien (Gabriel 2010). Die Lockerung der Parteibindung hat einen quantitativen und einen qualitativen Aspekt. Einerseits nimmt das zahlenmäßige Gewicht der Wählergruppen ab, die zur natürlichen Klientel der Parteien gehören. Andererseits werden die Bindungen auch auf der individuellen Ebene schwächer, indem die Parteien auf die Loyalität »ihrer« Wähler nicht mehr sicher vertrauen können. Wahlanalysen zeigen, dass die quantitativen Effekte bei beiden Konfliktlinien mehr zu Buche schlagen als die qualitativen. So ist z.B. die Quote der regelmäßigen Kirchgänger unter den Katholiken, die sich durch große Treue zur CDU/ CSU auszeichnen, in der Bundesrepublik in den letzten fünfzig Jahren von 50 auf 13 Prozent zurückgegangen. Nachdem die Katholiken heute insgesamt nur noch ein Drittel der Bevölkerung stellen, gehören damit weniger als fünf Prozent der Wähler dieser Gruppe an. Ebenfalls, wenn auch nicht ganz so stark, ist der Anteil der gewerkschaftlich organisierten Arbeiter, Angestellten und Beamten geschrumpft, die die traditionelle Kernklientel der Sozialdemokratie ausmachen. Betrachtet man die Industriearbeiter im Ganzen, so war deren Bereitschaft, SPD zu wählen, nur in den sechziger und siebziger Jahren besonders hoch. Vorher hatte die religiöse Konfliktlinie – wie gesehen – den Klassenkonflikt noch zum Teil überlagert, indem Arbeiter mit starker Kirchenbindung den Christdemokraten zuneigten. Nachher führten der Wandel der Arbeitswelt und der damit einhergehende Rückgang des subjektiven Klassenbewusstseins dazu, dass die Bindung dieser Wähler an die Sozialdemokratie abnahm.

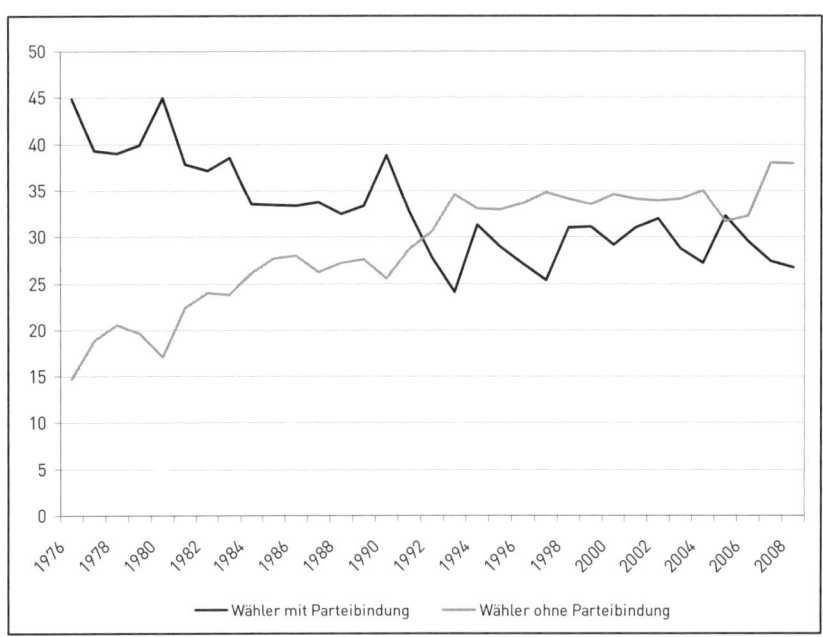

| Wähler mit Parteibindung | Wähler ohne Parteibindung |

Abb. 38: Langfristige Parteibindung in der Bundesrepublik 1976 bis 2008
Quelle: Decker 2011a: 45.

Die nachlassende Repräsentativität der Parteien spiegelt sich in der sozial-strukturellen Zusammensetzung ihrer Mitglieder. Die rückläufige Mitglie-derentwicklung hat dazu geführt, dass die Parteien immer weniger in der Lage sind, den Bevölkerungsquerschnitt in ihrer eigenen Organisation abzubilden. Dieses Problem trifft gerade die Volksparteien, die ja einen um-fassenden Repräsentationsanspruch erheben. In der aktuellsten hierzu vor-liegenden Studie von Spier u.a. (2011) wurden Mitglieder der seit 2009 im Bundestag vertretenen Parteien befragt, also von CDU, CSU, SPD, FDP, LINKE und Grünen. Dabei bestätigte sich, dass die Mitglieder dieser Par-teien nicht dem Bevölkerungsdurchschnitt entsprechen. Mehr denn je sind es ganz bestimmte soziale Gruppen, die sich in den politischen Parteien engagieren, während andere außen vor bleiben. Betrachtet man die Partei-organisationen heute, so lassen sich gleich mehrere Schieflagen ausmachen:
Erstens sind »die unteren Bevölkerungsschichten unter- und die höhe-ren Schichten überrepräsentiert« (Merkel/Petring 2012: 109). Insbesondere

die Sozialdemokratie leidet unter dem Dilemma, dass sie genau für die Klientel Politik machen will, die innerhalb ihrer Mitgliedschaft immer weniger vertreten ist. Die zweite Schlagseite besteht in der überproportional hohen Repräsentation von Akademikern. Deren Anteil liegt, gemessen an der Gesamtbevölkerung, rund zweieinhalbmal so hoch. Demgegenüber sind Bürger, die eine Ausbildung genossen haben oder keinen Abschluss vorweisen können, stark unterrepräsentiert. Wiesendahl (2012: 132) sieht in dem hohen Bildungsniveau sogar den »einschneidendsten sozialen Exklusionsfaktor«. Drittens zeigt sich ein deutlicher Überhang von Angehörigen des Öffentlichen Dienstes gegenüber Personen aus der gewerblichen Wirtschaft, was vor allem auf die größeren Zeitressourcen zurückzuführen sein dürfte (Klein 2011). Viertens weisen die Parteien einen deutlichen Männerüberschuss und eine geringe Repräsentation von Frauen auf, und zwar sowohl in der Gesamtmitgliedschaft als auch in der Besetzung der (Spitzen-)Ämter. Frauen- bzw. Geschlechterquoten, wie sie Grüne, LINKE und SPD aufweisen, haben an diesem Missstand nur bedingt etwas ändern können: Die Frauenanteile der Mitglieder liegen zwischen 19,1 (CSU) und 37,3 Prozent (LINKE). Und fünftens kommt hinzu, dass die Parteien sukzessive überaltern, weil der Nachwuchs wegbleibt. Immer weniger junge Bürger haben Interesse, sich auf längere Sicht einer Partei anzuschließen. Deshalb sind annähernd die Hälfte der Mitglieder von CDU und SPD älter als 60 Jahre. Hält man sich die bereits skizzierten gesellschaftlichen Wandlungsprozesse vor Augen, so überrascht es nicht, dass jene Organisation, deren Gestalt im Prinzip noch aus dem 19. Jahrhundert überliefert ist, für Menschen unter 30 kein attraktives Modell mehr darstellt.

Richten wir den Blick weiter auf den Aufbau der Parteiorganisation. Auf den ersten Blick scheint es so, als stellten die Bundesparteien gegenüber den Landesverbänden die bedeutenderen Gliederungen dar. Immerhin werden bis auf die Bildungspolitik die wichtigsten Entscheidungen auf Bundesebene getroffen, und die Parteizentralen im Bund haben ein gewisses Interesse daran, in den 16 Bundesländern einheitliche Politikziele zu vertreten. Allerdings darf die Bedeutung der Landesparteien für die Rekrutierung und Sozialisation neuer Parteimitglieder – und damit für die Herstellung einer Verbindung von Gesellschaft und Staat – nicht unterschätzt werden: Das »Parteileben« findet eben nicht im jeweiligen Bundesverband statt, sondern in Ortsvereinen und Kreisverbänden (Eilfort 2006: 208).

Betrachtet man die Flächendeckung, so verfügen in Nordrhein-West-falen alle Parteien über Bezirks- und Kreisverbände bzw., im Falle der SPD, Unterbezirke. Der geringere Organisationsgrad der kleinen Parteien schlägt sich bei den nachgeordneten Gliederungen nieder (Orts- und Stadtbezirks-verbänden), die hier nicht oder nur teilweise vorhanden sind.

	Mitglieder*	Regional-verbände**	Kreis-verbände	Stadt-bezirks-verbände	Orts-verbände	Stadtteil-verbände
CDU	150.257	8	54	78	1.700	480
SPD	127.765	4	54	k.A.	ca. 1.400	180
Grüne	12.578	5	53	-	ca. 360	-
FDP	15.533	9	54	n.e.	480	n.e.
Linke	8.123	-	53	-	ca. 177	n.e.

* Niedermayer 2012b
** teilweise Eigenbezeichnung als »Bezirksverbände«

Abb. 39: Strukturdaten der Parteien in Nordrhein-Westfalen vor der Landtagswahl 2010 Quelle: Lewandowsky 2012: 124.

Die nachlassende Organisationskraft hat zur Folge, dass das die Parteien heute über keinen Vertrauensvorschuss mehr verfügen, der als »Legitima-tionspolster« wirkt, wenn die von der Politik erbrachten Leistungen hinter den Erwartungen der Bürger zurückbleiben. Von daher stellt sich die Fra-ge, wie einer weiteren Entfremdung im Verhältnis von Parteien und Bür-gern entgegengewirkt werden kann. Passen sich die Parteien den neuen Gegebenheiten an und klammern sie sich nicht krampfhaft an überkom-mene Machtprivilegien, haben sie durchaus Chancen, ihre Funktionen in Gesellschaft und Staat neu zu beleben. Die am weitesten gehenden Vor-schläge umfassen die Einbindung von Nicht-Mitgliedern bei innerparteili-chen Wahlen und Abstimmungsprozessen sowie die Wahl von Nicht-Mit-gliedern als Kandidaten für öffentliche Ämter. Damit würden Privilegien, die bislang zahlenden Parteimitglieder vorbehalten sind, auch für Bürger ohne Parteibuch geöffnet (Jun/Niedermayer/Wiesendahl 2009, Schalt u.a. 2009).

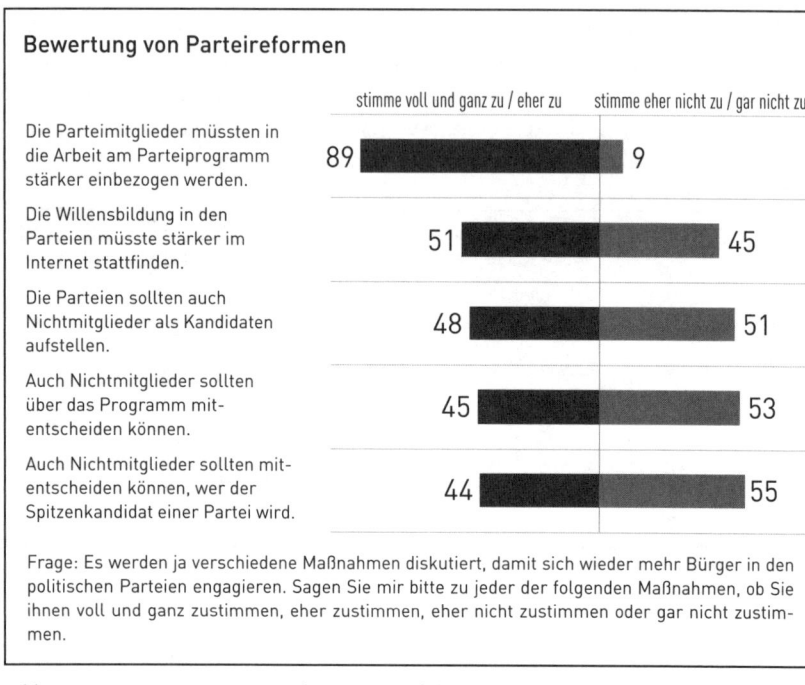

Bewertung von Parteireformen

	stimme voll und ganz zu / eher zu	stimme eher nicht zu / gar nicht zu
Die Parteimitglieder müssten in die Arbeit am Parteiprogramm stärker einbezogen werden.	89	9
Die Willensbildung in den Parteien müsste stärker im Internet stattfinden.	51	45
Die Parteien sollten auch Nichtmitglieder als Kandidaten aufstellen.	48	51
Auch Nichtmitglieder sollten über das Programm mitentscheiden können.	45	53
Auch Nichtmitglieder sollten mitentscheiden können, wer der Spitzenkandidat einer Partei wird.	44	55

Frage: Es werden ja verschiedene Maßnahmen diskutiert, damit sich wieder mehr Bürger in den politischen Parteien engagieren. Sagen Sie mir bitte zu jeder der folgenden Maßnahmen, ob Sie ihnen voll und ganz zustimmen, eher zustimmen, eher nicht zustimmen oder gar nicht zustimmen.

Abb. 40: Bewertung von Parteireformen (Kandidatenaufstellung auch durch Nicht-Mitglieder)

Insgesamt sind die Ansichten darüber, ob Nicht-Mitglieder als Kandidaten aufgestellt werden sollten, in der nordrhein-westfälischen Bevölkerung nahezu ausgeglichen. Während 48 Prozent (eher) zustimmen, sind 51 Prozent (eher) dagegen. Unterteilt man die Befragten nach ihren Bildungsabschlüssen, dann zeigt sich – wenn auch etwas schwächer ausgeprägt – ein ähnlicher Effekt wie bei der Bewertung der direktdemokratischen Verfahren. Je höher der formale Bildungsgrad, umso niedriger fällt die Unterstützung für den Vorschlag aus. Es sind also gerade die besser Gebildeten, die einer Öffnung der Parteien für Nicht-Mitglieder skeptisch gegenüberstehen.

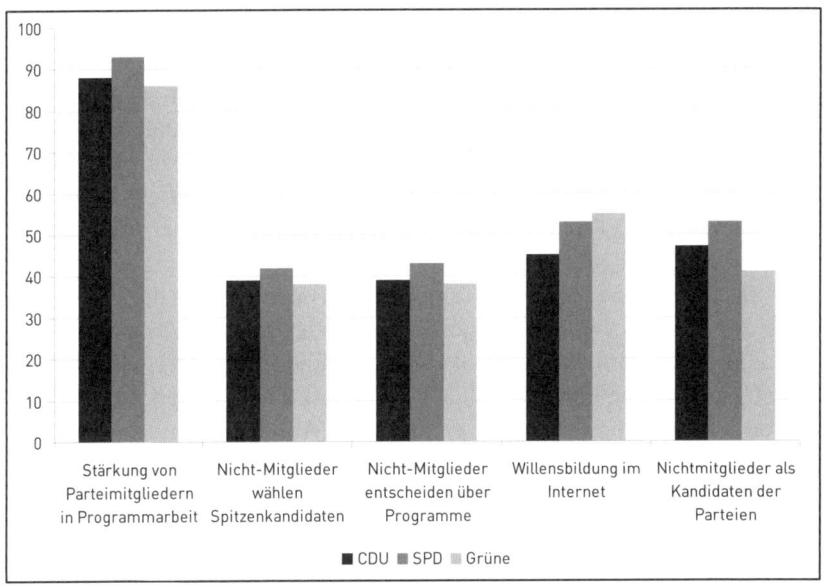

Abb. 41: Bewertung von Parteireformen nach Parteipräferenz

Noch größere Skepsis lassen die Befragten erkennen, wenn es darum geht, die Spitzenkandidaten der Parteien für Regierungsämter durch Nicht-Mitglieder mitwählen zu lassen, also offene Vorwahlen (*primaries*) nach US-amerikanischem Vorbild einzuführen. Die meisten Befürworter des Vorschlags finden sich unter den Anhängern der SPD, deren Parteiführung eine solche Öffnung seit einiger Zeit propagiert. Allerdings überwiegen mit 58 Prozent auch hier die ablehnenden Stimmen. Dasselbe Bild zeigt sich bei den Grünen-Anhängern. Deren skeptische Haltung überrascht deshalb, weil gerade die alternativen Milieus, aus denen die Grünen ihre Anhängerschaft nach wie vor rekrutieren, für sich beanspruchen, »modernen« Formen der politischen Willensbildung gegenüber aufgeschlossen zu sein.

Fragt man danach, ob Nicht-Mitglieder auch am Programm der Parteien mitarbeiten und darüber entscheiden können sollen, ist die Ablehnung unter den Grünen-Anhängern genauso hoch wie unter den Unions-Anhängern. Etwas aufgeschlossener zeigen sich erneut die Sozialdemokraten, bei denen aber ebenfalls die ablehnenden Stimmen überwiegen.

Die Skepsis setzt sich fort, wenn man nach den Möglichkeiten fragt, die das Internet für eine Belebung der Parteiendemokratie bereithält (s. Abb. 35). Die Erwartung, dass sich die Parteimitglieder dadurch stärker in die Programmarbeit einschalten würden, wird zwar von einer deutlichen Mehrheit (58 Prozent) geteilt. Weitaus mehr Befragte sehen den Nutzen des Internets aber eher auf anderen Gebieten – seien es direktdemokratische Verfahren (83 Prozent), Wahlen (70 Prozent) oder Gesetzgebungsprozesse (63 Prozent).

Nur eine knappe Mehrheit stimmt der Aussage zu, dass die Willensbildung der Parteien stärker im Internet stattfinden müsste. Darunter finden sich überdurchschnittlich viele SPD- und Grünen-Anhänger, während bei den Unions-Anhängern die ablehnenden Stimmen knapp überwiegen. Letzteres lässt sich mit Blick auf den höheren Anteil der Unions-Anhänger unter den wenig netzaffinen Über-60-Jährigen erklären, von denen nur 38 Prozent dem Internet einen Nutzen zuschreiben (verglichen mit 54 Prozent in der Gruppe der 45- bis 59-Jährigen).

Die weitaus größten Zustimmungswerte ergeben sich, wenn man die Bürger nach einer Stärkung der Mitgliederrechte fragt. Auch diejenigen, die selbst nicht Mitglied einer Partei sind, stimmen mit überwältigender Mehrheit der Aussage zu, dass die Parteimitglieder in die Programmarbeit stärker einbezogen werden müssten. Zwischen Unions-, SPD- und Grünen-Anhängern zeigen sich dabei kaum Unterschiede. Die Umfrageergebnisse belegen eindrucksvoll, wie stark das Organisationsprinzip der Mitgliederpartei in der deutschen Wählerschaft verankert ist. Eine deutliche Mehrheit hat nicht nur keine Probleme damit, sondern findet es sogar ausgesprochen richtig, wenn Mitglieder mehr Privilegien genießen als Nicht-Mitglieder. Gleichzeitig werden die bestehenden Partizipationsmöglichkeiten der Mitglieder in allen Parteien als unzureichend angesehen.

3.2 Ungleiche Beteiligung an Wahlen und Abstimmungen

Niedrige oder zurückgehende Wahlbeteiligungen sind für sich genommen noch kein Alarmzeichen. Zum Problem werden sie erst, wenn sie mit politischer Unzufriedenheit einhergehen bzw. aus dieser herrühren. Ein Indiz für die (wachsende) Unzufriedenheit ist dabei auch die Zusammensetzung der Nichtwähler. Allgemein gehen Menschen mit besserer Bildung und höherem Einkommen häufiger zur Wahl als weniger Gebildete und Verdienende. Geht die Wahlbeteiligung zurück, liegt das folglich vor allem an der letztgenannten Gruppe. Umgekehrt lässt sich eine steigende Wahlbeteiligung auf einen höheren Mobilisierungseffekt bei den ressourcenschwächeren Bürgern zurückführen. Zahlen für die Bundesrepublik belegen, wie stark der Rückgang der Wahlbeteiligung im Zeitraum 1984 bis 2008 aus den unteren Schichten gespeist wurde. So lag die Differenz der Wahlbeteiligung zwischen den Personen mit Abitur und solchen mit Haupt- oder Volksschulabschluss im Zeitraum 2002 bis 2008 mit 9,5 Prozent mehr als doppelt so hoch wie im Zeitraum 1984 bis 1992 (4,6 Prozent). Vergleicht man die Abiturienten mit der Gruppe der Personen ohne Schulabschluss, war der Unterschied noch gravierender. Hier stieg die Differenz von 12,3 auf 26,2 Prozentpunkte an (Merkel/Petring 2012: 10 f.).

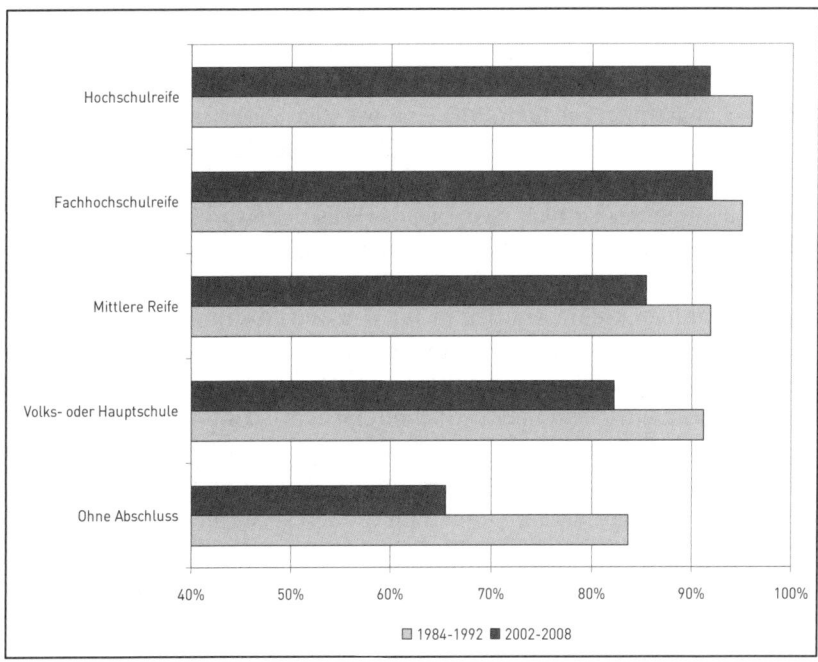

Abb. 42: Wahlbeteiligung in Deutschland nach Schulabschlüssen
Quelle: Merkel/Petring 2012: 102. Die Wahlbeteiligungsquoten beruhen auf Umfragedaten
(Allbus) und sind deshalb höher als die tatsächliche Wahlbeteiligung.

Manche Autoren finden am Rückgang der Wahlbeteiligung nichts Schlimmes, weil andere, nicht-verfasste Partizipationsformen gleichzeitig an Bedeutung gewonnen hätten. In Bezug auf das Inklusionsproblem kann dieser Hinweis jedoch nicht verfangen, da die nicht-verfassten Formen allein aufgrund der mit ihnen verbundenen Kosten noch sehr viel seltener genutzt werden. Wahlen bleiben mit Blick auf die soziale Repräsentativität also die egalitärste Form der Partizipation. Dass sie in dieser Hinsicht nicht ersetzbar sind, verweist auf die enge Wechselbeziehung von sozialer und politischer Gleichheit. Tatsächlich könnte ein Rückgang der Wahlbeteiligung in einen unseligen Teufelskreis münden: Bleiben die unteren Schichten weg, werden deren Interessen im politischen System nicht (mehr) genügend wahrgenommen.[17] Und fehlt es an der Interessenwahrnehmung, gibt es keinen Grund (mehr), zur Wahl zu gehen (Geißel 2012).

Das Problem der sozialen Selektivität hat die Wahl- und Partizipationsforschung lange Zeit kalt gelassen. In der Bundesrepublik ist es ironischerweise erst durch den Einzug der direktdemokratischen Verfahren in den Blickpunkt des Interesses gerückt, wobei der Volksentscheid über die Hamburger Schulreform im Juni 2010 eine wichtige Zäsur markierte (Schäfer 2011). Weil die durchschnittlichen Beteiligungsraten bei den Abstimmungen noch erheblich geringer seien als bei den Wahlen, trägt die direkte Demokratie aus Sicht der Kritiker dazu bei, das Selektivitätsproblem zu verschärfen. Darin unterscheide sie sich zugleich von anderen verfassten oder nicht-verfassten Partizipationsformen. Während man mit diesen lediglich Einfluss nehmen könne, würden in Wahlen und Abstimmungen Entscheidungen unmittelbar getroffen. Zugleich könnten (zu) häufige Abstimmungen die Motivation vermindern, sich an den Wahlen zu beteiligen.

Beim Volksentscheid über die Schulreform in Hamburg, der außerhalb einer regulären Wahl stattfand, lag die Beteiligung mit 39 Prozent nur halb so hoch wie normalerweise bei einer Bundestagswahl und um etwa 20 Prozentpunkte geringer als im Durchschnitt vorangegangener Bürgerschaftswahlen. Ähnlich wie bei den Wahlen ergab sich dabei eine starke Spreizung zwischen den Wahlbezirken. Während in den gut situierten Vierteln bis zu

17 Mit dieser These korrespondieren Forschungsergebnisse, wonach die Stimmenanteile linker Parteien mit rückläufiger Wahlbeteiligung tendenziell abnehmen, die auf der Basis eines Vergleichs des Wählerverhaltens in sozial unterschiedlich zusammengesetzten Großstadtvierteln ermittelt wurden (Schäfer 2012).

60 Prozent der Bürger abstimmten, waren es in den Problemstadtteilen nicht selten unter 20 Prozent. Da es sich bei der beabsichtigten Einführung der sechsjährigen Primarschule um ein sozial »progressives« Vorhaben handelte, das eigentlich im Interesse der benachteiligten Schichten hätte liegen müssen, konnte damit der Verdacht aufkommen, dass sich eine gut organisierte Minderheit der Privilegierten mit ihrem Widerstand gegen die Mehrheit durchgesetzt hatte.

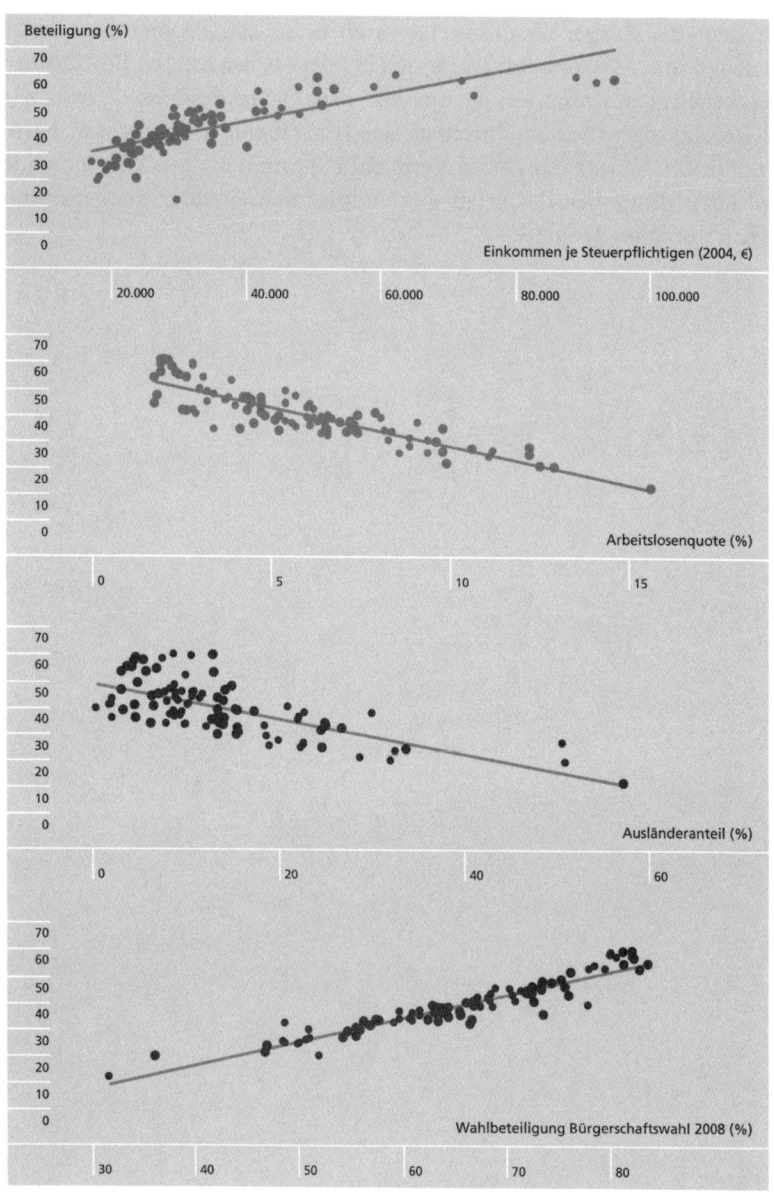

Abb. 43: Beteiligung am Volksentscheid zur Schulreform in den Hamburger Stadtteilen
Quelle: Schäfer 2011: 56.

Da Volksentscheide in den deutschen Ländern nur selten stattfinden und vergleichbare Daten zu anderen Abstimmungen nicht vorliegen, bleibt bei der Generalisierung dieses Befundes allerdings Vorsicht geboten (Beck 2012). Dass Volksabstimmungen ein Instrument sein können, um Minderheitsinteressen durchzusetzen, liegt ja bereits in ihrer Natur, sind es doch stets Minderheiten, die im Modell der direkten Demokratie »von unten« die Verfahren auslösen. Weil der abschließende Volksentscheid der Mehrheitsregel unterliegt, ist es jedoch nicht von vornherein ausgemacht, ob die Plebiszite nur der Minderheit dienen. Dies hängt davon ab, wie die die Präferenzen derjenigen verteilt sind, die an der Abstimmung nicht teilnehmen. Die Literatur liefert hierzu ein »ebenso facettenreiches wie disparates Bild« (Grotz 2009: 298).

Wichtig ist die Unterscheidung zwischen »strukturellen« und »kontingenten« Minderheiten bzw. Mehrheiten. Die strukturellen Minderheiten/ Mehrheiten basieren auf der Zugehörigkeit zu einer bestimmten Nation/ Ethnie, Religion oder Sprachgemeinschaft, sind also durch gruppenbezogene Merkmale vorgeprägt. Die kontingenten Minderheiten/Mehrheiten gehen aus Themen hervor, die im Prinzip jederzeit zum Gegenstand der politischen Auseinandersetzung gemacht werden können. Sozialökonomische Verteilungsfragen fallen darunter ebenso wie Wertefragen. Weil letztere auch ein Ausfluss struktureller Gruppenzugehörigkeiten sein können, ist die Grenze zu den kontingenten Minderheiten/Mehrheiten im Einzelfall nur schwer zu ziehen (Marxer 2012).

Was die strukturellen Minderheiten/Mehrheiten betrifft, zeigen Befunde aus der Schweiz und den deutschen Ländern eine minderheitenfreundliche Tendenz der Volksabstimmungen an, wenn es um die Rechte von kulturell integrierten »Ingroups« wie den eigenen Sprachgemeinschaften und Konfessionen geht. Werden die Minderheiten dagegen als »Fremdgruppe« wahrgenommen, so wie die meisten muslimischen Zuwanderer, reagieren die Bürger in den Abstimmungen häufig ablehnend (Beispiel Moscheebau). »Minderheiten, die selbst über keine politischen Rechte verfügen, einem anderen Kulturkreis als die Bevölkerungsmehrheit angehören oder sich erst seit kurzem im Land aufhalten, bedürfen deshalb eines besonderen Rechtsschutzes vor Volksentscheiden« (Vatter/Danaci 2010: 219).

Bei den kontingenten Themen stellt sich das normative Problem andersherum dar. Hier geht es darum, die Positionen der »schweigenden« Mehrheit gegen gut organisierte, kampagnenstarke Minderheiteninteressen zu behaupten. Dass sich letztere im Wege des Plebiszits leichter durchsetzen lassen als in einem normalen repräsentativdemokratischen Verfahren, gilt in der Forschung inzwischen als relativ gesichert (Abromeit 2003). Dies führt zu einer systematischen Bevorzugung wirtschaftsnaher Produzenteninteressen, während soziale Anliegen oft das Nachsehen haben. Ob der konservative, veränderungsfeindliche *bias* der Volksrechte immer nachteilig sein muss, ist allerdings die Frage. Die Schweizer Erfahrungen zeigen z.b., dass die Direktdemokratie ihre bewahrende Tendenz auch in der wohlfahrtsstaatlichen Politik oder beim Umweltschutz entfaltet. Außerdem geht sie mit einem geringeren Verschuldungsniveau als in den Repräsentativsystemen einher, das künftigen Generationen nützt. Die konservierenden Wirkungen der Plebiszite münden also nicht automatisch in eine rückschrittlichere Politik. Sie führen allerdings dazu, dass der politische Prozess langsamer verläuft und Veränderungen meistens nur in kleinen Schritten möglich sind (Moser/Obinger 2007).

Der zweite Aspekt betrifft die Rückwirkungen der Direktdemokratie auf Systemzufriedenheit und politisches Interesse. Hier kommen die Untersuchungen zu mehrheitlich positiven Ergebnissen. So zeigt ein Vergleich der kantonalen Demokratien der Schweiz, »dass in Gemeinwesen mit größerer Beteiligungsmöglichkeit des Volkes das zivilgesellschaftliche Engagement höher ist, die sozialen Netzwerke dichter sind, die Leute besser informiert sind und sogar die allgemeine Lebenszufriedenheit der Bürgerinnen und Bürger höher ist« (Vatter 2007: 105). Was im kleinräumigen Kontext einer Gemeinde oder eines Kantons gilt, lässt sich zwar nicht unbedingt auf die nationale Ebene übertragen. Die Studien belegen aber eindrucksvoll, dass zwischen der hohen Wertschätzung der direkten Demokratie und der im allgemeinen niedrigen Abstimmungsbeteiligung kein Widerspruch besteht. Die Bürger sind nicht deshalb zufriedener, weil sie die plebiszitären Verfahren nutzen, sondern weil sie die Möglichkeit haben, sie zu nutzen (Stutzer/Frey 2000).[18]

18 Befunde, wonach die Zustimmung zur Demokratie mit der Häufigkeit der Abstimmungen zunimmt, stehen dem nicht entgegen. Denn je öfter die Bürger zu den Urnen gerufen werden, umso stärker sinkt erfahrungsgemäß die durchschnittliche individuelle Abstimmungsbeteiligung (Stadelmann-Steffen/Vatter 2012).

3.3 Nicht-verfasste Partizipationsformen: Biotope für Sonderinteressen?

Was für die direktdemokratischen Verfahren gilt, gilt erst recht für die nicht-verfasste Partizipation. Eine Auswertung der Allbus-Daten zeigt, dass sämtliche Formen der problemorientierten Partizipation – von Bürgerinitiativen bis zum online-Protest – und des zivilen Ungehorsams stärker von Bürgern mit höherem Bildungsabschluss und höherem Einkommen in Anspruch genommen werden (Bödeker 2012). Darüber hinaus ergeben sich weitere gruppenbezogene Unterschiede:

Geschlecht. Alles in allem geben Männer häufiger an, die verschiedenen Partizipationsinstrumente genutzt zu haben. Am deutlichsten wird dies bei der Teilnahme an öffentlichen Diskussionen (Männer: 33,6 Prozent, Frauen: 23,1 Prozent), es gilt aber auch für die Teilnahme an Demonstrationen, Online-Protesten oder die Mitarbeit in Bürgerinitiativen. Lediglich bei der Teilnahme an Unterschriftensammlungen bekunden etwas mehr Frauen, diese Form genutzt zu haben (51,2 gegenüber 49,3 Prozent bei den Männern), beim kritischen Konsum sind es sogar deutlich mehr Frauen (32,5 gegenüber 26,7 Prozent).

Alter. Mit Blick auf das Alter zeigen sich zwei Muster. Die Teilnahme an genehmigten Demonstrationen und, wenig überraschend, an Online-Protesten hängt deutlich vom Alter ab: Je jünger die Befragten, desto größer ist der Anteil derjenigen, die angeben, diese Partizipationsform bereits genutzt zu haben. Für die anderen Aktivitäten zeigt sich dagegen eine stärker U-förmige Verteilung. Die Zahl derer, die z.B. in Bürgerinitiativen mitgearbeitet oder sich an öffentlichen Diskussionen beteiligt haben, steigt mit dem Alter an, um ab einer bestimmten Lebenszeitschwelle wieder zu sinken.

Politisches Interesse. Bei allen Formen der problemorientierten Partizipation als auch beim zivilen Ungehorsam (Teilnahme an ungenehmigten Demonstrationen) liegt die Beteiligung der sehr stark bzw. stark politisch Interessierten weit über dem Durchschnittsniveau.

Insgesamt werden die Formen nicht-verfasster Partizipation also von verschiedenen gesellschaftlichen Gruppen sehr unterschiedlich genutzt. Weil sie aufwändiger, das heißt mit höheren Kosten verbunden sind als der Wahlakt, nehmen die ressourcenstarken Bürger sie eher in Anspruch als die ressourcenschwachen. Wie ist die Ungleichheit aus demokratischer Sicht zu bewerten? Die nicht-verfassten Partizipationsformen unterscheiden sich von einer Wahl oder einem Volksentscheid darin, dass ein Anspruch auf eine möglichst umfassende Beteiligung bei ihnen gar nicht formuliert werden kann oder braucht. Denn mit den nicht-verfassten Verfahren werden keine allgemein verbindlichen Entscheidungen getroffen, sondern lediglich Interessen artikuliert. Diese richten sich – wie oben gesehen – in der Regel gegen ein geplantes oder laufendes Vorhaben der Regierenden, und sie werden von Personen und Gruppen getragen, die von den Vorhaben zumeist direkt betroffen sind. Bürger reagieren also auf Entscheidungen oder Ereignisse, die sie als problematisch einstufen. Im Falle von Bürgerinitiativen sind dies meist ganz konkrete Fragen, bei Demonstrationen durchaus auch breiter gestreute Themen oder Anliegen (z.B. Ausländerfeindlichkeit).

Die Ungleichheit der Partizipation liegt bei den problem- oder protestorientierten Formen in der Natur der Sache, nämlich den unterschiedlich intensiven Präferenzen. Von der Schließung eines Schwimmbads oder dem Bau eines Flughafens sind nun einmal die unmittelbaren Nutzer oder Anrainer stärker betroffen als die Allgemeinheit. Wer darin schon ein Problem sieht, müsste konsequenterweise auch die verfassten Formen der direkten Demokratie in Frage stellen. Denn so wie die Volksrechte auf kommunaler und Länderebene hierzulande konzipiert sind, stellen sie im Grunde nichts anderes dar als eine institutionalisierte Form der problem- oder protestorientierten Partizipation.[19] Volksinitiativen und -begehren verfolgen in der Mehrzahl ebenfalls selektive Anliegen und sind in ihrer Stoßrichtung »oppositionell«. Auch bei ihnen hängt die Beteiligung deshalb maßgeblich von der Intensität der Präferenzen ab. Warum sollte jemand an einem Volksentscheid teilnehmen, wenn ihn die zur Abstimmung stehende Frage nicht betrifft oder interessiert?

Die verfassten unterscheiden sich von den nicht-verfassten Formen der problemorientierten Partizipation darin, dass sie eine kollektive Entscheidung gegebenenfalls erzwingen können. Das macht sie aber noch nicht automatisch zu dem effektiveren oder einflussreicheren Instrument. Erfahrungsgemäß bleiben die meisten Initiativen in der ersten oder zweiten Verfahrensstufe hängen, sodass es erst gar nicht zum Volksentscheid kommt.

---

19 Dies zeigt sich auch darin, dass die Volksgesetzgebung in der ersten und zweiten Stufe auf die »nicht-verfasste« Partizipationsform der Unterschriftensammlung zurückgreift.

Umgekehrt lässt sich durch die diversen Formen des nicht-verfassten politischen Protests erheblicher Druck auf die Regierenden ausüben, auch wenn deren Entscheidungsfreiheit vorderhand unangetastet bleibt. Eine öffentlich präsente und gut vernetzte Bürgerinitiative kann etwa ein Anliegen so prominent auf die Agenda setzen, dass Rat oder Stadtverwaltung darauf Rücksicht nehmen müssen. Dadurch werden möglicherweise auch andere Interessen (oder das der Allgemeinheit) in Mitleidenschaft gezogen. Fiorina (1999) weist darauf hin, dass es häufig Bürger mit extremen Ansichten seien, die sich aus Protestgründen engagierten. Gewännen diese zu viel Einfluss, könne das negative Auswirkungen auf die politischen Entscheidungen haben.

Der letzte Punkt rührt an das leidige Problem der Gemeinwohlverträglichkeit. So legitim die von den Protestierenden artikulierenden Interessen auch sein mögen, müssen sie doch mit anderen Interessen und Meinungen zu einem Ausgleich gebracht werden. Bei großen Infrastrukturmaßnahmen wird in diesem Zusammenhang häufig auf das Phänomen der »NIMBY-Politik« verwiesen: Die englische Abkürzung steht für »*not in my back yard*« und umschreibt die Haltung, Projekte, die einen gesamtgesellschaftlichen Nutzen aufweisen, zwar grundsätzlich zu unterstützen, damit aber nicht im eigenen Lebensumfeld konfrontiert werden zu wollen. In Deutschland würde man vom »Sankt-Florians-Prinzip« sprechen. Beispiele sind Proteste gegen die Einrichtung von Obdachlosenheimen in der Nachbarschaft oder gegen den Ausbau einer dringend benötigten Mülldeponie, die an das eigene Grundstück grenzt. In der aktuellen Diskussion lässt sich das Problem an der Debatte um den Ausbau erneuerbarer Energien im Rahmen der sogenannten Energiewende verdeutlichen. So unterstützen breite Teile der Bevölkerung den Umstieg auf ein anderes Energiesystem, ja es zeigt sich sogar eine höhere Akzeptanz für verschiedene Formen der Energieerzeugung, wenn man sie aus dem eigenen Lebensumfeld kennt (Agentur für erneuerbare Energien 2012). Die erheblichen Eingriffe in die Infrastruktur, die die Energiewende erforderlich macht, lassen dennoch erwarten, dass es zu einem Anstieg der Protestereignisse in den nächsten Jahren kommt.

3.4 Internet und Soziale Netzwerke

Anhänger partizipatorischer Demokratietheorien knüpfen an das Internet die Erwartung, dass es die Hauptfaktoren mangelnder Beteiligung – Desinteresse, fehlender Zugang, mangelnde Informiertheit – aushebeln könne. Die hierzu vorliegenden Untersuchungen mahnen allerdings vor übertriebenem Optimismus. Für die USA konnten Schlozman, Verba und Brady (2010: 488 f.) z.b. zeigen, dass jüngere Wähler dank des Internets zwar häufiger mit politischen Angeboten in Kontakt treten, dies aber auf die Tatsache zurückzuführen sei, dass diese Altersgruppe ohnehin am ehesten über einen Internetanschluss verfüge. Das gibt einen Hinweis darauf, dass die elektronische Partizipation neue Formen der Selektivität gebiert. Die Internetnutzung variiert dabei nicht nur mit dem Alter, sondern auch mit dem sozialen Status. Denn um die elektronischen Formen der politischen Beteiligung in Anspruch nehmen zu können, braucht es zum einen den Zugang zu diesen Formen und zum anderen das Wissen, wie man sie nutzt bzw. bedient. Es verwundert nicht, dass der sogenannte »digital divide« mit der auseinanderklaffenden sozialen Schere zusammenfällt. Somit hängt die sogenannte Wissenskluftthese, nach der »vor allem diejenigen von der Nutzung profitieren, die ohnehin über ein relativ großes Wissen verfügen« (Wagner 2004: 132), untrennbar mit sozio-ökonomischen Voraussetzungen zusammen. Sie verweist auf den Zusammenhang von Bildung und sozialem Status, der sich auf die unterschiedliche Verwendung von Online-Partizipationsformen besonders drastisch auswirkt.

Jüngere Studien zur elektronischen Partizipation in der Bundesrepublik Deutschland, bestätigen diese Befunde. Für das Bundesland Bayern erhob die Hanns-Seidel-Stiftung (2011: 57), dass 83 Prozent aller befragten Internetnutzer die Webauftritte politischer Parteien nie online frequentieren. Das deckt sich mit Erhebungen für die Bundesebene, wonach das Internet dasjenige Medium sei, das am wenigsten aus einem politischen Interesse heraus konsultiert werde. Vor einigen Jahren konnte eine Studie der Bertelsmann-Stiftung (2004: 125) bereits belegen, dass das allgemein geringe Interesse an politischen Informationen vor allem auf das Internet als Informationsmedium zutreffe. Lediglich 6 Prozent bekundeten ein »sehr starkes« Interesse an politischen Informationen im Internet, 12 Prozent ein »starkes«. 83 Prozent gaben an, beim Surfen »kaum« oder »gar nicht« an politischen Informationen interessiert zu sein. Der Bezug politischer Informationen findet vor allem über das Fernsehen (»stark«: 42 Prozent; »sehr stark«: 24 Prozent) sowie über Tageszeitungen statt (44 bzw. 20 Prozent).

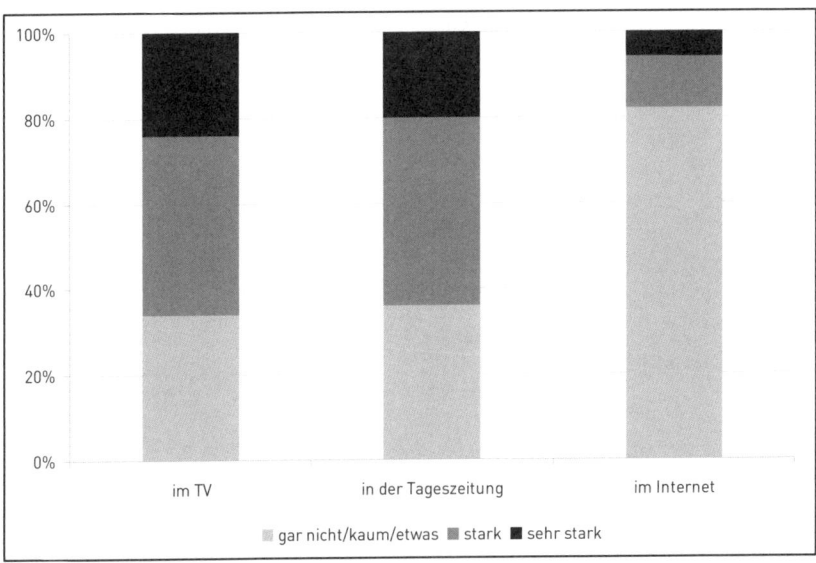

Abb. 44: Interesse an politischen Informationen nach Mediennutzung
Quelle: Bertelsmann-Stiftung 2004: 125.

Dessen ungeachtet hat die Nutzung des Internet im politischen Raum im letzten Jahrzehnt deutlich zugenommen. Für die Parteien halten Internetauftritte eine lukrative Möglichkeit bereit, Programme, Personen und Positionen zu verbreiten, ohne dass diese zunächst den Meinungsfilter der Massenmedien durchlaufen müssen. Litten Internetpräsenzen vor nicht allzu langer Zeit noch unter sperrigen Adressen und stellten sie insgesamt eine eher exotische Form der politischen Werbung dar (Cornfield 2004: 24), so hat sich deren Nutzung mittlerweile soweit normalisiert, dass sie für Sender und Empfänger ein selbstverständliches Medium geworden sind.

	synchron (nahezu zeitgleich)		asynchron (zeitunabhängig)	
	textbasiert	multimedial (textlich, auditiv, visuell)	textbasiert	multimedial (textlich, auditiv, visuell)
One-to-One	Privater Chat-Room Instant Messaging	Internet-Telefonie Instant Messaging mit Voice- und Video-Chat und Audio-/Video-File-Transfer	E-Mail-Nachricht IP-Fax SMS-Service	IP-Telefon-Sprachmailbox E-Mail-Anhänge (Bild-, Musik- oder Video-Dateien) File-Sharing per Point-to-Point-Clients (z.B. Gnutella)
One-to-Few, One-to-Many, Many-to-One	Online-Newsticker	Live-WebCam Live-Streaming (Video + Audio)	Gästebuch Newsletter Online-Befragung (z.B. Wahl-O-Mat) Weblog RSS-Feeds Twitter	Website WWW-Portal Bilder/Fotografie Video/Audio-on-Demand (VoD) Podcasts, Videoblog (Vlog)
Many-to-Many	Öffentlicher Chat-Channel/Chat-Room	Video-Konferenz-System inkl. Chat (z.B. Net-Meeting) Online-Games (Multi-User Dungeons) Second Life	Foren Mailing-Listen Newsgroups Wikis Soziale Netzwerke	File-Sharing-Systeme (Bilder, Video und Audio) über zentrale Server (z.B. YouTube, Flickr)

Häufigste Urheber im Wahlkampf:
- politische Repräsentanten (z.B. Parteien, Kandidaten)
- Massenmedien
- Bürger (einschließlich soziale Bewegungen, Unterstützer, Protestgruppen etc.)
- Bildungseinrichtungen (u.a. Wissenschaft, Forschung, Schule)

Abb. 45: Online-Dienste im Überblick
Quelle: Schweitzer/Albrecht 2011: 27.

Bei der Nutzung von Internetangeboten kann man mit Schweitzer und Albrecht (2011: 27) zwischen mehreren Formen unterscheiden. Einerseits kann sich Kommunikation im Internet synchron oder asynchron vollziehen, also zeitgleich (etwa bei Chats) oder zeitversetzt (etwa im E-Mail-Verkehr). Andererseits kann ein Akteur nach dem »One-to-Many«-Prinzip mit vielen kommunizieren (z.b. über eine Homepage) oder aber viele Menschen können sich über Plattformen miteinander austauschen.

Soziale Netzwerke funktionieren nach dem »Many-to-Many«-Prinzip: Es handelt sich um Plattformen, in denen Personen öffentliche oder halböffentliche Profile anlegen. Mittels dieser Profile können sie mit anderen, über Listen definierte Nutzer in Kontakt treten sowie die Verbindungen anderer Nutzer einsehen (Boyd/Ellison 2007: 211). In Deutschland werden vor allem *Facebook* und *Twitter* genutzt. Die Einbettung entsprechender Funktionen (etwa »Gefällt mir« oder das Absenden eines »Tweets«) gehört inzwischen auch bei politischen Webseiten zum Standard (Siri/Melchner/Wolff 2012: 2). Allerdings bedeutet das nicht, dass Online-Angebote die konventionellen Formen politischer Kommunikation (über Print- und visuelle Medien sowie durch Flugblätter, Wahlkampfveranstaltungen etc.) abgelöst hätten. Das Internet ist »ein ›Vertiefungsmedium‹, dem sich jüngere, politisch interessierte Menschen zuwenden, wobei es sich noch dazu zumeist um solche handelt, die der jeweiligen Partei ohnehin nahestehen« (Faas/Wolsing 2011: 317).

Laut einer Studie des Bundesverbandes Informationswirtschaft, Telekommunikation und neue Medien (BITKOM) nutzen in der Bundesrepublik rund 74 Prozent der Bürger soziale Netzwerke, davon 66 Prozent aktiv. Unter den 14- bis 29-Jährigen finden sich 85 Prozent aktive Nutzer, unter den über 50-Jährigen sind es noch 46 Prozent. Auffällig ist, dass der Anteil der angemeldeten gegenüber den aktiven Nutzern jeweils um etwa 10 Prozentpunkte schwankt.

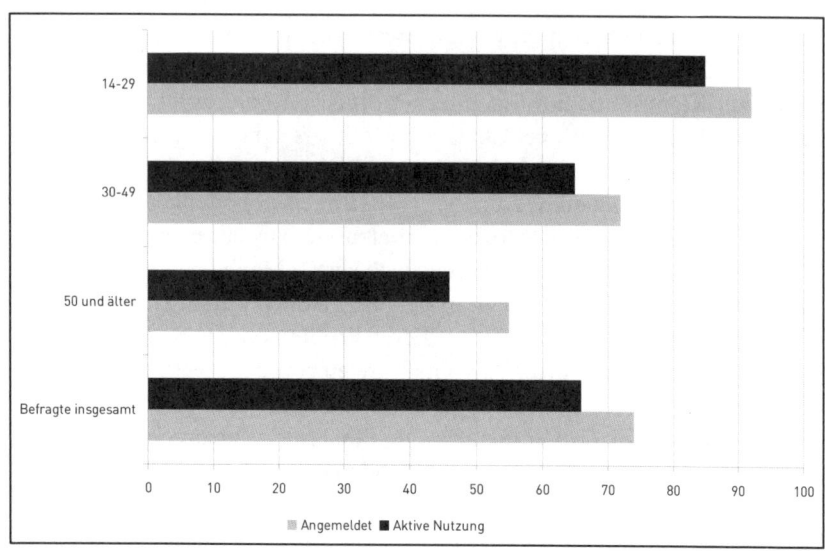

Abb. 46: Nutzung sozialer Netzwerke im Internet nach Altersgruppen
Quelle: Bundesverband Informationswirtschaft, Telekommunikation und neue Medien
2011: 7.

Unterscheidet man nach sozialen Gruppen, verzeichnen auch hier die jüngeren Befragten, also Schülern und Studenten den höchsten Anteil der Nutzer (93 Prozent). Unter den Rentnern »twittern« dagegen nur 35 Prozent bzw. sind in Facebook aktiv. Insgesamt fällt auf, dass Soziale Netzwerke deutlich stärker privat als beruflich genutzt werden.

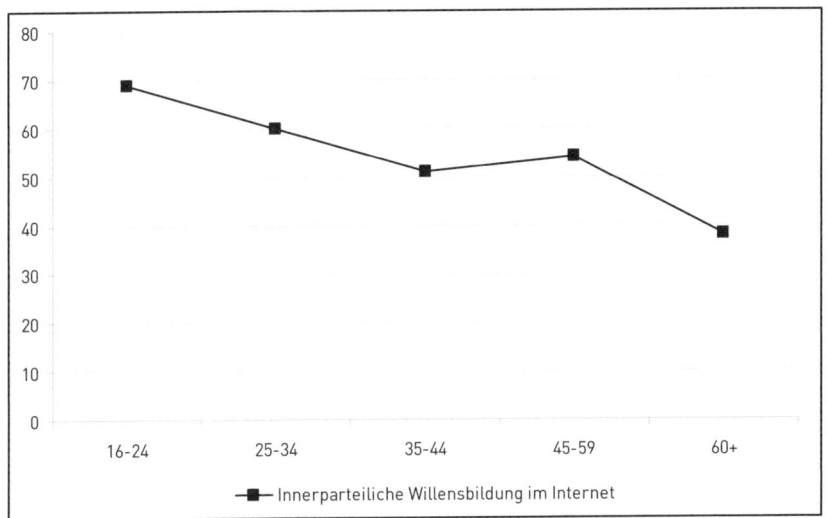

Abb. 47: Innerparteiliche Willensbildung im Internet nach Altersgruppen

Nach Altersgruppen sortiert, stellt sich heraus, dass jüngere Befragte zwischen 16 und 34 der innerparteilichen Willensbildung im Internet deutlich aufgeschlossener gegenüber stehen als ältere Befragte.

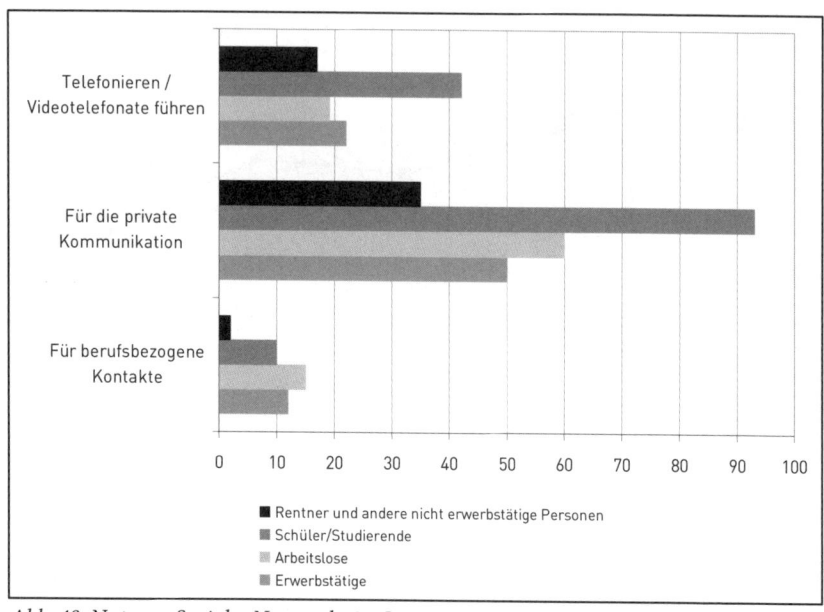

Abb. 48: Nutzung Sozialer Netzwerke im Internet
Quelle: Czajka/Jechová (2011: 420).

Zusammengefasst stellen also vor allem jüngere Nutzer im Netz eine attraktive Klientel für die politischen Parteien dar. Auf der Angebotsseite findet das jedoch immer noch keinen rechten Niederschlag. So stellt etwa Bieber (2011: 70) fest, dass sich auf der Bundesebene erst unter dem Eindruck der ersten Präsidentschaftswahlkampagne Barack Obamas im Jahre 2008 beim Internet-Wahlkampf ein gewisser Nachahmungseffekt einstellte. Auf Landesebene fällt die Nutzung von Multimedia-Elementen (z.B. Podcasts) und Social Media (Facebook, Twitter) noch weitaus geringer aus. Das liegt zum einen an den mangelnden Ressourcen der Landesparteien. Den Landesverbänden insbesondere der kleineren Parteien stehen in der Regel nur wenig Personal und bescheidene finanzielle Mittel zur Verfügung (Schmid/Zolleis 2007: 271). Ein weiteres Hemmnis besteht darin, dass das Führungspersonal der Landesparteien nicht zwingend von der Erfolgsgarantie der Beteiligungsmöglichkeiten via Internet überzeugt sein muss. Oft sind diese Dienste dem Personal selbst gar nicht bekannt oder es wird ihnen mit Skepsis begegnet. Manchmal hängt es allein von Personen ab, ob eine Partei die Sozialen Netzwerke in Anspruch nimmt oder nicht: Dass beispielsweise die FDP in Nordrhein-Westfalen seit dem Landtagswahlkampf 2010 einen Podcast anbietet, ist weniger auf eine auf Online-Dienste ausgerichtete Gesamtstrategie als auf Initiativen einzelner Mitarbeiter zurückzuführen.

Obwohl nahezu alle Landesverbände zumindest punktuell (etwa deren Spitzenkandidaten) Twitter oder Facebook verwenden, weisen die wenigsten eine systematische Nutzung auf. Die meisten Parteien agieren im Netz konventionell und informationsorientiert. Die Internetpräsenz ist also eher so etwas wie eine digitale Litfaßsäule. Wenige Parteien, vor allem die Grünen, sind auch in ihren Landesverbänden dialogorientiert. Um Rückmeldungen in Echtzeit zur erhalten, messen sie dem Einsatz Sozialer Netzwerke inzwischen einen hohen Stellenwert zu. Ansonsten dominiert bei den etablierten Parteien, was die internetbasierte Willensbildung angeht, die »top down«-Perspektive (Hanel/Marschall 2012). Dieser eher durchwachsene Befund passt zu dem, was für Nordrhein-Westfalen erhoben wurde: Eine knappe Mehrheit der Befragten in Nordrhein-Westfalen (»stimme voll und ganz zu«: 24 Prozent; »stimme eher zu«: 27 Prozent) ist der Auffassung, dass die Willensbildung der Parteien sich stärker im Internet vollziehen sollte (s. Kapitel 3.1). Dem stehen aber immerhin 33 Prozent gegenüber, die »eher nicht« und 12 Prozent, die »gar nicht« zustimmen.

4 Zusammenfassung und Empfehlungen

Die Umfrage in Nordrhein-Westfalen bestätigt den Befund einer wachsenden Demokratieskepsis. Indem die Bürger das Bedürfnis nach mehr Partizipationsmöglichkeiten zum Ausdruck bringen, artikulieren sie vorrangig ihr Missbehagen an den bestehenden demokratischen Einrichtungen. Der Argwohn richtet sich dabei insbesondere gegen die politischen Parteien. Den stärksten Beleg für die Demokratieunzufriedenheit liefert die Frage nach der eigenen politischen Kompetenz: Wenn die Bürger mit großer Mehrheit der Ansicht zustimmen, dass man durch die Teilnahme an Wahlen nichts bewirken könne, braucht man sich über die tatsächlich rückläufige Wahlbeteiligung nicht zu wundern.

Direkte Demokratie. Die Hoffnung, dass mehr Partizipation möglich sei, gründen die Bürger vor allem auf die direkte Demokratie. In der Forderung nach Volksabstimmungen über Sachfragen spiegelt sich dabei nicht nur die Unzufriedenheit mit den repräsentativen Verfahren und Institutionen, die ihrer Repräsentationsfunktion immer weniger entsprächen. Die Bürger drücken damit auch ihre Reserve gegenüber anderen Partizipationsformen aus. Diese halten sie einerseits für zu unverbindlich, weil mit ihnen nur mittelbar Einfluss ausgeübt werden könne. Zum anderen sind sie mit einem höheren Kostenaufwand verbunden und erfordern mehr Engagement als die Teilnahme an einer Abstimmung, die offenbar als ähnlich »voraussetzungsarm« betrachtet wird wie eine Wahl.

Dem Bedürfnis nach mehr direkter Demokratie stehen die faktisch niedrigen Abstimmungsbeteiligungen entgegen. In Nordrhein-Westfalen mögen das die Bürger nicht so empfinden, weil die plebiszitären Verfahren hier, was die Landesebene betrifft, bislang praktisch keine Rolle gespielt haben. Von daher ist es folgerichtig, wenn sich die Kritik auf die Verfahren selbst richtet, die als unzulänglich angesehen werden. Angesichts des Widerspruchs, der zwischen dem auch in NRW gemachten Versprechen der »Volksgesetzgebung« und deren weitgehenden Folgenlosigkeit in der Praxis besteht, ist diese Kritik berechtigt. Von daher wird sich Nordrhein-Westfalen dem bestehenden verfassungspolitischen Trend in den Bundesländern, die Anwendungsbedingungen für Volksbegehren und Volksentscheid zu verbessern, in Zukunft wohl kaum entziehen können (Decker 2012a).

Spielt die direkte Demokratie im Verfassungsleben eine größere Rolle, wird sich das mit hoher Wahrscheinlichkeit positiv auf die politische Zufriedenheit der Bürger auswirken – das legen zumindest die meisten internationalen Vergleichsuntersuchungen nahe. Wenig Belege gibt es dagegen dafür, dass die Abstimmungen eine Schubwirkung auch für andere Partizipationsformen entfalten, unter dem Strich also zu mehr Beteiligung führen (Drewitz 2012). Eher kommt es zu einem Nullsummenspiel. Stimmen die Bürger häufiger ab, werden sie sich bei anderen Beteiligungsformen stärker zurückhalten. Dies gilt für die Wahlen ebenso wie für die protestorientierten Partizipationsformen (s.u.).

Wahlen. Über die Reformierbarkeit der Wahlen machen die Bürger in Nordrhein-Westfalen sich wenig Illusionen. Die Zusammenlegung von Landtags- und Bundestagswahlen und die Einführung einer Wahlpflicht lehnen sie mehrheitlich ab, und der Stärkung der personellen Komponente im Wahlsystem und der Ermöglichung der elektronischen Stimmabgabe begegnen sie zumindest mit Skepsis. Dabei befinden sich mal mehr und mal weniger im Einklang mit der rechts- und politikwissenschaftlichen Diskussion. Am meisten Zustimmung erfährt der – in der Fachdebatte bislang kaum beachtete – Vorschlag, Wahlen mit Abstimmungen über Sachfragen zu verbinden. Dies könnte in der Tat zukunftsweisend sein, bietet es doch die Chance, dass beide Verfahren sich in ihrer Legitimation wechselseitig stärken.

Überraschend ist, dass die Bürger die Ausdehnung des Wahlrechts auf seit langem im Land lebende Ausländer mit großer Mehrheit befürworten, während die Absenkung des Wahlalters auf 16 Jahre mit ebenso großer Mehrheit abgelehnt wird. Dass die wiedergewählte rot-grüne Landesregierung ausgerechnet das letztgenannte Vorhaben in ihren Koalitionsvertrag aufgenommen hat, ist vor diesem Hintergrund bemerkenswert. Allerdings kann sie sich hier durchaus auf positive Vorbilder stützen. So hat man in Bremen, wo bei der Bürgerschaftswahl 2011 die 16-Jährigen erstmals wählen durften, mit der Reform gute Erfahrungen gemacht. Während die Wahlbeteiligung gegenüber 2007 insgesamt rückläufig war, ist sie in der Gruppe der 16- bis 21-Jährigen sogar leicht angestiegen. Das bremische Beispiel zeigt aber, dass es mit einer bloßen Verfassungsänderung nicht getan ist. Die Absenkung des Wahlalters wurde dort von umfangreichen Maßnahmen begleitet, um die Jugendlichen über die neuen Möglichkeiten aufzuklären. Die Behörden, allen voran die Landeszentrale für politische Bildung, arbeiteten dabei mit den Schulen vor Ort erfolgreich zusammen. Unter den eingesetzten Instrumenten ist neben Wahl-O-Mat und Schnupperwahllokalen vor allem die »Juniorwahl« [20] hervorzuheben, eine Art Probewahl, die nach mehrwöchiger Vorbereitung im Schulunterricht durchgeführt wird. Wissenschaftliche Begleitstudien haben gezeigt, dass dadurch das Wissen über politische Prozesse und das Interesse an den Wahlen ansteigt (Probst/Pötschke 2008). Auch in Nordrhein-Westfalen wurden solche Juniorwahlen an den Schulen vor Landtags-, Bundestags- und Europawahlen bereits mehrfach durchgeführt.

Was das Ausländerwahlrecht betrifft, scheint dagegen bei den politischen Akteuren – auch innerhalb des rot-grünen Lagers – keine große Bereitschaft zu bestehen, dies als Reformanliegen auf die Agenda zu setzen. Das liegt nicht zuletzt an der verfassungsrechtlichen Hürde: Weil das Wahlrecht an die Staatsangehörigkeit gebunden ist, lässt sich seine Ausweitung auf die ausländische Wohnbevölkerung nur über eine erleichterte Einbürgerung erreichen, was automatisch eine neue Debatte um die Zulassung einer doppelten Staatsbürgerschaft auslösen würde (Celikates 2011). Nach den schmerzlichen Erfahrungen, die man 1999 mit diesem Thema gemacht hat, dürfte sich das Interesse daran gerade bei der SPD in Grenzen halten.

Parteien. Abseits vom Tenor der politikwissenschaftlichen Diskussion bewegt sich die Meinung der nordrhein-westfälischen Bevölkerung zur Reform der Parteiendemokratie. Die Befunde zeigen, dass die Bürger den Parteien nach wie vor Vorrechte bei der Bestellung politischen Personals und bei der Formulierung von Programmen einräumen. Allzu euphorischen Reformvorschlägen, die auf die umfassende Beteiligung von Nicht-Mitgliedern abzielen, wird dadurch der Wind aus den Segeln genommen. Vielmehr sind die Sympathisanten aller Parteien der Ansicht, dass die vorhandenen Mitglieder stärker an der programmatischen Arbeit beteiligt werden sollten. Die Parteiorganisationen müssen also nicht zwingend nach

---

20 Die »Juniorwahlen« werden seit 1999 vom gemeinnützigen Verein Kumulus e.V. in Kooperation mit Behörden, Ministerien und weiteren Institutionen durchgeführt. Informationen zum genauen Ablauf finden sich unter www.juniorwahl.de.

außen geöffnet, sondern die Arbeit innerhalb der Parteien attraktiver gestaltet werden.

Eine sinnvolle Reformmaßnahme könnte erstens darin bestehen, dass die Parteien die langwierigen Prozesse programmatischer Mitarbeit ein Stück weit entschlacken, indem sie ihre Entscheidungsfindung stärker in die Hand inhaltlicher Arbeitsgruppen legen. Deren Stimmengewicht auf den Parteitagen müsste entsprechend erhöht werden. Ein zweites naheliegendes Instrument wären Urabstimmungen: Die Mitglieder entscheiden nicht nur über das Führungspersonal, sondern auch über Programmfragen direkt. Dabei könnten Elemente bisheriger Verfahren weiter bestehen. Viele Parteien arbeiten bereits mit Programmkommissionen, die Vorschläge der Gliederungen aufgreifen und integrieren. Und drittens müsste sich die Führung durchringen, Mitgliederbegehren zu kontroversen Sachfragen zu erleichtern. Was die Bürger auf der kommunalen und Landesebene heute schon können – Entscheidungen »von unten« herbeizuführen –, sollte den Mitgliedern einer Partei nicht vorenthalten bleiben (Wiesendahl 2012: 151 ff.).

Die Umfrageergebnisse müssen nicht als generelle Absage an eine größere Offenheit der Parteien für Nicht-Mitglieder interpretiert werden, um die sich alle Parteien in der Bundesrepublik heute mehr oder weniger zaghaft bemühen. Sie verstehen sich vielmehr als Warnung, den zweiten Schritt vor dem ersten zu tun und die Stärkung der Mitgliederrechte gegen die Öffnung nach außen auszuspielen. So wie die als potenzielle Unterstützergruppen anzusprechenden Nicht-Mitglieder es sich auf Dauer nicht gefallen lassen werden, wenn über die Resultate ihrer inhaltlichen Arbeit am Ende andere entscheiden, so weckt die Beteiligung von Nicht-Mitgliedern an der innerparteilichen Willensbildung bei den Mitgliedern natürliche Abwehrreflexe. Diesen lässt sich begegnen, wenn man die Beteiligungsrechte der Basis insgesamt ausweitet. Das heißt: Urwahlen und Mitgliederentscheide sollten nicht mehr nur sporadisch und nach Gutdünken der Parteispitze eingesetzt werden, sondern feste Regel sein. Dabei könnte man innerhalb der Organisation Abstufungen vornehmen. Bestimmte Entscheidungen wären ausschließlich den Mitgliedern vorbehalten, während andere – nach dem Vorbild der US-amerikanischen Vorwahlen – auch Nicht-Mitgliedern und Unterstützern offen stünden.

Protest. Protest- und problemorientierte Partizipation ist in der Bundesrepublik auch nach internationalen Maßstäben weit verbreitet. Die noch in den fünfziger Jahren diagnostizierte obrigkeitsstaatliche Mentalität hat das Land erfolgreich hinter sich gelassen. Der Anstieg der Protestereignisse und -teilnehmer bedeutet insofern kein schlechtes Zeichen für die Demokratie an sich. Er wirft allerdings die Frage nach der Repräsentationsfähigkeit der verfassten Institutionen auf, die immer öfter daran scheitern, die notwendige Unterstützung für ihre Vorhaben sicherzustellen. Bürgerinitiativen und Demonstrationen sind ein Symptom, dass der Interessenausgleich im Rahmen der hergebrachten Entscheidungsverfahren an Grenzen stößt. Der Ruf der Bevölkerung nach mehr direkter Demokratie muss vor diesem Hintergrund gesehen werden. Tatsächlich belegen neuere Untersuchungen aus der Schweiz einen Zusammenhang zwischen der Nutzungshäufigkeit der plebiszitären Verfahren und der Zahl und Intensität der Protestereignisse (Fatke/Freitag 2012). Die protest- und problemorientierten Partizipationsformen ließen sich also zurückdrängen, wenn man die Bürger in die förmlichen Entscheidungsprozesse früher und umfassender einbezieht.

Diese Notwendigkeit stellt sich insbesondere bei großen Infrastrukturprojekten. Wie die Auseinandersetzung um Stuttgart 21 gezeigt hat, ist deren Akzeptanz heute nicht mehr allein eine Frage der »Politik von oben« (Decker 2012b). Sie bedarf auch geeigneter Anreizstrukturen, um den angestrebten Interessenausgleich zwischen Projektbetreibern und betroffenen Bevölkerungsgruppen zu ermöglichen. Direktdemokratische Instrumente können dabei eine wichtige Funktion einnehmen. Ob sie den erhofften Nutzen erbringen, hängt jedoch maßgeblich davon ab, wie sie ausgestaltet sind. Die in der Bundesrepublik auf der kommunalen und Länderebene vorherrschenden Verfahren, bei denen die Initiativen »von unten« ausgehen, haben den Nachteil, dass sie gerade in den besonders legitimationsrelevanten Bereichen der Infrastrukturpolitik häufig nicht greifen. Auf der anderen Seite verfügen Regierung und Parlament nur in Ausnahmefällen über die Möglichkeit, von sich aus eine Frage vor das Volk zu bringen. Auch obligatorische Referenden sind beim Verfassungsgeber hierzulande weitgehend verpönt.

Der frühere Bundesminister und CDU-Generalsekretär Heiner Geißler hat zum Abschluss des von ihm moderierten Schlichtungsverfahrens zu Stuttgart 21 empfohlen, bei der Planung und Durchsetzung von großen Infrastrukturprojekten künftig ähnlich vorzugehen wie in der Schweiz: »1. Phase: Formulierung des Ziels, z.B. Basistunnel durch den Gotthard, dann

Abstimmung. 2. Phase: Entwicklung der Pläne, mögliche Alternativen, dann Abstimmung. 3. Phase: Realisierung mit begleitender Begründung und Information« (Geißler 2010). Die Empfehlung zur dritten Phase dürfte sich von selbst verstehen. Mit einem Parlaments- oder Volksbeschluss ist die Demokratie noch nicht am Ende. Dies gilt vor allem, wenn bis zur Realisierung eines Vorhabens lange Zeiträume vergehen. In der ersten Phase geht es um die demokratische Gretchenfrage schlechthin: Sind direktdemokratische Verfahren der Infrastrukturpolitik überhaupt zuträglich? Die in der NRW-Umfrage artikulierte Skepsis (nur 36 Prozent erachten Abstimmungen über Infrastrukturprojekte als wichtig oder sehr wichtig) erscheint vor dem Hintergrund der positiven Schweizer Erfahrungen übertrieben. Wenn die Bürger über Schulreformen oder Nichtrauchergesetze beschließen, warum sollten sie dann nicht ebenso über Verkehrsprojekte oder die Energieerzeugung abstimmen können?

Strittiger ist die Empfehlung zur zweiten Phase. Infrastrukturprojekte zeichnen sich in der Regel durch eine stark asymmetrische Kosten-Nutzen-Verteilung aus. Während sich die positiven Effekte relativ gleichmäßig und unmerklich auf breite Bevölkerungsgruppen verschiedener Regionen verteilen, sind nur wenige, zahlenmäßig kleine und lokal konzentrierte Gruppen von den Nachteilen betroffen, die sich dafür aber umso intensiver auswirken. Bei Abstimmungen besteht folglich die Gefahr, dass eine mäßig betroffene Mehrheit die Interessen einer stark betroffenen Minderheit überspielt. Ob sie einen gerechten Ausgleich herbeiführen können, erscheint von daher zweifelhaft. Andere Verfahren der Bürgerbeteiligung wie Mediation oder Planungszellen kämen hier womöglich zu besseren Ergebnissen (Gessenharter 2012).

Internet. Bei den übrigen verfassten (und zumeist internetbasierten) neueren Beteiligungsformen stellt sich das normative Problem andersherum dar. Weil mit diesen keine verbindlichen Entscheidungen verbunden sind, werden sie vor allem von solchen Bürgern zur Einflussnahme genutzt, die bereits ein starkes politisches Interesse aufweisen und sich auch in anderen Bereichen engagieren. Die Vorstellung, dass es durch das Netz gelingen könnte, bisher nicht interessierte Bürger für Politik zu gewinnen, mutet angesichts der zum Teil verschwindend geringen Beteiligungsquoten naiv an: So nahmen in der Stadt Bonn im Jahr 2012 gerade einmal 0,7 Prozent der Ortsansässigen am Online-Bürgerhaushalt teil – bei der Premiere im Jahre 2011 waren es immerhin noch 4,7 Prozent gewesen (Eisel 2012).

In anderen nordrhein-westfälischen Städten bewegten sich die Teilnehmerquoten zwischen bescheidenen 2,8 in Solingen (2010) und 0,8 Prozent in Essen (2010). Die Zahlen widerlegen die von den Bürgern geäußerte Erwartung, dass sich durch das Internet mehr Menschen an den sie betreffenden Entscheidungsprozessen beteiligen. Die Wirkung der digitalen Partizipation besteht hauptsächlich darin, dass sie den politisch Aktiven ein zusätzliches Forum für Informationsaufnahme und Meinungsaustausch bietet. Ob sie die Qualität und Legitimation der politischen Entscheidungen erhöht, bleibt in der Literatur umstritten (Roleff, 2012, Korte 2012, Kubicek/Lippa/Koop 2010).

Dies gilt auch innerhalb der Parteien, wo die Online-Dienste als Kommunikationskanal immer wichtiger werden. Der Versuch der Parteien, im Bereich der sozialen Medien eigene Angebote bereitzuhalten, hat sich dabei als weitgehend folgenlos erwiesen. Es scheint, dass die Mitglieder lieber ihre bestehenden Accounts bei Facebook und Twitter nutzen, statt sich auf eine weitere Plattform einzulassen. Bemühen sich die Parteien um diese Dienste, müssen sie allerdings eine andere Form der Darbietung und Sprache entwickeln. Es reicht nicht, einfach bestehendes Werbematerial hochzuladen. Dass niedrigschwellige Angebote, die an die Kreativität der Nutzer appellieren und bereit sind, eine gewisse (Selbst-)Ironie zuzulassen, ein sinnvoller Weg sein können, um das Netz für die Kommunikation jenseits der eigenen Mitgliedschaft zu nutzen, hat die nordrhein-westfälische SPD im Landtagswahlkampf gezeigt, als sie im Netz offen über ein Wahlplakat abstimmen ließ. Die Faustregel könnte also lauten: Systematische Nutzung der bestehenden Sozialen Netzwerke für die eigene Mitgliedschaft, punktuelle Angebote nebst deren medialer Bewerbung für alle Nicht-Mitglieder.

Fragt man nach dem demokratischen Potenzial des Internets, ergibt sich unter dem Strich ein ambivalentes Bild. Die von den Bürgern geäußerte Hoffnung, dass durch das Netz mehr Partizipation möglich sei und Entscheidungen stärker direktdemokratisch getroffen werden könnten, hat mit der Wirklichkeit der digitalen Gesellschaft wenig zu tun. Tatsächlich führt das Netz (auch) zu mehr Ungleichheit in der Partizipation, weil es (auch) dafür sorgt, dass die Öffentlichkeit immer stärker fragmentiert und die öffentlich gemachten Informationen und Daten zum größten Teil der Verfügungsgewalt von Privaten überlassen werden. Seine direktdemokratische Qualität besteht vor allem darin, dass es die Entscheidungsprozesse beschleunigt, während die Forderung der Bürger nach mehr direktdemokratischen Mitspracherechten eher vom Bedürfnis nach »Entschleunigung« diktiert sein dürfte.

Der größte demokratische Nutzen des Internets liegt im Bereich der Kontrolle (Seckelmann/Bauer 2012). Dass die Bürger in der Umfrage ausgerechnet diesem Aspekt die geringste Priorität zumessen, mag an der Wahrnehmung ihrer eigenen Rolle liegen, die das aktive Moment der Partizipation (an Wahlen und Abstimmungen) stärker betont als die »passive« Beobachtung des politischen Geschehens. Die Funktion des Wächters und Aufklärers kommt in der demokratischen Gesellschaft in erster Linie den Medien zu, die deshalb häufig als »vierte Gewalt« bezeichnet werden. Als neues Medium tritt das Internet zu den herkömmlichen Medien einerseits in Konkurrenz. Andererseits hilft es diesen, ihre Kontrollaufgabe gegenüber der Politik und den Regierenden noch besser wahrzunehmen.

Das Schlüsselwort der Kontrolle lautet Transparenz. Mit den digitalen Medien lassen sich Verfahren wie das »Demokratie-Audit« optimieren, die die Qualität der demokratischen Strukturen messen und bewerten (Roth 2009: 11 ff.). Gleichzeitig bietet das Netz die Möglichkeit, bisher verschlossen gehaltene öffentliche Datenbestände aus Politik und Verwaltung umfassend offenzulegen und sie der Allgemeinheit zugänglich zu machen. Welche Bereiche des »Herrschaftswissens« davon aus welchen Gründen ausgenommen bleiben müssen, wird die Debatten um »Informationsfreiheit« und *open government* in den kommenden Jahren bestimmen. In der – was das Verhältnis von Verwaltung und Bürgern betrifft – stark vom Hierarchiedenken beeinflussten Bundesrepublik, wo das Amtsgeheimnis immer noch viel gilt, markiert die Digitalisierung für die »Obrigkeit« zweifellos einen größeren Einschnitt als in Ländern wie Dänemark oder Schweden, die sich von jeher durch eine Kultur der Offenheit ausgezeichnet haben. Vergleichende Untersuchungen bestätigen, dass dort, wo mehr Transparenz herrscht, auch die Qualität der Entscheidungen und das Vertrauen der Bürger in Staat und Regierung zunehmen. Die skandinavischen Staaten belegen in den entsprechenden Rankings regelmäßig die vordersten Plätze (Bertelsmann-Stiftung 2011).

Etwas anders wird man die Forderung nach mehr Transparenz zu bewerten haben, wo sie sich auf die Willensbildungs- und Entscheidungsprozesse bezieht. Hauptadressat sind hier die Parteien. Nach den radikalen Vorstellungen der Piratenpartei erhalten mithilfe einer standardisierten Infrastruktur in Zukunft alle Bürger Zugriff auf die Techniken der Herrschaft.

Voraussetzung dafür sei, dass in die so entstehenden Programme und deren Umsetzung lückenlose Einsicht bestehe. Transparenz und Partizipation greifen im Konzept der *Liquid Democracy* ineinander. »Wer in dieser oder jener Frage herrscht, wird mit einer jeweils erneuten Zählung der Stimmen ermittelt und fällt, je häufiger diese Zählung veranstaltet wird, umso exakter mit der öffentlichen Meinung zusammen. Der Traum der Transparenz nimmt … die Gestalt einer Demokratie an, deren Herrschaftsausübung zu jederzeit mit dem zählbaren Volkswillen übereinstimmt: eine totale Identität der Gesellschaft mit ihren Herrschaft ausübenden Institutionen« (Vogelmann 2012: 109).

Dass hier eine ideengeschichtlich längst überwunden geglaubte Demokratieauffassung wiederauflebt, stimmt bedenklich (Zehnpfennig 2013). Die Piraten betrachten die »partizipative Technokratie« offenbar nicht nur als Modell für ihre eigene Organisation, sondern zugleich als Blaupause für den gesamten Parlamentarismus. Nachdem sie durch die Landtagswahlerfolge selber ein Teil dieses Parlamentarismus geworden sind, haben sie rasch lernen müssen, dass sich dessen Funktionsvoraussetzungen mit der Forderung nach bedingungsloser Offenheit schlecht vertragen. So wie sich die egalitäre Utopie der partizipativen Technokratie am ungleichen Beteiligungswillen der Mitglieder bricht, so kollidieren die Transparenzziele mit den Erfordernissen der Führung in einem arbeitsteilig-hierarchischen Politikbetrieb, der ohne geschützte Räume nicht »funktioniert«.[21] Was Transparenz unter diesen Bedingungen bedeutet und wo ihre Grenzen liegen, wird Gegenstand des weiteren Selbstfindungsprozesses der Piraten sein, dessen Verlauf und Ergebnis über die Zukunftsaussichten der Partei mit entscheidet (Bieber/Leggewie 2012).

Soziale Selektivität. Die größte Herausforderung der politischen Partizipation liegt aus Sicht der Autoren in der wachsenden sozialen Selektivität der Wahlbeteiligung. Wahlen sind und bleiben die wichtigste Form der Partizipation, in der sich die politische Gleichheit der Bürger manifestiert. Das allgemeine und gleiche Wahlrecht wird zu einer Farce, wenn die be-

---

21 Die Widersprüchlichkeit der Piraten in diesem Punkt lässt sich auch daran ablesen, dass auf der Internet-Plattform *Liquid Democracy* niemand gezwungen ist, mit seinem Klarnamen aufzutreten. Selbst wenn durch die Anonymität ein größerer Freiraum der Partizipation entsteht, wie es den Urhebern des Konzepts offenbar vorschwebt, bedeutet sie doch das glatte Gegenteil von Transparenz.

nachteiligten Gruppen der Gesellschaft von ihm keinen Gebrauch machen und den Wahlen immer mehr fernbleiben. Dieser Trend hat in den letzten zehn Jahren deutlich zugenommen. Zwar gibt es keine Belege, dass das Problem durch den Ausbau und die Nutzung anderweitiger Partizipationsformen (etwa im Bereich der direkten Demokratie) zusätzlich verschärft wird: Die Benachteiligten bleiben nicht in noch größerer Zahl weg, weil die politisch Interessierten aus den besser gestellten Schichten solche Beteiligungsangebote wahrnehmen. Dennoch muss es verwundern, wie wenig sich die Politikwissenschaft um dieses Problem bisher gekümmert hat, während sie den neuen Beteiligungsmodellen breite Aufmerksamkeit schenkt (Newton/Geissel 2012).

Auch wenn es sich lohnt, über eine Verbesserung der institutionellen Anreizstrukturen nachzudenken, wird man die in Resignation gefallenen Wähler nicht primär durch Reformen des Wahlrechts oder Wahlsystems in das politische System zurückholen können. Selbst eine Wahlpflicht würde an den Ursachen der sozialen Spaltung nichts ändern. Notwendig ist stattdessen eine Agenda, die dieser Spaltung durch mehr Chancengerechtigkeit begegnet, indem sie die Integration in den Arbeitsmarkt verbessert und stärker in Bildung, Kinderbetreuung und Gesundheitsvorsorge investiert (Schroeder 2012). Am skandinavischen Beispiel lässt sich belegen, welche Bedeutung ein so erneuerter Wohlfahrtsstaat für den gesellschaftlichen Zusammenhalt gewinnt. Dies gilt gerade unter den Bedingungen der Globalisierung. Je mehr sich die Volkswirtschaften nach außen öffnen, desto wichtiger werden Bildung und Ausbildung, um sich für den Wettbewerb zu wappnen, aber auch die Absicherung gegen die durch den Wettbewerb entstehenden Risiken im Inneren. Gelingt es der Politik nicht, den Menschen diese Sicherheit zu vermitteln bzw. zurückzugeben, dann wird sich auch die Krise der Partizipation nicht beheben lassen.

Literatur

Abromeit, Heidrun (2002), Wozu braucht man Demokratie? Die postnationale Herausforderung der Demokratietheorie, Opladen.

Abromeit, Heidrun (2003), Nutzen und Risiken direktdemokratischer Instrumente, in: Claus Offe (Hg.), Demokratisierung der Demokratie, Frankfurt a.M. / New York, S. 95-110.

Agentur für erneuerbare Energien (2012), Akzeptanz erneuerbarer Energien in der deutschen Bevölkerung, Berlin.

Almond, Gabriel A. / Sidney Verba (1963), The Civic Culture. Political Attitudes and Democracy in Five Nations, Princeton.

Arzheimer, Kai (2002), Politikverdrossenheit. Bedeutung, Verwendung und empirische Relevanz eines politikwissenschaftlichen Begriffs, Wiesbaden.

Barber, Benjamin R. (1984), Strong Democracy. Participatory Politics for a New Age, Berkeley.

Barnes, Samuel H. / Max Kaase u.a. (1979), Political Action. Mass Participation in Five Western Democracies, Beverly Hills.

Beck, Kurt / Jan Ziekow, Hg. (2011), Mehr Bürgerbeteiligung wagen. Wege zur Vitalisierung der Demokratie, Wiesbaden.

Beck, Ralf-Uwe (2012), Soziale Exklusion – was tun?, in: md magazin Nr. 92, S. 8-10.

Beckedahl, Markus / Falk Lüke (2012), Die digitale Gesellschaft. Netzpolitik, Bürgerrechte und die Machtfrage, München.

Bertelsmann-Stiftung (2004), Politische Partizipation in Deutschland. Ergebnisse einer repräsentativen Umfrage, Gütersloh.

Bertelsmann-Stiftung (2010), Politik beleben, Bürger beteiligen. Charakteristika neuer Beteiligungsmodelle, Gütersloh.

Bertelsmann-Stiftung (2011), Nachhaltiges Regieren in der OECD – Wie zukunftsfähig ist Deutschland?, Gütersloh.

Betz, Tanja / Wolfgang Gaiser / Liane Pluto, Hg. (2011), Partizipation von Kindern und Jugendlichen, Schwalbach/Ts.

Beyme, Klaus von (1982), Parteien in westlichen Demokratien, 2. Aufl., München/Zürich.

Bieber, Christoph (2011), Der Online-Wahlkampf im Superwahljahr 2009, in: Eva Johanna Schweitzer / Steffen Albrecht (Hg.), Das Internet im Wahlkampf, Wiesbaden, S. 69-95.

Bieber, Christoph / Claus Leggewie, Hg. (2012), Unter Piraten. Erkundungen in einer neuen politischen Arena, Bielefeld.

Boyd, Danah M. / Nicole Ellison (2007), Social network sites: Definition, history, and scholarship, in: Journal of Computer-Mediated Communication 13 (1), S. 210-230.

Bödeker, Sebastian (2012), Soziale Ungleichheit und politische Partizipation in Deutschland. Grenzen politischer Gleichheit in der Bürgergesellschaft, Frankfurt a.M. (Otto-Brenner Stiftung).

Böhnke, Petra (2011), Ungleiche Verteilung politischer und zivilgesellschaftlicher Partizipation, in: Aus Politik und Zeitgeschichte 61 (1-2), S. 18-25.

Brake, Anna (2008), Internetbasierte Befragung – ein Instrument für den Weg in eine aktive Bürgergesellschaft?, in: Norbert Kersting (Hg.), Politische Beteiligung, Wiesbaden, S. 65-79.

Brettschneider, Frank (1995), Öffentliche Meinung und Politik. Eine empirische Studie zur Responsivität des deutschen Bundestages zwischen 1949 und 1990, Opladen.

Buchheim, Hans (1973), Der demokratische Verfassungsstaat und das Problem der Demokratisierung der Gesellschaft, Hannover.

Buchstein, Hubertus / Frank Nullmeier (2006), Einleitung: Die Postdemokratie-Debatte, in: Forschungsjournal Neue Soziale Bewegungen 19 (4), S. 16-22.

Buergerhaushalt.org (2012), 5. Statusbericht Buergerhaushalt.org – Stand März 2012, http://www.buergerhaushalt.org/wp-content/uploads/2012/03/Statusbericht0312-Finale-1.pdf.

Bundesverband Informationswirtschaft, Telekommunikation und neue Medien (2011), Soziale Netzwerke. Eine repräsentative Untersuchung zur Nutzung sozialer Netzwerke im Internet, Berlin.

Celikates, Robin (2011), Die Strategie der Einbürgerung, in: Berliner Republik, Heft 4, S. 47-49.

Chadwick, Andrew (2006), Internet Politics. States, Citizens, and New Communication Technologies, New York / Oxford.

Christmann, Anna / Marcel Solar (2012), How to Assess Direct Democratic Effects. A Typology and an Example for the German Länder, Paper vorgestellt auf dem 22. World Congress of Political Science der IPSA, Madrid, Spanien, 8.-12. Juli 2012.

Cornfield, Michael (2004), Politics Moves Online. Campaigning and the Internet, New York.

Crouch, Colin (2008), Postdemokratie, Frankfurt a.M.

Czajka, Sebastian / Petra Jechová (2012), Der Einsatz von Computer und Internet in privaten Haushalten in Deutschland. Ergebnisse der Erhebung 2011, in: Wirtschaft und Statistik, Heft Mai, S. 415-423.

Dahl, Robert A. (2006), Politische Gleichheit – ein Ideal?, Hamburg.

Dalton, Russell J. (2008), Citizen Politics: Public Opinion and Political Parties in Advanced Industrial Democracies, 5. Aufl., Washington, DC.

Decker, Frank (2000), Demokratie und Demokratisierung jenseits des Nationalstaates. Das Beispiel der Europäischen Union, in: Zeitschrift für Politikwissenschaft 10 (2), S. 585-629.

Decker, Frank (2004), Der neue Rechtspopulismus, 2. überarb. Aufl., Opladen.

Decker, Frank (2007), Parlamentarische Demokratie versus Volksgesetzgebung. Der Streit um ein neues Wahlrecht in Hamburg, in: Zeitschrift für Parlamentsfragen 38 (1), S. 118-133.

Decker, Frank (2011a), Parteien und Parteiensysteme in Deutschland, Stuttgart.

Decker, Frank (2011b), Regieren im »Parteienbundesstaat«. Zur Architektur der deutschen Politik, Wiesbaden.

Decker, Frank (2012a), Welche Art der direkten Demokratie brauchen wir?, in: Tobias Mörschel / Christian Krell (Hg.), Demokratie in Deutschland, Wiesbaden, S. 175-198.

Decker, Frank (2012b), Ein Lehrstück für die Möglichkeiten und Grenzen der direkten Demokratie? Das Beispiel »Stuttgart 21«, in: Eckhard Jesse / Roland Sturm (Hg.), »Superwahljahr« 2011 und die Folgen, Baden-Baden, S. 307-325.

Decker, Frank (2013), Wenn die Populisten kommen. Beiträge zum Zustand der Demokratie und des Parteiensystems, Wiesbaden.

Decker, Frank / Julia von Blumenthal (2002), Die bundespolitische Durchdringung von Landtagswahlen. Eine empirische Analyse von 1970 bis 2001, in: Zeitschrift für Parlamentsfragen 33 (1), S. 144-165.

Dienel, Peter C. (2002), Die Planungszelle. Der Bürger als Chance, 5. Aufl., Wiesbaden.

Dörner, Andreas (2001), Politainment. Politik in der medialen Erlebnisgesellschaft, Frankfurt a. M.

Donovan, Todd / Jeffrey A. Karp (2006), Popular Support for Direct Democracy, in: Party Politics 12 (5), S. 671–688.

Drewitz, Jan (2012), Verändern Bürgerentscheide die Politik? Strukturelle und partizipatorische Auswirkungen direktdemokratischer Praxis, in: Zeitschrift für Parlamentsfragen 43 (2), S. 429-445.

Eder, Christina (2010), Direkte Demokratie auf subnationaler Ebene. Eine vergleichende Analyse der unmittelbaren Volksrechte in den deutschen Bundesländern, den Schweizer Kantonen und den US-Bundesstaaten, Baden-Baden.

Eilfort, Michael (2006), Landes-Parteien: Anders, nicht verschieden, in: Herbert Schneider / Hans-Georg Wehling (Hg.), Landespolitik in Deutschland, Wiesbaden, S. 207-224.

Eimeren, Birgit van / Beate Frees (2011), Drei von vier Deutschen im Netz – ein Ende des digitalen Grabens in Sicht? Ergebnisse der ARD/ZDF-Onlinestudie 2011, in: Media Perspektiven, Heft 7-8, S. 334-349.

Eisel, Stephan (2012), Online-Bürgerhaushalte als Potemkinsche Dörfer, Sankt Augustin (Konrad Adenauer-Stiftung).

Embacher, Serge (2011), Demokratie! Nein danke? Demokratieverdruss in Deutschland, Bonn.

Emmer, Martin / Jens Wolling (2009), »Online Citizenship?« – Die Entwicklung der individuellen politischen Beteiligung im Internet, in: Bertelsmann Stiftung (Hg.), Lernen von Obama?, Gütersloh, S. 83-124.

Faas, Thorsten / Ansgar Wolsing (2011), Das Internet als Wahlkampfinstrument: Die Nachfrageseite, in: Robert Grünewald / Ralf Güldenzopf / Melanie Piepenschneider (Hg.), Politische Kommunikation, Münster, S. 309-318.

Fatke, Matthias / Markus Freitag (2012), Direct Democracy: Protest Catalyst or Protest Alternative?, in: Political Behavior (published online: 02 March), S. 1-24.

Fiorina, Morris P. (1999), Extreme Voices: A Dark Side of Civic Engagement, in: Theda Skocpol / ders. (Hg.), Civic Engagement in American Democracy, Washington, DC, S. 395-425.

Fraenkel, Ernst (1974), Deutschland und die westlichen Demokratien, 6. Aufl., Stuttgart u.a.

Franklin, Mark N. (2004), Voter Turnout and the Dynamics of Electoral Competition in Established Democracies since 1945, Cambridge.

Gabriel, Oscar W. (2000), Demokratische Einstellungen in einem Land ohne demokratische Traditionen? Die Unterstützung der Demokratie in den neuen Bundesländern im Ost-West-Vergleich, in: Jürgen W. Falter / Oscar W. Gabriel / Hans Rattinger (Hg.), Wirklich ein Volk?, Opladen, S. 41-78.

Gabriel, Oscar W. (2004), Politische Partizipation, in: Jan W. van Deth (Hg.), Deutschland in Europa. Ergebnisse des European Social Survey 2002-2003, Wiesbaden, S. 317-338.

Gabriel, Oscar W. (2010), Politische Milieus, Individualisierung und der Wandel der Strukturen des Parteienwettbewerbs in Deutschland, in: Politische Bildung 43 (1), S. 9-23.

Geißel, Brigitte (2007), Zur (Un-)Möglichkeit von Local Governance mit Zivilgesellschaft: Konzepte und empirische Befunde, in: Lilian Schwalb / Heike Walk (Hg.), Local Governance – mehr Transparenz und Bürgernähe?, Wiesbaden, S. 23-38.

Geißel, Brigitte (2011), Kritische Bürger. Gefahr oder Ressource für die Demokratie?, Frankfurt a.M. / New York.

Geißel, Brigitte (2012), Politische (Un-)Gleichheit und die Versprechen der Demokratie, in: Aus Politik und Zeitgeschichte 62 (38-39), S. 32-37.

Geißler, Heiner (2010), Schlichtung Stuttgart 21 PLUS, 30. November 2010.

Gessenharter, Wolfgang (2012), Chancen und Grenzen von Bürgerbeteiligungen – Theorie und Praxis, in: Stephan Braun / Alexander Geisler (Hg.), Die verstimmte Demokratie, Wiesbaden, S. 237-246.

Giesa, Christoph (2011), Bürger. Macht. Politik. Mit einem Vorwort von Joachim Gauck, Frankfurt a.M.

Goerres, Achim / Guido Tiemann (2009), Kinder an die Macht? Die politischen Konsequenzen des stellvertretenden Elternwahlrechts, in: Politische Vierteljahresschrift 50 (1), S. 50-74.

Göttinger Institut für Demokratieforschung (2010), Neue Dimensionen des Protests? Ergebnisse einer explorativen Studie zu den Protesten gegen Stuttgart 21.

Greiffenhagen, Martin (1997), Politische Legitimität in Deutschland, Gütersloh.

Grotz, Florian (2009), Direkte Demokratie in Europa: Erträge, Probleme und Perspektiven der vergleichenden Forschung, in: Politische Vierteljahresschrift 50 (2), S. 286-305.

Hafeneger, Benno / Torsten Niebling (2008), Kinder- und Jugendparlament, in: Norbert Kersting (Hg.), Politische Beteiligung, Wiesbaden, S. 123-141.

Hanel, Katharina / Stefan Marschall (2012), Die Nutzung kollaborativer Online-Plattformen durch Parteien: »Top down« oder »bottom up«?, in: Zeitschrift für Politikwissenschaft 22 (1), S. 5-34.

Hanns-Seidel-Stiftung (2011), Politische Partizipation und gesellschaftliches Engagement in Bayern aus Sicht unterschiedlicher Generationen und Regionen, München.

Heidar, Knut (2006), Party Membership and Participation, in: Richard S. Katz / William Crotty (Hg.), Handbook of Party Politics, London / Thousand Oaks / New Delhi, S. 301-315.

Hensel, Alexander (2012), Das Milieu der Piraten. Die Erben der Internetkultur, in: Christoph Bieber / Claus Leggewie (Hg.), Unter Piraten, Bielefeld, S. 41-51.

Hensel, Alexander / Stephan Klecha / Franz Walter (2012), Meuterei auf der Deutschland. Ziele und Chancen der Piratenpartei, Berlin.

Hill, Hermann (2011), Open Government als Form der Bürgerbeteiligung, in: Kurt Beck / Jan Ziekow (Hg.), Mehr Bürgerbeteiligung wagen, Wiesbaden, S. 57-62.

Hinck, Gunnar (2012), Wir waren wie Maschinen. Die bundesdeutsche Linke der siebziger Jahre, Berlin.

Hirschman, Albert (1984), Engagement und Enttäuschung. Über das Schwanken der Bürger zwischen Privatwohl und Gemeinwohl, Frankfurt a.M.

Hoecker, Beate (2006), Politische Partizipation: systematische Einführung, in: dies. (Hg.), Politische Partizipation zwischen Konvention und Protest, Opladen, S. 3-20.

Holtkamp, Lars (2008), Bürgerhaushalt, in: Norbert Kersting (Hg.), Politische Beteiligung, Wiesbaden, S. 222-235.

Holtkamp, Lars / Jörg Bogumil (2007), Bürgerkommune und Local Governance, in: Lilian Schwalb / Heike Walk (Hg.), Local Governance – mehr Transparenz und Bürgernähe?, Wiesbaden, S. 231-250.

Huntington, Samuel P. (1991), The Third Wave. Democratization in the Late Twentieth Century, Norman.

Hutter, Swen / Simon Teune (2012), Politik auf der Straße. Deutschlands Protestprofil im Wandel, in: Aus Politik und Zeitgeschichte 25-26, S. 9-17.

Illies, Florian (2000), Generation Golf: Eine Inspektion, Frankfurt a.M.

Infratest dimap (2012), Was Bürger können – was Bürger wollen. Bürgerschaftliche Mitverantwortung bei Planungs- und Entscheidungsprozessen. Ergebnisse einer Repräsentativstudie, Berlin.

Inglehart, Ronald (1977), The Silent Revolution: Changing Values and Political Styles Among Western Publics, Princeton.

Jabbusch, Sebastian (2011), Liquid Democracy in der Piratenpartei. Eine neue Chance für innerparteiliche Demokratie im 21. Jahrhundert?, Magisterarbeit, Universität Greifswald.

Jörke, Dirk (2010), Die Versprechen der Demokratie und die Grenzen der Deliberation, in: Zeitschrift für Politikwissenschaft 20 (3-4), S. 269-290.

Jun, Uwe / Oskar Niedermayer / Elmar Wiesendahl, Hg. (2009), Die Zukunft der Mitgliederpartei, Opladen / Farmington Hills.

Jung, Otmar (2010), Volksgesetze und parlamentarische Konterlegislatur, in: Klemens H. Schrenk / Markus Soldner (Hg.), Analyse demokratischer Regierungssysteme, Wiesbaden, S. 427-442.

Kaase, Max (1997), Vergleichende Politische Partizipationsforschung, in: Dirk Berg-Schlosser / Ferdinand Müller-Rommel (Hg.), Vergleichende Politikwissenschaft, 3. Aufl., Opladen, S. 159-174.

Kaiser, André (2004), Alternanz und Inklusion. Zur Repräsentation politischer Präferenzen in den westeuropäischen Demokratien, 1950 – 2000, in: ders. / Thomas Zittel (Hg.), Demokratietheorie und Demokratieentwicklung, Wiesbaden, S. 173-196.

Katz, Richard S. / Peter Mair (1995), Changing Models of Party Organization and Party Democracy. The Emergence of the Cartel Party, in: Party Politics 1 (1), S. 5-28.

Kendall, Willmoore / George W. Carey (1968), The »Intensity« Problem and Democratic Theory, in: American Political Science Review 62 (1), S. 5-24.

Kersting, Norbert, Hg. (2012), Electronic Democracy, Opladen / Toronto.

Kersting, Norbert / Harald Baldersheim, Hg. (2004), Electronic Voting and Democracy. A Comparative Analysis, London.

Kestler, Thomas (2011), Demokratische Dilemmata: Zum Verhältnis zwischen Repräsentation und Partizipation, in: Zeitschrift für Politikwissenschaft 21 (3), S. 391-422.

Klages, Helmut (2007), Beteiligungsverfahren und Beteiligungserfahrungen, Bonn.

Klages, Helmut / Carmen Daramus / Kai Masser (2008), Das Bürgerpanel – ein Weg zu breiter Bürgerbeteiligung, Speyer.

Klein, Markus (2011), Wie sind die Parteien gesellschaftlich verwurzelt?, in: Tim Spier u.a. (Hg.), Parteimitglieder in Deutschland, Wiesbaden, S. 39-59.

Kleinsteuber, Hans / Kathrin Voss (2012), abgeordnetenwatch.de – Bürger fragen, Politiker antworten, in: Stephan Braun / Alexander Geisler (Hg.), Die verstimmte Demokratie, Wiesbaden, S. 249-258.

Korte, Karl-Rudolf (2009), Wahlen in Nordrhein-Westfalen. Kommunalwahl, Landtagswahl, Bundestagswahl, Europawahl, Schwalbach/Ts.

Korte, Karl-Rudolf (2012), Beschleunigte Demokratie: Entscheidungsstress als Regelfall, in: Aus Politik und Zeitgeschichte 62 (7), S. 21-26.

Kost, Andreas (2008), Direkte Demokratie, Wiesbaden.

Kranenpohl, Uwe (2008), Das Parteiensystem Nordrhein-Westfalens, in: Uwe Jun / Melanie Haas / Oskar Niedermayer (Hg.), Parteien und Parteiensysteme in den deutschen Ländern, Wiesbaden, S. 315-339.

Kraushaar, Wolfgang (2012), Der Aufruhr der Ausgebildeten. Vom Arabischen Frühling zur Occupy-Bewegung, Hamburg.

Kubicek, Herbert (2010), e-Participation, in: Bernd W. Wirtz (Hg.), E-Government, Wiesbaden, S. 195-225.

Kubicek, Herbert (2012), Möglichkeiten und Grenzen digitaler Partizipation in der repräsentativen Demokratie. Beitrag zum Gesprächskreis »Zukunft der Parteiendemokratie« der Friedrich-Ebert-Stiftung, Berlin.

Kubicek, Herbert / Barbara Lippa / Alexander Koop (2010), Erfolgreich beteiligt? Nutzen und Erfolgsfaktoren internetgestützter Bürgerbeteiligung – eine empirische Analyse von 12 Fallbeispielen, Gütersloh.

Laux, Annika (2011), Was wünschen sich die Mitglieder von ihren Parteien?, in: Tim Spier u.a. (Hg.), Parteimitglieder in Deutschland, Wiesbaden, S. 157-176.

Lewandowsky, Marcel (2012), Landtagswahlkämpfe. Annäherung an eine spezifische Kampagnenform. Eine parteienzentrierte Untersuchung der Wahlkämpfe in Nordrhein-Westfalen 2010, Baden-Württemberg 2011 und Sachsen-Anhalt 2011, Diss., Universität Bonn.

Lijphart, Arend (1999), Patterns of Democracy. Government Forms and Performance in Thirty-Six Countries, New Haven / London.

Lipset, Seymour Martin / Stein Rokkan (1967), Cleavage Structures, Party Systems, and Voter Alignments, in: dies. (Hg.), Party Systems and Voter Alignments, New York, S. 1-64.

Marxer, Wilfried, Hg. (2012), Direct Democracy and Minorities, Wiesbaden.

Masser, Kai (2008), Kommunale Bürgerpanels als Weg zu breiter Bürgerbeteiligung, in: Angelika Vetter (Hg.), Erfolgsbedingungen lokaler Bürgerbeteiligungen, Wiesbaden, S. 171-194.

Medaglia, Rony (2012), eParticipation research: Moving characterization forward, in: Government Information Quarterly 29 (3), S. 346-360.

Meerkamp, Frank (2011), Die Quorenfrage im Volksgesetzgebungsverfahren. Bedeutung und Entwicklung, Wiesbaden.

Mehr Demokratie (2008), Erster Bürgerbegehrensbericht 1956-2007, Berlin.

Mehr Demokratie (2012), Volksbegehrensbericht 2011, Berlin.

Meister, Hans-Peter / Felix Oldenburg (2009), Die Teilhabe der Vielen. Konsultationsverfahren der nächsten Generation, in: Bertelsmann-Stiftung (Hg.), Lernen von Obama?, Gütersloh, S. 155-184.

Merkel, Wolfgang (2011), Steckt die Demokratie in einer Krise?, in: Caroline Y. Robertson-von Trotha (Hg.), Herausforderung Demokratie, Baden-Baden, S. 13-27.

Merkel, Wolfgang / Alexander Petring (2012), Politische Partizipation und demokratische Inklusion, in: Christian Krell / Tobias Mörschel (Hg.), Demokratie in Deutschland, Wiesbaden, S. 93-119.

Meyer, Thomas (2005), Theorie der Sozialen Demokratie, Wiesbaden.

Micheletti, Michele (2003), Political Virtue and Shopping. Individualism. Consumerism and Collective Action, New York.

Moser, Julia / Herbert Obinger (2007), Schlaraffenland auf Erden? Auswirkungen von Volksentscheiden auf die Sozialpolitik, in: Markus Freitag / Uwe Wagschal (Hg.), Direkte Demokratie, Münster, S. 331-361.

Newton, Kenneth / Brigitte Geissel, Hg. (2012), Evaluating Democratic Innovations. Curing the Democratic Malaise?, London / New York.

Niedermayer, Oskar (2005), Bürger und Politik. Politische Orientierungen und Verhaltensweisen der Deutschen, 2. Aufl., Wiesbaden.

Niedermayer, Oskar (2009), Bevölkerungseinstellungen zur Demokratie. Kein Grundkonsens zwischen West- und Ostdeutschen, in: Zeitschrift für Parlamentsfragen 40 (2), S. 383-397.

Niedermayer, Oskar, Hg. (2012a), Die Piratenpartei, Wiesbaden.

Niedermayer, Oskar (2012b), Parteimitgliedschaften im Jahre 2011, in: Zeitschrift für Parlamentsfragen 43 (2), S. 389-407.

Norris, Pippa, Hg. (1999), Critical Citizens. Global Support for Democratic Governance, Oxford.

Onken, Holger / Sebastian H. Schneider (2012), Entern, kentern oder auflaufen? Zu den Aussichten der Piratenpartei im deutschen Parteiensystem, in: Zeitschrift für Parlamentsfragen 43 (3), S. 609-625.

Petersen, Thomas (2012), Freiheit und bürgerschaftliches Engagement. Ergebnisse einer Repräsentativumfrage im Auftrag der Herbert-Quandt-Stiftung.

Pitkin, Hannah Fenichel (1967), The Concept of Representation, Berkeley/Los Angeles/ London.

Pörksen, Bernhard / Hanne Detel (2012), Der entfesselte Skandal. Das Ende der Kontrolle im digitalen Zeitalter, Köln.

Probst, Lothar / Manuela Pötschke (2008), Eine Studie zur Wahlbereitschaft von Jugendlichen. Ergebnisse aus der Begleitforschung zur Juniorwahl in Bremen 2007, Berlin.

Przeworski, Adam u.a. (1996), What Makes Democracies Endure, in: Journal of Democracy 7 (1), S. 39-55.

Putnam, Robert D. (2000), Bowling alone. The Collapse and Revival of American Community, New York u.a.

Rattinger, Hans / Jürgen Krämer (1995), Wahlbeteiligung und Wahlnorm in der Bundesrepublik Deutschland. Eine Kausalanalyse, in: Politische Vierteljahresschrift 36 (2), S. 267-285.

Recker, Marie-Luise / Klaus Tenfelde (2005), Handbuch zur Statistik der Parlamente und Parteien in den westlichen Besatzungszonen und in der Bundesrepublik Deutschland, Düsseldorf.

Roleff, Daniel (2012), Digitale Politik und Partizipation: Möglichkeiten und Grenzen, in: Aus Politik und Zeitgeschichte 62 (7), S. 14-20.

Reif, Karlheinz / Hermann Schmitt (1980), Nine Second-Order National Elections – A Conceptual Framework for the Analysis of European Election Results, in: European Journal of Political Research 8 (1), S. 3-44.

Richter, Emanuel (2011), Was heißt politische Kompetenz? Politiker und engagierte Bürger in der Demokratie, Frankfurt a.M. / New York.

Rohe, Karl (1992), Wahlen und Wählertraditionen in Deutschland. Kulturelle Grundlagen deutscher Parteien und Parteiensysteme im 19. und 20. Jahrhundert, Frankfurt a.M.

Rosanvallon, Pierre (2010), Demokratische Legitimität. Überparteilichkeit – Reflexivität – Nähe, Hamburg.

Roth, Roland (2009), Handlungsoptionen zur Vitalisierung der Demokratie. Expertise für die Bertelsmann-Stiftung, Gütersloh.

Roth, Roland (2012), Occupy und Acampada: Vorboten einer neuen Protestgeneration?, in: Aus Politik und Zeitgeschichte 62 (25-26), S. 36-43.

Sartori, Giovanni (1992), Demokratietheorie, Darmstadt.

Schäfer, Armin (2009), Alles halb so schlimm? Warum eine sinkende Wahlbeteiligung der Demokratie schadet, in: Max Planck-Institut für Gesellschaftsforschung Jahrbuch 2009-2010, Köln, S. 33-38.

Schäfer, Armin (2011), Mehr Mitsprache, aber nur für wenige? Direkte Demokratie und politische Gleichheit, in: Max Planck-Institut für Gesellschaftsforschung Jahrbuch 2011-2012, S. 53-59.

Schäfer, Armin (2012), Beeinflusst die sinkende Wahlbeteiligung das Wahlergebnis? Eine Analyse kleinräumiger Wahldaten in deutschen Großstädten, in: Politische Vierteljahresschrift 53 (2), S. 240-264.

Schalt, Fabian u.a., Hg. (2009), Neuanfang statt Niedergang. Die Zukunft der Mitgliederparteien, Berlin.

Scharpf, Fritz W. (1970), Demokratietheorie zwischen Utopie und Anpassung, Konstanz.

Scheyli, Martin (2000), Politische Öffentlichkeit und deliberative Demokratie nach Habermas. Institutionelle Gestaltung durch direktdemokratische Beteiligungsformen?, Baden-Baden.

Schiller, Theo (2007), Direct Democracy and Theories of Participatory Democracy – Some Observations, in: Zolán T. Pállinger u.a. (Hg.), Direct Democracy in Europe. Developments and Prospects, Wiesbaden, S. 52-63.

Schlozman, Kay Lehman / Sidney Verba / Henry E. Brady (2010), Weapon of the Strong? Participatory Inequality and the Internet, in: Perspectives on Politics 8 (2), S. 487-509.

Schmid, Josef / Udo Zolleis (2007), Schlussbetrachtung: Wahlkampf im Südwesten – Einige Gemeinsamkeiten und Unterschiede, in: dies. (Hg.), Wahlkampf im Südwesten, Münster u.a., S. 268-274.

Schmidt, Jan-Hinrik (2012), Das demokratische Netz?, in: Aus Politik und Zeitgeschichte 62 (7), S. 3-8.

Schmidt, Manfred G. (2010), Demokratietheorien. Eine Einführung, 5. Aufl., Wiesbaden.

Schroeder, Wolfgang (2012), Vorsorge und Inklusion. Wie finden Sozialpolitik und Gesellschaft zusammen?, Berlin.

Schumpeter, Joseph A. (1950), Kapitalismus, Sozialismus und Demokratie, Bern.

Schwalb, Lilian / Heike Walk, Hg. (2007), Local Governance – mehr Transparenz und Bürgernähe, Wiesbaden.

Schweitzer, Eva Johanna / Steffen Albrecht (2011), Das Internet im Wahlkampf: Eine Einführung, in: dies. (Hg.), Das Internet im Wahlkampf, Wiesbaden, S. 9-65.

Seckelmann, Margrit / Christian Bauer (2012), Mehr Netzbeteiligung wagen. Wie Open Government, e-Democracy und Liquid Democracy die politische und administrative Willensbildung verändern sollen, in: Verwaltung und Management 18 (2), S. 81-87.

Siefken, Sven T. (2002), Vorwahlen in Deutschland? Folgen der Kandidatenauswahl nach U.S.-Vorbild, in: Zeitschrift für Parlamentsfragen 33 (3), S. 531-550.

Sintomer, Yves / Carsten Herzberg / Anja Röcke (2010), Der Bürgerhaushalt in Europa – eine realistische Utopie? Zwischen partizipativer Demokratie, Verwaltungsmodernisierung und sozialer Gerechtigkeit, Wiesbaden.

Siri, Jasmin (2012), Parteien. Zur Soziologie einer politischen Form, Wiesbaden.

Siri, Jasmin / Miriam Melchner / Anna Wolff (2012), The Political Network. Parteien und politische Kommunikation auf Facebook, in: kommunikation@gesellschaft, 13, Beitrag 6.

Solar, Marcel (2010), Nordrhein-Westfalen – das Erbe des politischen Katholizismus und der Mythos vom sozialdemokratischen Stammland, in: Andreas Kost / Werner Rellecke / Reinhold Weber (Hg.), Parteien in den deutschen Ländern, München, S. 275-301.

Solar, Marcel (2011), Die Initiative und das Referendum in den Gliedstaaten der USA - Impulse für die Debatte um direkte Demokratie in Nordrhein-Westfalen, http://www.regierungsforschung.de/data/020911_regierungsforschung.de_solar_in itiative_und_referendum_usa_nrw.pdf

Spier, Tim (2011), Wie aktiv sind die Mitglieder der Parteien?, in: ders. u.a. (Hg.), Parteimitglieder in Deutschland, Wiesbaden, S. 97-119.

Spier, Tim u.a., Hg. (2011), Parteimitglieder in Deutschland, Wiesbaden.

Stadelmann-Steffen, Isabelle / Adrian Vatter (2012), Does Satisfaction with Democracy Really Increase Happiness? Direct Democracy and Individual Satisfaction in Switzerland, in: Political Behavior 34 (3), S. 535-559.

Stainer-Hämmerle, Kathrin (2009), Die Briefwahl im deutschen Sprachraum: Ein systematischer Ländervergleich unter Berücksichtigung der Wahlrechtsgrundsätze in Deutschland, Österreich, Liechtenstein und der Schweiz, Saarbrücken.

Steffani, Winfried (1988), Parteien als soziale Organisationen. Zur politologischen Parteienanalyse, in: Zeitschrift für Parlamentsfragen 19 (4), S. 549-560.

Steinbrecher, Markus (2009), Politische Partizipation in Deutschland, Baden-Baden.

Streeck, Wolfgang (2011), The Crisis of Democratic Capitalism, in: New Left Review 71, S. 5-29.

Stutzer, Alois / Bruno S. Frey (2000), Stärkere Volksrechte – zufriedenere Bürger: eine mikroökonometrische Untersuchung für die Schweiz, in: Swiss Political Science Review 6 (3), S. 1-30.

Tarrow, Sidney (1994), Power in Movement: Social Movements and Contentious Politics, Cambridge.

Teorell, Jan / Mariano Torcal / José Ramón Montero (2007), Political Participation. Mapping the Terrain, in: Jan W. van Deth / José Ramón Montero / Anders Westholm (Hg.), Citizenship and Involvement in European Democracies, London, S. 334-357.

Tiefenbach, Paul (2006), Kumulieren, Panaschieren, Mehrmandatswahlkreise – mehr Demokratie beim Wahlrecht?, in: Zeitschrift für Parlamentsfragen 37 (1), S. 115-125.

Tolbert, Caroline J. / Daniel C. Bowen / Todd Donovan (2009), Initiative Campaigns. Direct Democracy and Voter Mobilization, in: American Politics Research 37 (1), S. 155-192.

Uehlinger, Hans-Martin (1988), Politische Partizipation in der Bundesrepublik, Opladen.

Van Biezen, Ingrid / Peter Mair / Thomas Poguntke (2012), Going, going, ... gone? The decline of party membership in contemporary Europe, in: European Journal of Political Research 51 (1), S. 24-56.

Van Deth, Jan W. (2003), Vergleichende politische Partizipationsforschung, in: Dirk Berg-Schlosser / Ferdinand Müller-Rommel (Hg.), Vergleichende Politikwissenschaft, 4. Aufl., Opladen, S. 167-187.

Van Deth, Jan W. (2009), Politische Partizipation, in: Viktoria Kaina / Andrea Römmele (Hg.), Politische Soziologie, Wiesbaden, S. 141-161.

Vatter, Adrian (2007), Direkte Demokratie in der Schweiz. Entwicklungen, Debatten und Wirkungen, in: Markus Freitag / Uwe Wagschal (Hg.), Direkte Demokratie, Münster, S. 71-113.

Vatter, Adrian / Deniz Danaci (2010), Mehrheitstyrannei durch Volksentscheide? Zum Spannungsverhältnis zwischen direkter Demokratie und Minderheitenschutz, in: Politische Vierteljahresschrift 51 (2), S. 205-222.

Verba, Sidney / Norman H. Nie (1972), Participation in America. Political Democracy and Social Equality, New York.

Verba, Sidney / Kay L. Schlozman / Henry E. Brady (1995), Voice and Equality. Civic Voluntarism in American Politics, Cambridge.

Vogelmann, Frieder (2012), Der Traum der Transparenz. Neue alte Betriebssysteme, in: Christoph Bieber / Claus Leggewie (Hg.), Unter Piraten, Bielefeld, S. 101-111.

Wagner, Markus / David Johann / Sylvia Kritzinger (2012), Voting at 16: Turnout and the Quality of Vote Choice, in: Electoral Studies 31 (2), S. 372-383.

Wagner, Sandra (2004), Die Nutzung des Internet als Medium für die Politische Kommunikation: Reinforcement oder Mobilisierung?, in: Frank Brettschneider / Jan van Deth / Edeltraud Roller (Hg.), Die Bundestagswahl 2002, Wiesbaden, S. 119-140.

Wattenberg, Martin P. (2012), Is Voting for Young People?, 3. Aufl., New York.

Whiteley, Paul / Patrick Seyd (2002), High-Intensity Participation. The Dynamics of Party Activism in Britain, Ann Arbor.

Wiesendahl, Elmar (2006), Parteien, Frankfurt a.M.

Wiesendahl, Elmar (2012), Partizipation und Engagementbereitschaft in den Parteien, in: Christian Krell / Tobias Mörschel (Hg.), Demokratie in Deutschland, Wiesbaden, S. 121-157.

Wissenschaftszentrum Berlin für Sozialforschung (2010), Befragung von Demonstranten gegen Stuttgart 21 am 18. Oktober 2010.

Zehnpfennig, Barbara (2013), Strukturlose Öffentlichkeit, in: Frankfurter Allgemeine Zeitung vom 21. Januar 2013, S. 7.

Zürn, Michael (2011), Perspektiven des demokratischen Regierens und die Rolle der Politikwissenschaft im 21. Jahrhundert, in: Politische Vierteljahresschrift 52 (4), S. 603-635.

Tabellenanhang

Frage 1: Wie stark interessieren Sie sich für Politik?

	Ge-samt	Alter in Jahren					Geschlecht		Schulabschluss		
		16-24	25-34	35-44	45-59	60+	männ-lich	weib-lich	Volks-/ Haupt schule	mittlere Reife/ POS	Abitur/ Fachhoch-schulreife
sehr stark	16	5	14	8	18	22	18	14	13	17	18
ziemlich stark	21	17	18	19	21	25	25	17	12	24	28
mittel	47	50	45	52	49	42	44	50	51	47	42
wenig	13	27	22	10	9	9	9	16	17	10	11
überhaupt nicht	3	1	1	11	3	2	4	3	7	2	1
weiß nicht	-	-	-	-	-	-	-	-	-	-	-
k.A.	-	-	-	-	-	-	-	-	-	-	-

	Ge-samt	HH-Nettoeinkommen			Politisches Interesse			Parteisympathie		
		unter 1.500	1.500 bis unter 3.000	3.000 und mehr	sehr stark/ ziemlich stark	mittel	wenig/ über-haupt nicht	CDU	SPD	Grüne
sehr stark	16	12	17	18	43	-	-	14	23	17
ziemlich stark	21	20	16	32	57	-	-	25	25	31
mittel	47	46	53	44	-	100	-	51	40	40
wenig	13	17	10	6	-	-	79	7	11	10
überhaupt nicht	3	5	4	-	-	-	21	3	1	2
weiß nicht	-	-	-	-	-	-	-	-	-	-
k.A.	-	-	-	-	-	-	-	-	-	-

Frage 2 A:
Wenn Sie einmal an die unterschiedlichen Ebenen der Politik – Kommune, Land, Bund, Europa – denken. Wie wichtig sind diese jeweils für Ihr eigenes Leben?
Wie ist das mit der Lokalpolitik in Ihrer Stadt oder Gemeinde?

	Gesamt	Alter in Jahren					Geschlecht		Schulabschluss		
		16-24	25-34	35-44	45-59	60+	männlich	weiblich	Volks-/ Haupt schule	mittlere Reife/ POS	Abitur/ Fachhochschulreife
sehr wichtig	27	11	22	25	33	31	29	26	25	28	30
ziemlich wichtig	48	44	47	51	47	51	45	51	51	49	46
weniger wichtig	21	36	27	21	17	15	20	21	19	18	21
gar nicht wichtig	4	9	4	3	3	3	6	2	5	5	3
weiß nicht	-	-	-	-	-	-	-	-	-	-	-
k.A.	-	-	-	-	-	-	-	-	-	-	-

	Gesamt	HH-Nettoeinkommen			Politisches Interesse			Parteisympathie		
		unter 1.500	1.500 bis unter 3.000	3.000 und mehr	sehr stark/ ziemlich stark	mittel	wenig/ überhaupt nicht	CDU	SPD	Grüne
sehr wichtig	27	23	26	37	42	23	4	28	32	27
ziemlich wichtig	48	48	52	42	34	60	47	50	45	54
weniger wichtig	21	22	18	18	19	16	38	19	20	19
gar nicht wichtig	4	7	4	3	5	1	11	3	3	-
weiß nicht	-	-	-	-	-	-	-	-	-	-
k.A.	-	-	-	-	-	-	-	-	-	-

Frage 2 B:

Wenn Sie einmal an die unterschiedlichen Ebenen der Politik – Kommune, Land, Bund, Europa – denken. Wie wichtig sind diese jeweils für Ihr eigenes Leben?

Wie ist das mit der Landespolitik in NRW?

	Ge-samt	Alter in Jahren					Geschlecht		Schulabschluss		
		16-24	25-34	35-44	45-59	60+	männ-lich	weib-lich	Volks-/ Haupt-schule	mittlere Reife/ POS	Abitur/ Fachhoch-schulreife
sehr wichtig	24	15	20	15	31	26	24	24	21	27	25
ziemlich wichtig	57	56	58	65	54	56	58	56	57	54	59
weniger wichtig	17	26	20	17	12	16	15	19	19	17	14
gar nicht wichtig	2	3	2	3	3	2	3	1	3	2	2
weiß nicht	-	-	-	-	-	-	-	-	-	-	-
k.A.	-	-	-	-	-	-	-	-	-	-	-

	Ge-samt	HH-Nettoeinkommen			Politisches Interesse			Parteisympathie		
		unter 1.500	1.500 bis unter 3.000	3.000 und mehr	sehr stark/ ziemlich stark	mittel	wenig/ über-haupt nicht	CDU	SPD	Grüne
sehr wichtig	24	25	23	27	42	17	1	22	31	36
ziemlich wichtig	57	53	59	58	49	67	46	64	57	48
weniger wichtig	17	17	16	14	8	15	45	13	11	16
gar nicht wichtig	2	5	2	1	1	1	8	1	1	-
weiß nicht	-	-	-	-	-	-	-	-	-	-
k.A.	-	-	-	-	-	-	-	-	-	-

Frage 2 C:
Wenn Sie einmal an die unterschiedlichen Ebenen der Politik – Kommune, Land, Bund, Europa – denken. Wie wichtig sind diese jeweils für Ihr eigenes Leben?
Wie ist das mit der Bundespolitik?

	Ge-samt	Alter in Jahren					Geschlecht		Schulabschluss		
		16-24	25-34	35-44	45-59	60+	männ-lich	weib-lich	Volks-/Haupt schule	mittlere Reife/POS	Abitur/Fachhoch-schulreife
sehr wichtig	34	34	27	21	41	39	37	32	29	38	37
ziemlich wichtig	46	42	53	53	39	46	43	47	43	44	48
weniger wichtig	17	23	16	22	17	11	15	19	21	16	13
gar nicht wichtig	3	1	4	4	3	3	5	2	6	2	2
weiß nicht	-	-	-	-	-	1	-	-	1	-	-
k.A.	-	-	-	-	-	-	-	-	-	-	-

	Ge-samt	HH-Nettoeinkommen			Politisches Interesse			Parteisympathie		
		unter 1.500	1.500 bis unter 3.000	3.000 und mehr	sehr stark/ziemlich stark	mittel	wenig/über-haupt nicht	CDU	SPD	Grüne
sehr wichtig	34	26	38	41	58	24	10	34	42	33
ziemlich wichtig	46	49	45	45	35	58	33	54	40	49
weniger wichtig	17	19	14	13	6	16	44	9	15	16
gar nicht wichtig	3	5	3	1	1	2	13	3	3	2
weiß nicht	-	1	-	-	-	-	-	-	-	-
k.A.	-	-	-	-	-	-	-	-	-	-

Frage 2 D:

Wenn Sie einmal an die unterschiedlichen Ebenen der Politik - Kommune, Land, Bund, Europa - denken. Wie wichtig sind diese jeweils für Ihr eigenes Leben?

Wie ist das mit der Politik der EU?

	Ge-samt	Alter in Jahren					Geschlecht		Schulabschluss		
		16-24	25-34	35-44	45-59	60+	männ-lich	weib-lich	Volks-/ Haupt schule	mittlere Reife/ POS	Abitur/ Fachhoch-schulreife
sehr wichtig	24	26	21	15	29	24	22	25	20	27	23
ziemlich wichtig	39	36	36	38	36	43	38	40	38	37	42
weniger wichtig	27	31	38	36	20	23	27	27	26	26	30
gar nicht wichtig	10	7	5	11	14	10	13	7	16	10	5
weiß nicht	-	-	-	-	1	-	-	1	-	-	-
k.A.	-	-	-	-	-	-	-	-	-	-	-

	Ge-samt	HH-Nettoeinkommen			Politisches Interesse			Parteisympathie		
		unter 1.500	1.500 bis unter 3.000	3.000 und mehr	sehr stark/ ziemlich stark	mittel	wenig/ über-haupt nicht	CDU	SPD	Grüne
sehr wichtig	24	28	23	23	33	20	13	22	29	27
ziemlich wichtig	39	32	39	46	42	44	19	45	37	39
weniger wichtig	27	27	28	26	16	29	47	24	27	26
gar nicht wichtig	10	13	10	5	9	7	20	9	7	7
weiß nicht	-	-	-	-	-	-	1	-	-	1
k.A.	-	-	-	-	-	-	-	-	-	-

Frage 3 A:
Die Wahlbeteiligung geht immer mehr zurück. Welche Gründe sind dafür
ausschlaggebend? Sagen Sie mir bitte zu jedem der folgenden Gründe, ob
er Ihrer Meinung nach voll und ganz zutrifft, eher zutrifft, eher nicht zutrifft, ganz und gar nicht zutrifft.
Die Bürger interessieren sich zu wenig für Politik.

	Ge-samt	Alter in Jahren					Geschlecht		Schulabschluss		
		16-24	25-34	35-44	45-59	60+	männ-lich	weib-lich	Volks-/Haupt schule	mittlere Reife/POS	Abitur/Fachhoch-schulreife
voll und ganz	26	34	27	18	31	23	28	25	33	25	20
eher	38	49	44	44	31	35	38	38	29	38	48
eher nicht	27	13	22	29	30	31	26	28	28	28	26
ganz und gar nicht	7	3	7	8	8	8	7	7	8	9	4
weiß nicht	2	1	-	1	-	3	1	2	2	-	2
k.A.	-	-	-	-	-	-	-	-	-	-	-

	Ge-samt	HH-Nettoeinkommen			Politisches Interesse			Parteisympathie		
		unter 1.500	1.500 bis unter 3.000	3.000 und mehr	sehr stark/ziemlich stark	mittel	wenig/über-haupt nicht	CDU	SPD	Grüne
voll und ganz	26	29	28	23	29	21	34	26	28	31
eher	38	32	41	43	35	43	29	35	40	39
eher nicht	27	27	24	30	27	28	25	27	27	25
ganz und gar nicht	7	11	7	3	7	7	10	8	5	5
weiß nicht	2	1	-	1	2	1	2	4	-	-
k.A.	-	-	-	-	-	-	-	-	-	-

Frage 3 B:
Die Wahlbeteiligung geht immer mehr zurück. Welche Gründe sind dafür ausschlaggebend? Sagen Sie mir bitte zu jedem der folgenden Gründe, ob er Ihrer Meinung nach voll und ganz zutrifft, eher zutrifft, eher nicht zutrifft, ganz und gar nicht zutrifft.
Die Bürger glauben, dass sie durch eigene Beteiligung nichts verändern können.

	Ge-samt	Alter in Jahren					Geschlecht		Schulabschluss		
		16-24	25-34	35-44	45-59	60+	männ-lich	weib-lich	Volks-/ Haupt schule	mittlere Reife/ POS	Abitur/ Fachhoch-schulreife
voll und ganz	42	26	48	40	44	44	41	42	49	40	38
eher	36	58	35	44	34	26	37	35	24	38	44
eher nicht	16	14	11	10	16	22	17	15	18	16	13
ganz und gar nicht	5	2	6	6	5	7	4	7	7	6	4
weiß nicht	1	-	-	-	1	1	1	1	2	-	1
k.A.	-	-	-	-	-	-	-	-	-	-	-

	Ge-samt	HH-Nettoeinkommen			Politisches Interesse			Parteisympathie		
		unter 1.500	1.500 bis unter 3.000	3.000 und mehr	sehr stark/ ziemlich stark	mittel	wenig/ über-haupt nicht	CDU	SPD	Grüne
voll und ganz	42	32	43	40	41	40	49	34	42	36
eher	36	37	36	44	36	38	28	42	35	46
eher nicht	16	19	15	14	18	15	15	18	19	15
ganz und gar nicht	5	11	5	2	4	6	8	6	4	1
weiß nicht	1	1	1	-	1	1	-	-	-	2
k.A.	-	-	-	-	-	-	-	-	-	-

Frage 3 C:
Die Wahlbeteiligung geht immer mehr zurück. Welche Gründe sind dafür ausschlaggebend? Sagen Sie mir bitte zu jedem der folgenden Gründe, ob er Ihrer Meinung nach voll und ganz zutrifft, eher zutrifft, eher nicht zutrifft, ganz und gar nicht zutrifft.
Die Bürger empfinden Wählen nicht mehr als staatsbürgerliche Pflicht.

	Ge-samt	Alter in Jahren					Geschlecht		Schulabschluss		
		16-24	25-34	35-44	45-59	60+	männ-lich	weib-lich	Volks-/Haupt schule	mittlere Reife/POS	Abitur/Fachhoch-schulreife
voll und ganz	27	27	25	20	28	31	28	26	35	21	25
eher	36	39	33	39	38	34	34	38	29	42	39
eher nicht	27	26	32	28	25	26	30	25	25	29	26
ganz und gar nicht	8	8	10	9	8	5	7	8	7	6	9
weiß nicht	2	-	-	4	1	3	1	3	3	2	1
k.A.	-	-	-	-	-	1	-	-	1	-	-

	Ge-samt	HH-Nettoeinkommen			Politisches Interesse			Parteisympathie		
		unter 1.500	1.500 bis unter 3.000	3.000 und mehr	sehr stark/ziemlich stark	mittel	wenig/über-haupt nicht	CDU	SPD	Grüne
voll und ganz	27	19	29	33	29	25	28	27	29	23
eher	36	36	36	40	40	37	26	37	36	49
eher nicht	27	34	26	19	25	28	30	23	29	25
ganz und gar nicht	8	8	7	8	5	8	9	8	5	2
weiß nicht	2	3	1	-	1	2	5	5	1	1
k.A.	-	-	1	-	-	-	2	-	-	-

Frage 3 D:
Die Wahlbeteiligung geht immer mehr zurück. Welche Gründe sind dafür ausschlaggebend? Sagen Sie mir bitte zu jedem der folgenden Gründe, ob er Ihrer Meinung nach voll und ganz zutrifft, eher zutrifft, eher nicht zutrifft, ganz und gar nicht zutrifft.
Die Bürger wollen durch Nichtwahl Protest ausdrücken.

	Ge-samt	Alter in Jahren					Geschlecht		Schulabschluss		
		16-24	25-34	35-44	45-59	60+	männ-lich	weib-lich	Volks-/Haupt-schule	mittlere Reife/POS	Abitur/Fachhoch-schulreife
voll und ganz	30	10	24	31	37	35	31	31	41	31	20
eher	25	19	28	21	26	27	25	25	21	27	29
eher nicht	31	52	35	35	28	23	32	30	21	33	38
ganz und gar nicht	13	19	12	10	9	15	12	13	17	8	12
weiß nicht	1	-	1	3	-	-	-	1	-	1	1
k.A.	-	-	-	-	-	-	-	-	-	-	-

	Ge-samt	HH-Nettoeinkommen			Politisches Interesse			Parteisympathie		
		unter 1.500	1.500 bis unter 3.000	3.000 und mehr	sehr stark/ziemlich stark	mittel	wenig/über-haupt nicht	CDU	SPD	Grüne
voll und ganz	30	31	32	27	34	28	28	27	29	21
eher	25	20	29	25	24	29	17	24	23	25
eher nicht	31	32	27	35	31	33	27	34	36	38
ganz und gar nicht	13	13	12	13	11	10	25	14	12	16
weiß nicht	1	3	-	-	-	-	3	1	-	-
k.A.	-	1	-	-	-	-	-	-	-	-

Frage 3 E:
Die Wahlbeteiligung geht immer mehr zurück. Welche Gründe sind dafür ausschlaggebend? Sagen Sie mir bitte zu jedem der folgenden Gründe, ob er Ihrer Meinung nach voll und ganz zutrifft, eher zutrifft, eher nicht zutrifft, ganz und gar nicht zutrifft.

Die Bürger glauben, dass die Parteien nicht am Gemeinwohl interessiert sind.

	Ge-samt	Alter in Jahren					Geschlecht		Schulabschluss		
		16-24	25-34	35-44	45-59	60+	männ-lich	weib-lich	Volks-/Haupt schule	mittlere Reife/POS	Abitur/Fachhoch-schulreife
voll und ganz	29	20	30	27	31	30	31	26	37	26	23
eher	36	35	41	41	32	37	33	39	31	35	45
eher nicht	26	43	25	22	26	23	27	26	23	28	26
ganz und gar nicht	8	2	4	7	11	8	9	7	8	9	5
weiß nicht	1	-	-	3	-	2	-	2	1	2	1
k.A.	-	-	-	-	-	-	-	-	-	-	-

	Ge-samt	HH-Nettoeinkommen			Politisches Interesse			Parteisympathie		
		unter 1.500	1.500 bis unter 3.000	3.000 und mehr	sehr stark/ziemlich stark	mittel	wenig/über-haupt nicht	CDU	SPD	Grüne
voll und ganz	29	31	30	23	28	27	37	28	24	21
eher	36	35	37	39	38	38	25	32	38	38
eher nicht	26	23	27	27	24	27	29	32	29	31
ganz und gar nicht	8	8	6	11	9	7	7	6	9	10
weiß nicht	3	1	-	-	1	1	2	2	-	-
k.A.	-	-	-	-	-	-	-	-	-	-

Frage 4 A:

Es werden ja verschiedene Maßnahmen diskutiert, damit wieder mehr Bürger an Wahlen teilnehmen. Sagen Sie mir bitte zu jeder der folgenden Maßnahmen, ob Sie ihnen voll und ganz zustimmen, eher zustimmen, eher nicht zustimmen oder gar nicht zustimmen.

Auch Ausländer, die schon lange in Deutschland leben, sollten das Wahlrecht erhalten.

	Ge-samt	Alter in Jahren					Geschlecht		Schulabschluss		
		16-24	25-34	35-44	45-59	60+	männ-lich	weib-lich	Volks-/ Haupt schule	mittlere Reife/ POS	Abitur/ Fachhoch-schulreife
voll und ganz	45	55	42	39	53	39	43	46	45	45	44
eher	25	33	34	29	17	23	25	24	15	25	32
eher nicht	15	8	12	19	17	16	16	16	19	14	16
gar nicht	14	4	11	9	12	21	15	13	18	15	7
weiß nicht	1	-	-	4	1	1	1	1	3	1	1
k.A.	-	-	1	-	-	-	-	-	-	-	-

	Ge-samt	HH-Nettoeinkommen			Politisches Interesse			Parteisympathie		
		unter 1.500	1.500 bis unter 3.000	3.000 und mehr	sehr stark/ ziemlich stark	mittel	wenig/ über-haupt nicht	CDU	SPD	Grüne
voll und ganz	45	54	42	42	44	44	50	38	52	57
eher	25	20	28	24	23	27	21	26	26	32
eher nicht	15	14	16	16	17	15	14	16	16	6
gar nicht	14	9	14	18	15	13	13	20	6	5
weiß nicht	1	2	-	-	1	1	2	-	-	-
k.A.	-	1	-	-	-	-	-	-	-	-

Frage 4 B:
Es werden ja verschiedene Maßnahmen diskutiert, damit wieder mehr Bürger an Wahlen teilnehmen. Sagen Sie mir bitte zu jeder der folgenden Maßnahmen, ob Sie ihnen voll und ganz zustimmen, eher zustimmen, eher nicht zustimmen oder gar nicht zustimmen.
Das Wahlalter bei Bundes- und Landtagswahlen sollte auf 16 gesenkt werden.

| | Ge-samt | Alter in Jahren | | | | | Geschlecht | | Schulabschluss | | |
		16-24	25-34	35-44	45-59	60+	männ-lich	weib-lich	Volks-/ Haupt schule	mittlere Reife/ POS	Abitur/ Fachhoch-schulreife
voll und ganz	14	16	15	16	15	10	13	14	10	17	12
eher	8	21	10	5	7	6	8	9	6	9	9
eher nicht	30	25	34	40	29	26	30	30	32	27	32
gar nicht	48	38	41	39	49	57	49	46	52	46	47
weiß nicht	-	-	-	-	-	1	-	1	-	1	-
k.A.	-	-	-	-	-	-	-	-	-	-	-

| | Ge-samt | HH-Nettoeinkommen | | | Politisches Interesse | | | Parteisympathie | | |
		unter 1.500	1.500 bis unter 3.000	3.000 und mehr	sehr stark/ ziemlich stark	mittel	wenig/ über-haupt nicht	CDU	SPD	Grüne
voll und ganz	14	16	13	12	11	14	19	10	16	15
eher	8	8	9	6	8	9	9	3	8	17
eher nicht	30	30	31	34	28	33	24	31	35	33
gar nicht	48	45	47	48	52	44	48	56	41	35
weiß nicht	-	1	-	-	1	-	-	-	-	-
k.A.	-	-	-	-	-	-	-	-	-	-

Frage 4 C:
Es werden ja verschiedene Maßnahmen diskutiert, damit wieder mehr Bürger an Wahlen teilnehmen. Sagen Sie mir bitte zu jeder der folgenden Maßnahmen, ob sie Ihnen voll und ganz zustimmen, eher zustimmen, eher nicht zustimmen oder gar nicht zustimmen.
Es müsste bei Wahlen die Möglichkeit geben, die Stimme auch am Computer oder über das Internet abzugeben.

	Ge-samt	Alter in Jahren					Geschlecht		Schulabschluss		
		16-24	25-34	35-44	45-59	60+	männ-lich	weib-lich	Volks-/ Haupt-schule	mittlere Reife/ POS	Abitur/ Fachhoch-schulreife
voll und ganz	32	42	36	36	35	21	29	33	33	31	30
eher	19	23	25	17	18	18	17	21	13	22	22
eher nicht	20	22	17	25	20	18	22	19	20	19	22
gar nicht	28	13	22	22	26	40	31	26	32	27	25
weiß nicht	1	-	-	-	1	3	1	1	2	1	1
k.A.	-	-	-	-	-	-	-	-	-	-	-

	Ge-samt	HH-Nettoeinkommen			Politisches Interesse			Parteisympathie		
		unter 1.500	1.500 bis unter 3.000	3.000 und mehr	sehr stark/ ziemlich stark	mittel	wenig/ über-haupt nicht	CDU	SPD	Grüne
voll und ganz	32	39	30	24	24	33	44	26	31	29
eher	19	16	18	29	21	20	13	18	22	17
eher nicht	20	19	21	22	23	18	21	20	19	25
gar nicht	28	25	30	25	32	27	21	35	27	29
weiß nicht	1	1	1	-	-	2	1	1	1	-
k.A.	-	-	-	-	-	-	-	-	-	-

Frage 4 D:
Es werden ja verschiedene Maßnahmen diskutiert, damit wieder mehr Bürger an Wahlen teilnehmen. Sagen Sie mir bitte zu jeder der folgenden Maßnahmen, ob sie Ihnen voll und ganz zustimmen, eher zustimmen, eher nicht zustimmen oder gar nicht zustimmen.
Es sollte eine Wahlpflicht eingeführt werden.

	Gesamt	Alter in Jahren					Geschlecht		Schulabschluss		
		16-24	25-34	35-44	45-59	60+	männlich	weiblich	Volks-/ Hauptschule	mittlere Reife/ POS	Abitur/ Fachhochschulreife
voll und ganz	22	17	22	19	22	27	21	23	29	22	15
eher	12	33	10	13	7	9	10	13	8	14	12
eher nicht	32	31	38	33	32	28	31	33	32	30	35
gar nicht	34	19	30	35	39	36	38	31	31	34	38
weiß nicht	-	-	-	-	-	-	-	-	-	-	-
k.A.	-	-	-	-	-	-	-	-	-	-	-

	Gesamt	HH-Nettoeinkommen			Politisches Interesse			Parteisympathie		
		unter 1.500	1.500 bis unter 3.000	3.000 und mehr	sehr stark/ ziemlich stark	mittel	wenig/ überhaupt nicht	CDU	SPD	Grüne
voll und ganz	22	31	25	15	19	25	19	23	26	13
eher	12	10	14	12	10	13	14	15	15	13
eher nicht	32	31	27	39	32	32	31	28	28	36
gar nicht	34	28	34	34	39	30	36	34	31	38
weiß nicht	-	-	-	-	-	-	-	-	-	-
k.A.	-	-	-	-	-	-	-	-	-	-

Frage 4 E:
Es werden ja verschiedene Maßnahmen diskutiert, damit wieder mehr Bürger an Wahlen teilnehmen. Sagen Sie mir bitte zu jeder der folgenden Maßnahmen, ob sie Ihnen voll und ganz zustimmen, eher zustimmen, eher nicht zustimmen oder gar nicht zustimmen.

Bundestags-, Landtags- und Kommunalwahlen sollten an einem Tag durchgeführt werden.

	Gesamt	Alter in Jahren					Geschlecht		Schulabschluss		
		16-24	25-34	35-44	45-59	60+	männlich	weiblich	Volks-/ Haupt schule	mittlere Reife/ POS	Abitur/ Fachhochschulreife
voll und ganz	32	22	23	31	36	37	33	32	39	31	27
eher	15	20	16	19	11	14	14	16	11	18	14
eher nicht	31	42	38	28	33	23	31	30	28	29	36
gar nicht	20	10	23	19	17	26	21	19	21	18	23
weiß nicht	2	6	-	2	3	-	1	3	1	4	-
k.A.	-	-	-	1	-	-	-	-	-	-	-

	Gesamt	HH-Nettoeinkommen			Politisches Interesse			Parteisympathie		
		unter 1.500	1.500 bis unter 3.000	3.000 und mehr	sehr stark/ ziemlich stark	mittel	wenig/ überhaupt nicht	CDU	SPD	Grüne
voll und ganz	32	33	33	30	29	31	44	35	28	25
eher	15	15	16	16	12	18	13	15	15	16
eher nicht	31	33	28	30	33	33	21	28	34	32
gar nicht	20	14	22	23	25	18	15	20	22	24
weiß nicht	2	5	1	1	1	-	7	2	1	3
k.A.	-	-	-	-	-	-	-	-	-	-

Frage 4 F:
Es werden ja verschiedene Maßnahmen diskutiert, damit wieder mehr Bürger an Wahlen teilnehmen. Sagen Sie mir bitte zu jeder der folgenden Maßnahmen, ob sie Ihnen voll und ganz zustimmen, eher zustimmen, eher nicht zustimmen oder gar nicht zustimmen.
Bei Wahlen sollte nicht nur über Parteien, sondern auch über Sachfragen abgestimmt werden.

	Ge-samt	Alter in Jahren					Geschlecht		Schulabschluss		
		16-24	25-34	35-44	45-59	60+	männ-lich	weib-lich	Volks-/ Haupt schule	mittlere Reife/ POS	Abitur/ Fachhoch-schulreife
voll und ganz	41	37	27	41	45	45	38	44	45	42	35
eher	29	44	42	30	24	22	28	30	24	29	34
eher nicht	20	14	21	16	24	18	22	17	18	22	19
gar nicht	9	5	7	12	5	14	10	8	11	7	10
weiß nicht	1	-	2	1	2	1	2	1	2	-	2
k.A.	-	-	1	-	-	-	-	-	-	-	-

	Ge-samt	HH-Nettoeinkommen			Politisches Interesse			Parteisympathie		
		unter 1.500	1.500 bis unter 3.000	3.000 und mehr	sehr stark/ ziemlich stark	mittel	wenig/ über-haupt nicht	CDU	SPD	Grüne
voll und ganz	41	44	41	39	37	44	41	41	34	33
eher	29	31	30	29	26	31	30	25	32	38
eher nicht	20	15	19	25	24	18	13	20	26	22
gar nicht	9	6	9	7	11	5	16	13	8	6
weiß nicht	1	3	1	-	1	2	-	1	-	-
k.A.	-	1	-	-	1	-	-	-	-	1

Frage 4 G:
Es werden ja verschiedene Maßnahmen diskutiert, damit wieder mehr Bürger an Wahlen teilnehmen. Sagen Sie mir bitte zu jeder der folgenden Maßnahmen, ob sie Ihnen voll und ganz zustimmen, eher zustimmen, eher nicht zustimmen oder gar nicht zustimmen.
Es sollte die Möglichkeit geben, gezielt eine Person auf der Liste einer Partei zu wählen.

	Ge-samt	Alter in Jahren					Geschlecht		Schulabschluss		
		16-24	25-34	35-44	45-59	60+	männ-lich	weib-lich	Volks-/Haupt schule	mittlere Reife/POS	Abitur/Fachhoch-schulreife
voll und ganz	33	25	23	31	40	37	33	34	47	29	26
eher	26	30	30	32	20	25	23	28	21	27	29
eher nicht	28	40	35	23	23	26	29	27	18	32	32
gar nicht	11	5	9	14	13	11	13	9	13	10	12
weiß nicht	2	-	3	-	3	1	2	2	1	2	1
k.A.	-	-	-	-	1	-	-	-	-	-	-

	Ge-samt	HH-Nettoeinkommen			Politisches Interesse			Parteisympathie		
		unter 1.500	1.500 bis unter 3.000	3.000 und mehr	sehr stark/ziemlich stark	mittel	wenig/über-haupt nicht	CDU	SPD	Grüne
voll und ganz	33	38	33	28	31	34	37	34	34	19
eher	26	28	26	28	27	27	22	25	27	32
eher nicht	28	24	31	30	29	28	22	28	29	37
gar nicht	11	8	9	13	11	9	18	11	9	8
weiß nicht	2	2	1	1	2	2	1	2	1	4
k.A.	-	-	-	-	-	-	-	-	-	-

Frage 5 A:
Ich nenne Ihnen nun eine Reihe von Ansichten über Volksbegehren und Volksentscheide. Sagen Sie mir bitte jeweils, ob sie Ihrer Meinung nach voll und ganz zutreffen, eher zutreffen, eher nicht zutreffen oder gar nicht zutreffen.
Volksbegehren nutzen in erster Linie Sonderinteressen.

	Ge-samt	Alter in Jahren					Geschlecht		Schulabschluss		
		16-24	25-34	35-44	45-59	60+	männ-lich	weib-lich	Volks-/ Haupt schule	mittlere Reife/ POS	Abitur/ Fachhoch-schulreife
voll und ganz	23	9	12	20	26	30	22	23	30	21	18
eher	27	38	29	36	20	23	28	26	25	26	29
eher nicht	37	47	41	36	35	34	37	37	31	38	40
gar nicht	9	3	11	4	14	10	11	8	10	10	9
weiß nicht	4	3	7	4	5	3	2	6	4	5	4
k.A.	-	-	-	-	-	-	-	-	-	-	-

	Ge-samt	HH-Nettoeinkommen			Politisches Interesse			Parteisympathie		
		unter 1.500	1.500 bis unter 3.000	3.000 und mehr	sehr stark/ ziemlich stark	mittel	wenig/ über-haupt nicht	CDU	SPD	Grüne
voll und ganz	23	26	23	22	23	24	17	25	27	15
eher	27	32	28	21	22	31	25	32	25	30
eher nicht	37	34	32	46	41	33	39	30	37	41
gar nicht	9	5	14	8	10	10	6	8	8	7
weiß nicht	4	3	3	3	3	2	13	5	3	7
k.A.	-	-	-	-	1	-	-	-	-	-

Frage 5 B:
Ich nenne Ihnen nun eine Reihe von Ansichten über Volksbegehren und Volksentscheide. Sagen Sie mir bitte jeweils, ob sie Ihrer Meinung nach voll und ganz zutreffen, eher zutreffen, eher nicht zutreffen oder gar nicht zutreffen.
Mit Volksentscheiden können die Politiker besser kontrolliert werden.

	Ge-samt	Alter in Jahren					Geschlecht		Schulabschluss		
		16-24	25-34	35-44	45-59	60+	männ-lich	weib-lich	Volks-/ Haupt-schule	mittlere Reife/ POS	Abitur/ Fachhoch-schulreife
voll und ganz	37	20	25	39	45	40	40	35	54	36	23
eher	29	43	43	28	21	25	26	31	18	28	40
eher nicht	25	30	24	26	24	24	25	25	17	26	30
gar nicht	7	3	7	6	10	8	9	6	9	8	6
weiß nicht	2	4	1	1	-	3	-	3	2	2	1
k.A.	-	-	-	-	-	-	-	-	-	-	-

	Ge-samt	HH-Nettoeinkommen			Politisches Interesse			Parteisympathie		
		unter 1.500	1.500 bis unter 3.000	3.000 und mehr	sehr stark/ ziemlich stark	mittel	wenig/ über-haupt nicht	CDU	SPD	Grüne
voll und ganz	37	46	40	29	34	39	39	35	38	28
eher	29	24	29	35	27	30	28	23	31	38
eher nicht	25	22	24	27	31	23	19	30	24	31
gar nicht	7	6	6	8	7	7	8	10	6	2
weiß nicht	2	2	1	1	1	1	6	2	1	1
k.A.	-	-	-	-	-	-	-	-	-	-

Frage 5 C:
Ich nenne Ihnen nun eine Reihe von Ansichten über Volksbegehren und Volksentscheide. Sagen Sie mir bitte jeweils, ob sie Ihrer Meinung nach voll und ganz zutreffen, eher zutreffen, eher nicht zutreffen oder gar nicht zutreffen.
Die Bürger sind nicht gut genug informiert, um selbst politische Entscheidungen zu treffen.

	Ge-samt	Alter in Jahren					Geschlecht		Schulabschluss		
		16-24	25-34	35-44	45-59	60+	männ-lich	weib-lich	Volks-/Haupt schule	mittlere Reife/POS	Abitur/Fachhoch-schulreife
voll und ganz	31	43	26	25	29	34	29	34	38	32	22
eher	28	34	30	28	25	29	26	31	22	33	29
eher nicht	29	19	37	28	34	27	32	26	27	26	37
gar nicht	11	4	7	18	12	8	13	8	12	9	11
weiß nicht	1	-	-	1	-	2	-	1	1	-	1
k.A.	-	-	-	-	-	-	-	-	-	-	-

	Ge-samt	HH-Nettoeinkommen			Politisches Interesse			Parteisympathie		
		unter 1.500	1.500 bis unter 3.000	3.000 und mehr	sehr stark/ziemlich stark	mittel	wenig/über-haupt nicht	CDU	SPD	Grüne
voll und ganz	31	41	29	25	32	30	36	29	37	22
eher	28	26	28	31	27	32	22	32	28	28
eher nicht	29	21	33	32	29	30	24	26	30	42
gar nicht	11	10	9	12	11	7	18	12	5	8
weiß nicht	1	1	1	-	1	1	-	-	-	-
k.A.	-	1	-	-	-	-	-	1	-	-

Frage 5 D:
Ich nenne Ihnen nun eine Reihe von Ansichten über Volksbegehren und Volksentscheide. Sagen Sie mir bitte jeweils, ob sie Ihrer Meinung nach voll und ganz zutreffen, eher zutreffen, eher nicht zutreffen oder gar nicht zutreffen.

Volksentscheide sorgen dafür, dass die Bürger zufriedener sind.

	Ge-samt	Alter in Jahren					Geschlecht		Schulabschluss		
		16-24	25-34	35-44	45-59	60+	männ-lich	weib-lich	Volks-/Haupt-schule	mittlere Reife/POS	Abitur/Fachhoch-schulreife
voll und ganz	36	34	29	32	44	35	36	36	43	39	26
eher	34	42	50	37	30	28	32	36	25	32	47
eher nicht	23	21	15	26	19	27	24	21	23	23	20
gar nicht	5	3	4	5	6	7	7	4	7	4	6
weiß nicht	2	-	2	-	1	3	1	3	2	2	1
k.A.	-	-	-	-	-	-	-	-	-	-	-

	Ge-samt	HH-Nettoeinkommen			Politisches Interesse			Parteisympathie		
		unter 1.500	1.500 bis unter 3.000	3.000 und mehr	sehr stark/ziemlich stark	mittel	wenig/über-haupt nicht	CDU	SPD	Grüne
voll und ganz	36	40	38	32	36	37	33	31	37	30
eher	34	30	37	38	32	36	33	31	33	47
eher nicht	23	21	20	26	23	22	23	29	25	14
gar nicht	5	7	4	3	7	4	6	6	4	6
weiß nicht	2	2	1	1	2	1	5	3	1	3
k.A.	-	-	-	-	-	-	-	-	-	-

Frage 5 E:
Ich nenne Ihnen nun eine Reihe von Ansichten über Volksbegehren und Volksentscheide. Sagen Sie mir bitte jeweils, ob sie Ihrer Meinung nach voll und ganz zutreffen, eher zutreffen, eher nicht zutreffen oder gar nicht zutreffen.

Durch Volksentscheide wird vernünftiges Regieren erschwert.

	Ge-samt	Alter in Jahren					Geschlecht		Schulabschluss		
		16-24	25-34	35-44	45-59	60+	männ-lich	weib-lich	Volks-/Haupt schule	mittlere Reife/POS	Abitur/Fachhoch-schulreife
voll und ganz	15	6	14	16	12	23	15	16	19	19	9
eher	18	20	16	15	19	20	20	17	16	17	22
eher nicht	45	45	54	51	41	42	44	46	44	43	50
gar nicht	20	28	13	17	27	13	20	19	20	19	18
weiß nicht	2	1	2	1	1	2	1	2	1	2	1
k.A.	-	-	1	-	-	-	-	-	-	-	-

	Ge-samt	HH-Nettoeinkommen			Politisches Interesse			Parteisympathie		
		unter 1.500	1.500 bis unter 3.000	3.000 und mehr	sehr stark/ziemlich stark	mittel	wenig/über-haupt nicht	CDU	SPD	Grüne
voll und ganz	15	21	13	13	19	13	16	17	19	4
eher	18	19	19	18	17	22	12	24	15	23
eher nicht	45	37	49	49	44	47	40	39	50	49
gar nicht	20	20	18	20	20	16	29	19	15	23
weiß nicht	2	3	1	-	-	2	3	1	1	1
k.A.	-	-	-	-	-	-	-	-	-	-

Frage 5 F:
Ich nenne Ihnen nun eine Reihe von Ansichten über Volksbegehren und Volksentscheide. Sagen Sie mir bitte jeweils, ob sie Ihrer Meinung nach voll und ganz zutreffen, eher zutreffen, eher nicht zutreffen oder gar nicht zutreffen.
Volksentscheide führen dazu, dass sich mehr Leute für Politik interessieren.

	Ge-samt	Alter in Jahren					Geschlecht		Schulabschluss		
		16-24	25-34	35-44	45-59	60+	männ-lich	weib-lich	Volks-/Haupt-schule	mittlere Reife/POS	Abitur/Fachhoch-schulreife
voll und ganz	39	27	26	35	45	47	39	39	47	40	31
eher	37	56	55	36	33	27	37	38	25	39	48
eher nicht	18	13	12	23	16	21	18	18	22	16	15
gar nicht	5	3	6	6	6	4	6	4	5	5	5
weiß nicht	1	1	1	-	-	1	-	1	1	-	1
k.A.	-	-	-	-	-	-	-	-	-	-	-

	Ge-samt	HH-Nettoeinkommen			Politisches Interesse			Parteisympathie		
		unter 1.500	1.500 bis unter 3.000	3.000 und mehr	sehr stark/ziemlich stark	mittel	wenig/über-haupt nicht	CDU	SPD	Grüne
voll und ganz	39	40	41	38	43	40	29	35	43	31
eher	37	40	34	40	36	37	41	32	34	53
eher nicht	18	15	20	18	16	18	21	25	18	14
gar nicht	5	5	5	3	4	4	9	7	4	2
weiß nicht	1	-	-	1	1	1	-	1	1	-
k.A.	-	-	-	-	-	-	-	-	-	-

Frage 5 G:
Ich nenne Ihnen nun eine Reihe von Ansichten über Volksbegehren und
Volksentscheide. Sagen Sie mir bitte jeweils, ob sie Ihrer Meinung nach voll
und ganz zutreffen, eher zutreffen, eher nicht zutreffen oder gar nicht zu-
treffen.
Volksentscheide können Minderheiten benachteiligen.

	Ge-samt	Alter in Jahren					Geschlecht		Schulabschluss		
		16-24	25-34	35-44	45-59	60+	männ-lich	weib-lich	Volks-/ Haupt schule	mittlere Reife/ POS	Abitur/ Fachhoch-schulreife
voll und ganz	22	23	23	23	21	23	28	17	27	20	20
eher	24	38	25	21	21	21	22	25	16	27	27
eher nicht	39	31	38	42	40	40	36	42	40	38	39
gar nicht	11	7	10	12	14	11	12	10	12	11	11
weiß nicht	4	1	4	2	4	5	2	6	5	4	3
k.A.	-	-	-	-	-	-	-	-	-	-	-

	Ge-samt	HH-Nettoeinkommen			Politisches Interesse			Parteisympathie		
		unter 1.500	1.500 bis unter 3.000	3.000 und mehr	sehr stark/ ziemlich stark	mittel	wenig/ über-haupt nicht	CDU	SPD	Grüne
voll und ganz	22	30	22	17	23	20	25	24	22	18
eher	24	23	24	24	21	24	30	25	20	36
eher nicht	39	35	38	45	39	42	29	39	44	33
gar nicht	11	8	13	11	13	11	9	9	11	9
weiß nicht	4	4	3	3	4	3	7	3	3	4
k.A.	-	-	-	-	-	-	-	-	-	-

Frage 5 H:
Ich nenne Ihnen nun eine Reihe von Ansichten über Volksbegehren und Volksentscheide. Sagen Sie mir bitte jeweils, ob sie Ihrer Meinung nach voll und ganz zutreffen, eher zutreffen, eher nicht zutreffen oder gar nicht zutreffen.

Mit Volksentscheiden können die Bürger selbst politische Themen in die Diskussion einbringen.

	Ge-samt	Alter in Jahren					Geschlecht		Schulabschluss		
		16-24	25-34	35-44	45-59	60+	männ-lich	weib-lich	Volks-/Haupt-schule	mittlere Reife/POS	Abitur/Fachhoch-schulreife
voll und ganz	47	32	38	43	57	50	46	48	60	44	39
eher	34	41	47	39	28	29	35	33	23	38	42
eher nicht	15	25	6	13	11	17	15	14	13	13	15
gar nicht	4	2	7	4	4	4	4	4	4	5	3
weiß nicht	-	-	2	1	-	-	-	1	-	-	1
k.A.	-	-	-	-	-	-	-	-	-	-	-

	Ge-samt	HH-Nettoeinkommen			Politisches Interesse			Parteisympathie		
		unter 1.500	1.500 bis unter 3.000	3.000 und mehr	sehr stark/ziemlich stark	mittel	wenig/über-haupt nicht	CDU	SPD	Grüne
voll und ganz	47	51	46	45	49	47	44	43	49	47
eher	34	30	37	37	36	32	36	39	31	43
eher nicht	15	14	12	15	12	17	14	12	17	8
gar nicht	4	4	5	3	3	4	6	6	3	2
weiß nicht	-	1	-	-	-	-	-	-	-	-
k.A.	-	-	-	-	-	-	-	-	-	-

Frage 6 A:
Ich nenne Ihnen jetzt eine Reihe von politischen Themen. Bitte sagen Sie mir zu jedem, wie wichtig es ihnen wäre, wenn Sie hierüber in Bund und Ländern über Volksabstimmungen mitentscheiden könnten. Wie ist das mit...? Wäre Ihnen hier die Möglichkeit, direkt mit zu entscheiden, außerordentlich wichtig, sehr wichtig, wichtig, weniger wichtig, nicht wichtig?

Haushalt

	Ge-samt	Alter in Jahren					Geschlecht		Schulabschluss		
		16-24	25-34	35-44	45-59	60+	männ-lich	weib-lich	Volks-/Haupt schule	mittlere Reife/POS	Abitur/Fachhoch-schulreife
Außerordentlich wichtig	13	12	9	11	13	15	13	13	14	14	11
Sehr wichtig	31	28	33	33	32	29	30	32	33	33	26
Wichtig	38	44	30	40	39	37	35	41	40	39	35
Weniger wichtig	13	16	24	12	13	10	18	9	8	11	22
Nicht wichtig	4	-	4	4	3	8	4	4	5	3	5
weiß nicht	1	-	-	-	-	1	-	1	-	-	1
k.A.	-	-	-	-	-	-	-	-	-	-	-

	Ge-samt	HH-Nettoeinkommen			Politisches Interesse			Parteisympathie		
		unter 1.500	1.500 bis unter 3.000	3.000 und mehr	sehr stark/ziemlich stark	mittel	wenig/über-haupt nicht	CDU	SPD	Grüne
Außerordentlich wichtig	13	14	14	12	17	11	10	13	10	22
Sehr wichtig	31	27	32	33	33	30	29	31	31	22
Wichtig	38	46	36	34	30	42	46	36	37	37
Weniger wichtig	13	10	15	15	15	14	8	14	16	17
Nicht wichtig	4	3	3	6	5	3	7	5	6	2
weiß nicht	1	-	-	-	-	-	-	1	-	-
k.A.	-	-	-	-	-	-	-	-	-	-

Frage 6 B:
Ich nenne Ihnen jetzt eine Reihe von politischen Themen. Bitte sagen Sie mir zu jedem, wie wichtig es ihnen wäre, wenn Sie hierüber in Bund und Ländern über Volksabstimmungen mitentscheiden könnten. Wie ist das mit ...? Wäre Ihnen hier die Möglichkeit, direkt mit zu entscheiden, außerordentlich wichtig, sehr wichtig, wichtig, weniger wichtig, nicht wichtig?

Große Infrastrukturprojekte

	Ge-samt	Alter in Jahren					Geschlecht		Schulabschluss		
		16-24	25-34	35-44	45-59	60+	männ-lich	weib-lich	Volks-/ Haupt schule	mittlere Reife/ POS	Abitur/ Fachhoch-schulreife
Außerordentlich wichtig	8	9	4	4	10	10	8	8	9	6	9
Sehr wichtig	28	23	26	30	36	22	34	23	27	27	31
Wichtig	40	34	39	44	38	42	34	45	39	46	32
Weniger wichtig	19	26	28	17	12	21	21	18	19	17	23
Nicht wichtig	3	4	3	4	3	3	2	4	5	2	4
weiß nicht	2	4	-	1	1	2	1	2	1	2	1
k.A.	-	-	-	-	-	-	-	-	-	-	-

	Ge-samt	HH-Nettoeinkommen			Politisches Interesse			Parteisympathie		
		unter 1.500	1.500 bis unter 3.000	3.000 und mehr	sehr stark/ ziemlich stark	mittel	wenig/ über-haupt nicht	CDU	SPD	Grüne
Außerordentlich wichtig	8	6	9	6	10	6	10	7	7	13
Sehr wichtig	28	30	27	33	31	28	19	30	27	40
Wichtig	40	34	47	35	41	39	43	38	43	36
Weniger wichtig	19	22	15	20	15	22	19	18	21	11
Nicht wichtig	3	4	2	5	1	4	5	5	1	-
weiß nicht	2	4	-	1	2	1	4	2	1	-
k.A.	-	-	-	-	-	-	-	-	-	-

Frage 6 C:
Ich nenne Ihnen jetzt eine Reihe von politischen Themen. Bitte sagen Sie mir zu jedem, wie wichtig es ihnen wäre, wenn Sie hierüber in Bund und Ländern über Volksabstimmungen mitentscheiden könnten. Wie ist das mit ...? Wäre Ihnen hier die Möglichkeit, direkt mit zu entscheiden, außerordentlich wichtig, sehr wichtig, wichtig, weniger wichtig, nicht wichtig?

Steuern

	Ge-samt	Alter in Jahren					Geschlecht		Schulabschluss		
		16-24	25-34	35-44	45-59	60+	männ-lich	weib-lich	Volks-/ Haupt schule	mittlere Reife/ POS	Abitur/ Fachhoch-schulreife
Außerordentlich wichtig	16	14	12	16	19	15	18	14	18	15	14
Sehr wichtig	34	35	35	37	33	32	29	39	38	34	30
Wichtig	36	37	30	33	37	40	35	37	37	39	32
Weniger wichtig	10	13	17	10	8	9	13	8	4	9	17
Nicht wichtig	4	1	6	4	3	4	5	2	3	3	7
weiß nicht	-	-	-	-	-	-	-	-	-	-	-
k.A.	-	-	-	-	-	-	-	-	-	-	-

	Ge-samt	HH-Nettoeinkommen			Politisches Interesse			Parteisympathie		
		unter 1.500	1.500 bis unter 3.000	3.000 und mehr	sehr stark/ ziemlich stark	mittel	wenig/ über-haupt nicht	CDU	SPD	Grüne
Außerordentlich wichtig	16	15	19	15	14	16	19	17	14	22
Sehr wichtig	34	37	32	29	32	37	31	34	32	26
Wichtig	36	34	37	40	36	35	40	36	39	28
Weniger wichtig	10	10	10	10	13	9	8	10	10	23
Nicht wichtig	4	4	2	6	5	3	2	3	5	1
weiß nicht	-	-	-	-	-	-	-	-	-	-
k.A.	-	-	-	-	-	-	-	-	-	-

Frage 6 D:
Ich nenne Ihnen jetzt eine Reihe von politischen Themen. Bitte sagen Sie mir zu jedem, wie wichtig es ihnen wäre, wenn Sie hierüber in Bund und Ländern über Volksabstimmungen mitentscheiden könnten. Wie ist das mit ...? Wäre Ihnen hier die Möglichkeit, direkt mit zu entscheiden, außerordentlich wichtig, sehr wichtig, wichtig, weniger wichtig, nicht wichtig?

Diäten der Abgeordneten

	Ge-samt	Alter in Jahren					Geschlecht		Schulabschluss		
		16-24	25-34	35-44	45-59	60+	männ-lich	weib-lich	Volks-/ Haupt schule	mittlere Reife/ POS	Abitur/ Fachhoch-schulreife
Außerordentlich wichtig	21	3	12	29	25	22	18	23	28	20	15
Sehr wichtig	28	18	25	28	28	32	25	30	34	27	23
Wichtig	24	37	24	17	25	23	23	25	19	30	21
Weniger wichtig	17	25	28	16	13	15	21	14	12	13	28
Nicht wichtig	10	17	8	9	9	8	12	8	7	10	11
weiß nicht	-	-	3	1	-	-	1	-	-	-	2
k.A.	-	-	-	-	-	-	-	-	-	-	-

	Ge-samt	HH-Nettoeinkommen			Politisches Interesse			Parteisympathie		
		unter 1.500	1.500 bis unter 3.000	3.000 und mehr	sehr stark/ ziemlich stark	mittel	wenig/ über-haupt nicht	CDU	SPD	Grüne
Außerordentlich wichtig	21	18	27	14	17	24	17	19	21	21
Sehr wichtig	28	31	28	25	25	30	29	27	30	21
Wichtig	24	32	21	22	24	27	19	26	18	24
Weniger wichtig	17	9	17	26	23	13	15	17	20	23
Nicht wichtig	10	10	7	13	10	6	18	10	10	11
weiß nicht	-	-	-	-	1	-	2	1	1	-
k.A.	-	-	-	-	-	-	-	-	-	-

174

Frage 6 E:
Ich nenne Ihnen jetzt eine Reihe von politischen Themen. Bitte sagen Sie mir zu jedem, wie wichtig es ihnen wäre, wenn Sie hierüber in Bund und Ländern über Volksabstimmungen mitentscheiden könnten. Wie ist das mit ...? Wäre Ihnen hier die Möglichkeit, direkt mit zu entscheiden, außerordentlich wichtig, sehr wichtig, wichtig, weniger wichtig, nicht wichtig?

Sozialleistungen

	Ge-samt	Alter in Jahren					Geschlecht		Schulabschluss		
		16-24	25-34	35-44	45-59	60+	männ-lich	weib-lich	Volks-/ Haupt schule	mittlere Reife/ POS	Abitur/ Fachhoch-schulreife
Außerordentlich wichtig	17	7	9	16	20	20	15	18	21	15	14
Sehr wichtig	36	38	34	40	39	31	32	39	41	36	30
Wichtig	35	41	36	36	29	36	36	34	29	38	37
Weniger wichtig	9	14	17	6	9	7	13	6	6	8	14
Nicht wichtig	2	-	4	2	2	4	3	2	2	2	5
weiß nicht	1	-	-	-	1	2	1	1	1	1	-
k.A.	-	-	-	-	-	-	-	-	-	-	-

	Ge-samt	HH-Nettoeinkommen			Politisches Interesse			Parteisympathie		
		unter 1.500	1.500 bis unter 3.000	3.000 und mehr	sehr stark/ ziemlich stark	mittel	wenig/ über-haupt nicht	CDU	SPD	Grüne
Außerordentlich wichtig	17	19	21	11	21	16	9	15	22	20
Sehr wichtig	36	39	37	28	30	39	39	40	31	33
Wichtig	35	35	30	41	31	36	41	32	33	31
Weniger wichtig	9	4	10	13	12	8	7	7	11	15
Nicht wichtig	2	1	1	6	4	1	4	3	3	1
weiß nicht	1	2	1	1	2	-	-	3	-	-
k.A.	-	-	-	-	-	-	-	-	-	-

Frage 6 F:
Ich nenne Ihnen jetzt eine Reihe von politischen Themen. Bitte sagen Sie mir zu jedem, wie wichtig es ihnen wäre, wenn Sie hierüber in Bund und Ländern über Volksabstimmungen mitentscheiden könnten. Wie ist das mit ...? Wäre Ihnen hier die Möglichkeit, direkt mit zu entscheiden, außerordentlich wichtig, sehr wichtig, wichtig, weniger wichtig, nicht wichtig?

Zuständigkeiten der EU

	Ge-samt	Alter in Jahren					Geschlecht		Schulabschluss		
		16-24	25-34	35-44	45-59	60+	männ-lich	weib-lich	Volks-/Haupt-schule	mittlere Reife/POS	Abitur/Fachhoch-schulreife
Außerordentlich wichtig	11	1	4	6	13	18	11	11	13	13	7
Sehr wichtig	23	18	21	22	30	20	26	20	26	23	19
Wichtig	37	51	48	36	31	34	33	41	35	33	45
Weniger wichtig	22	27	23	28	17	19	21	22	16	26	22
Nicht wichtig	6	3	4	8	8	6	9	4	8	4	7
weiß nicht	1	-	-	-	1	3	-	2	2	1	-
k.A.	-	-	-	-	-	-	-	-	-	-	-

	Ge-samt	HH-Nettoeinkommen			Politisches Interesse			Parteisympathie		
		unter 1.500	1.500 bis unter 3.000	3.000 und mehr	sehr stark/ziemlich stark	mittel	wenig/über-haupt nicht	CDU	SPD	Grüne
Außerordentlich wichtig	11	12	13	7	17	9	4	10	13	13
Sehr wichtig	23	26	23	27	24	26	15	27	24	21
Wichtig	37	37	36	33	36	38	37	38	36	33
Weniger wichtig	22	17	21	25	15	22	32	17	19	26
Nicht wichtig	6	5	6	8	8	3	11	7	8	7
weiß nicht	1	3	1	-	-	2	1	1	-	-
k.A.	-	-	-	-	-	-	-	-	-	-

Frage 6 G:
Ich nenne Ihnen jetzt eine Reihe von politischen Themen. Bitte sagen Sie mir zu jedem, wie wichtig es ihnen wäre, wenn Sie hierüber in Bund und Ländern über Volksabstimmungen mitentscheiden könnten. Wie ist das mit ...? Wäre Ihnen hier die Möglichkeit, direkt mit zu entscheiden, außerordentlich wichtig, sehr wichtig, wichtig, weniger wichtig, nicht wichtig?

Einwanderungspolitik

	Ge-samt	Alter in Jahren					Geschlecht		Schulabschluss		
		16-24	25-34	35-44	45-59	60+	männ-lich	weib-lich	Volks-/ Haupt schule	mittlere Reife/ POS	Abitur/ Fachhoch-schulreife
Außerordentlich wichtig	12	10	6	11	9	19	13	11	17	12	8
Sehr wichtig	25	23	18	20	30	27	22	28	28	24	21
Wichtig	39	37	42	42	38	37	37	41	34	42	41
Weniger wichtig	18	27	26	19	17	13	22	15	15	17	22
Nicht wichtig	5	3	8	8	6	2	6	4	4	4	8
weiß nicht	1	-	-	-	-	2	-	1	2	1	-
k.A.	-	-	-	-	-	-	-	-	-	-	-

	Ge-samt	HH-Nettoeinkommen			Politisches Interesse			Parteisympathie		
		unter 1.500	1.500 bis unter 3.000	3.000 und mehr	sehr stark/ ziemlich stark	mittel	wenig/ über-haupt nicht	CDU	SPD	Grüne
Außerordentlich wichtig	12	14	14	10	14	11	12	15	10	15
Sehr wichtig	25	25	24	25	26	27	16	27	30	15
Wichtig	39	35	38	41	33	42	45	37	38	42
Weniger wichtig	18	20	19	17	20	16	19	17	19	26
Nicht wichtig	5	4	5	7	6	3	7	4	3	2
weiß nicht	1	2	-	-	1	1	1	-	-	-
k.A.	-	-	-	-	-	-	-	-	-	-

Frage 6 H:
Ich nenne Ihnen jetzt eine Reihe von politischen Themen. Bitte sagen Sie mir zu jedem, wie wichtig es ihnen wäre, wenn Sie hierüber in Bund und Ländern über Volksabstimmungen mitentscheiden könnten. Wie ist das mit ...? Wäre Ihnen hier die Möglichkeit, direkt mit zu entscheiden, außerordentlich wichtig, sehr wichtig, wichtig, weniger wichtig, nicht wichtig?

Änderungen der Verfassung

	Ge-samt	Alter in Jahren					Geschlecht		Schulabschluss		
		16-24	25-34	35-44	45-59	60+	männ-lich	weib-lich	Volks-/Haupt schule	mittlere Reife/POS	Abitur/Fachhoch-schulreife
Außerordentlich wichtig	16	9	16	18	21	14	19	14	14	14	22
Sehr wichtig	24	23	25	27	25	22	27	21	23	27	21
Wichtig	29	23	26	32	27	32	23	34	33	33	20
Weniger wichtig	20	29	22	18	19	17	18	21	18	17	24
Nicht wichtig	10	16	11	4	8	13	13	8	10	9	11
weiß nicht	1	-	-	-	-	2	-	2	2	-	1
k.A.	-	-	-	1	-	-	-	-	-	-	1

	Ge-samt	HH-Nettoeinkommen			Politisches Interesse			Parteisympathie		
		unter 1.500	1.500 bis unter 3.000	3.000 und mehr	sehr stark/ziemlich stark	mittel	wenig/über-haupt nicht	CDU	SPD	Grüne
Außerordentlich wichtig	16	16	16	21	26	13	5	15	16	27
Sehr wichtig	24	28	23	23	24	27	16	26	21	19
Wichtig	29	31	29	25	23	31	38	27	30	23
Weniger wichtig	20	16	21	19	16	18	31	18	22	21
Nicht wichtig	10	8	10	11	10	10	9	11	10	8
weiß nicht	1	1	1	-	-	1	1	2	1	2
k.A.	-	-	-	1	1	-	-	1	-	-

Frage 7 A:

Auch an direkten Beteiligungsformen wie Volksentscheiden nimmt häufig nur eine Minderheit der Bürger teil. Welche Gründe sind dafür ausschlaggebend? Sagen Sie mir bitte zu jedem der folgenden Gründe, ob er Ihrer Meinung nach voll und ganz zutrifft, eher zutrifft, eher nicht zutrifft, ganz und gar nicht zutrifft.

Die Bürger wissen zu wenig über diese Beteiligungsformen.

	Ge-samt	Alter in Jahren					Geschlecht		Schulabschluss		
		16-24	25-34	35-44	45-59	60+	männ-lich	weib-lich	Volks-/ Haupt schule	mittlere Reife/ POS	Abitur/ Fachhoch-schulreife
voll und ganz	46	43	31	40	50	52	46	47	59	45	35
eher	36	47	51	42	32	27	36	36	26	37	44
eher nicht	14	10	15	14	14	15	15	13	11	14	17
ganz und gar nicht	3	-	3	3	3	4	3	2	4	2	3
weiß nicht	1	-	-	1	1	2	-	2	-	2	1
k.A.	-	-	-	-	-	-	-	-	-	-	-

	Ge-samt	HH-Nettoeinkommen			Politisches Interesse			Parteisympathie		
		unter 1.500	1.500 bis unter 3.000	3.000 und mehr	sehr stark/ ziemlich stark	mittel	wenig/ über-haupt nicht	CDU	SPD	Grüne
voll und ganz	46	57	45	38	49	44	46	45	47	39
eher	36	28	34	45	34	37	36	36	35	42
eher nicht	14	10	17	14	13	16	13	12	15	14
ganz und gar nicht	3	4	3	2	3	2	3	6	3	2
weiß nicht	1	1	1	1	1	1	2	1	-	3
k.A.	-	-	-	-	-	-	-	-	-	-

Frage 7 B:
Auch an direkten Beteiligungsformen wie Volksentscheiden nimmt häufig nur eine Minderheit der Bürger teil. Welche Gründe sind dafür ausschlaggebend? Sagen Sie mir bitte zu jedem der folgenden Gründe, ob er Ihrer Meinung nach voll und ganz zutrifft, eher zutrifft, eher nicht zutrifft, ganz und gar nicht zutrifft.
Über die wichtigsten Fragen dürfen die Bürger bei Volksabstimmungen ohnehin nicht abstimmen.

	Ge-samt	Alter in Jahren					Geschlecht		Schulabschluss		
		16-24	25-34	35-44	45-59	60+	männ-lich	weib-lich	Volks-/ Haupt-schule	mittlere Reife/ POS	Abitur/ Fachhoch-schulreife
voll und ganz	49	37	46	51	54	50	47	51	61	49	38
eher	28	43	35	29	24	22	28	28	17	30	35
eher nicht	15	16	13	11	14	17	16	14	11	14	19
ganz und gar nicht	6	4	4	8	6	6	8	4	8	6	4
weiß nicht	2	-	1	1	2	5	1	3	3	1	4
k.A.	-	-	1	-	-	-	-	-	-	-	-

	Ge-samt	HH-Nettoeinkommen			Politisches Interesse			Parteisympathie		
		unter 1.500	1.500 bis unter 3.000	3.000 und mehr	sehr stark/ ziemlich stark	mittel	wenig/ über-haupt nicht	CDU	SPD	Grüne
voll und ganz	49	56	47	47	47	49	54	42	53	33
eher	28	26	28	32	28	30	22	29	25	35
eher nicht	15	11	16	14	16	14	13	18	11	26
ganz und gar nicht	6	6	7	5	7	5	7	7	8	4
weiß nicht	2	1	2	2	2	2	3	4	3	2
k.A.	-	-	-	-	-	-	1	-	-	-

Frage 7 C:
Auch an direkten Beteiligungsformen wie Volksentscheiden nimmt häufig
nur eine Minderheit der Bürger teil. Welche Gründe sind dafür ausschlaggebend? Sagen Sie mir bitte zu jedem der folgenden Gründe, ob er Ihrer
Meinung nach voll und ganz zutrifft, eher zutrifft, eher nicht zutrifft, ganz
und gar nicht zutrifft.
Die Hürden bei Volksabstimmungen sind zu hoch.

	Ge-samt	Alter in Jahren					Geschlecht		Schulabschluss		
		16-24	25-34	35-44	45-59	60+	männ-lich	weib-lich	Volks-/Haupt-schule	mittlere Reife/POS	Abitur/Fachhoch-schulreife
voll und ganz	27	16	24	20	31	32	28	26	37	24	20
eher	27	28	33	34	25	23	24	30	21	28	33
eher nicht	28	44	26	35	26	21	33	25	22	27	33
ganz und gar nicht	9	5	8	4	10	13	10	8	11	11	6
weiß nicht	9	7	9	7	8	11	5	11	9	10	8
k.A.	-	-	-	-	-	-	-	-	-	-	-

	Ge-samt	HH-Nettoeinkommen			Politisches Interesse			Parteisympathie		
		unter 1.500	1.500 bis unter 3.000	3.000 und mehr	sehr stark/ziemlich stark	mittel	wenig/über-haupt nicht	CDU	SPD	Grüne
voll und ganz	27	26	29	25	27	29	17	19	29	19
eher	27	31	26	25	27	28	27	26	28	44
eher nicht	28	26	25	35	27	28	34	32	29	24
ganz und gar nicht	9	9	12	7	13	6	7	15	8	4
weiß nicht	9	8	8	8	6	9	15	8	6	9
k.A.	-	-	-	-	-	-	-	-	-	-

Frage 7 D:
Auch an direkten Beteiligungsformen wie Volksentscheiden nimmt häufig nur eine Minderheit der Bürger teil. Welche Gründe sind dafür ausschlaggebend? Sagen Sie mir bitte zu jedem der folgenden Gründe, ob er Ihrer Meinung nach voll und ganz zutrifft, eher zutrifft, eher nicht zutrifft, ganz und gar nicht zutrifft.
Die Bürger haben kein Vertrauen, dass sich die Politiker an die Ergebnisse der Volksabstimmungen tatsächlich halten.

	Ge-samt	Alter in Jahren					Geschlecht		Schulabschluss		
		16-24	25-34	35-44	45-59	60+	männ-lich	weib-lich	Volks-/Haupt-schule	mittlere Reife/POS	Abitur/Fachhoch-schulreife
voll und ganz	41	31	39	42	47	41	37	45	54	43	26
eher	28	38	35	31	21	27	28	29	22	28	34
eher nicht	22	23	20	20	24	21	25	18	17	20	28
ganz und gar nicht	8	8	5	6	7	9	8	7	7	7	10
weiß nicht	1	-	1	1	1	2	2	1	-	2	2
k.A.	-	-	-	-	-	-	-	-	-	-	-

	Ge-samt	HH-Nettoeinkommen			Politisches Interesse			Parteisympathie		
		unter 1.500	1.500 bis unter 3.000	3.000 und mehr	sehr stark/ziemlich stark	mittel	wenig/über-haupt nicht	CDU	SPD	Grüne
voll und ganz	41	55	39	30	34	44	47	34	40	28
eher	28	25	32	26	29	28	27	31	30	35
eher nicht	22	15	19	34	26	21	15	26	22	27
ganz und gar nicht	8	5	9	9	9	6	9	8	6	8
weiß nicht	1	-	1	1	2	1	2	1	2	2
k.A.	-	-	-	-	-	-	-	-	-	-

Frage 8 A:

Es werden ja verschiedene Maßnahmen diskutiert, damit sich wieder mehr Bürger in den politischen Parteien engagieren. Sagen Sie mir bitte zu jeder der folgenden Maßnahmen, ob Sie ihnen voll und ganz zustimmen, eher zustimmen, eher nicht zustimmen oder gar nicht zustimmen.

Die Parteimitglieder müssten in die Arbeit am Parteiprogramm stärker einbezogen werden.

	Ge-samt	Alter in Jahren					Geschlecht		Schulabschluss		
		16-24	25-34	35-44	45-59	60+	männ-lich	weib-lich	Volks-/ Haupt schule	mittlere Reife/ POS	Abitur/ Fachhoch-schulreife
voll und ganz	50	36	34	44	54	62	51	49	63	50	38
eher	39	55	57	43	31	29	39	38	28	37	50
eher nicht	8	9	9	7	11	5	7	8	7	7	9
gar nicht	1	-	-	4	1	1	2	1	1	2	2
weiß nicht	2	-	-	2	3	3	1	4	1	4	1
k.A.	-	-	-	-	-	-	-	-	-	-	-

	Ge-samt	HH-Nettoeinkommen			Politisches Interesse			Parteisympathie		
		unter 1.500	1.500 bis unter 3.000	3.000 und mehr	sehr stark/ ziemlich stark	mittel	wenig/ über-haupt nicht	CDU	SPD	Grüne
voll und ganz	50	52	52	45	54	50	42	48	51	40
eher	39	41	38	42	37	39	39	40	42	46
eher nicht	8	3	6	12	6	7	13	8	5	9
gar nicht	1	2	2	1	1	1	3	3	1	-
weiß nicht	2	2	2	-	2	3	3	1	1	4
k.A.	-	-	-	-	-	-	-	-	-	1

Frage 8 B:
Es werden ja verschiedene Maßnahmen diskutiert, damit sich wieder mehr
Bürger in den politischen Parteien engagieren. Sagen Sie mir bitte zu jeder
der folgenden Maßnahmen, ob Sie ihnen voll und ganz zustimmen, eher
zustimmen, eher nicht zustimmen oder gar nicht zustimmen.
**Auch Nichtparteimitglieder sollten mitentscheiden können, wer der
Spitzenkandidat einer Partei wird.**

	Ge-samt	Alter in Jahren					Geschlecht		Schulabschluss		
		16-24	25-34	35-44	45-59	60+	männ-lich	weib-lich	Volks-/ Haupt-schule	mittlere Reife/ POS	Abitur/ Fachhoch-schulreife
voll und ganz	25	21	16	22	22	34	20	30	39	22	14
eher	19	31	26	19	15	17	17	22	19	20	19
eher nicht	32	33	38	37	32	26	34	30	21	37	37
gar nicht	23	15	19	22	30	22	29	17	21	20	29
weiß nicht	1	-	1	-	1	1	-	1	-	1	1
k.A.	-	-	-	-	-	-	-	-	-	-	-

	Ge-samt	HH-Nettoeinkommen			Politisches Interesse			Parteisympathie		
		unter 1.500	1.500 bis unter 3.000	3.000 und mehr	sehr stark/ ziemlich stark	mittel	wenig/ über-haupt nicht	CDU	SPD	Grüne
voll und ganz	25	26	24	18	22	24	35	18	25	13
eher	19	29	19	15	16	21	24	21	17	25
eher nicht	32	26	34	40	33	34	24	32	33	38
gar nicht	23	17	23	27	28	21	15	28	25	22
weiß nicht	1	2	-	-	1	-	1	1	-	-
k.A.	-	-	-	-	-	-	1	-	-	2

Frage 8 C:
Es werden ja verschiedene Maßnahmen diskutiert, damit sich wieder mehr Bürger in den politischen Parteien engagieren. Sagen Sie mir bitte zu jeder der folgenden Maßnahmen, ob Sie ihnen voll und ganz zustimmen, eher zustimmen, eher nicht zustimmen oder gar nicht zustimmen. **Auch Nicht-Mitglieder sollten über das Programm mitentscheiden können.**

	Ge-samt	Alter in Jahren					Geschlecht		Schulabschluss		
		16-24	25-34	35-44	45-59	60+	männ-lich	weib-lich	Volks-/ Haupt-schule	mittlere Reife/ POS	Abitur/ Fachhoch-schulreife
voll und ganz	23	22	17	22	24	27	21	26	34	20	14
eher	22	36	22	21	19	20	18	26	22	26	17
eher nicht	30	23	37	32	31	27	30	29	21	32	37
gar nicht	23	19	23	24	25	23	30	17	21	20	31
weiß nicht	2	-	1	-	1	3	1	2	2	2	1
k.A.	-	-	-	1	-	-	-	-	-	-	-

	Ge-samt	HH-Nettoeinkommen			Politisches Interesse			Parteisympathie		
		unter 1.500	1.500 bis unter 3.000	3.000 und mehr	sehr stark/ ziemlich stark	mittel	wenig/ über-haupt nicht	CDU	SPD	Grüne
voll und ganz	23	29	22	16	19	25	31	15	22	14
eher	22	24	24	19	20	24	22	24	21	24
eher nicht	30	28	30	35	31	30	25	25	33	42
gar nicht	23	16	23	29	29	20	18	35	23	17
weiß nicht	2	2	1	1	1	1	4	1	1	2
k.A.	-	1	-	-	-	-	-	-	-	1

Frage 8 D:

Es werden ja verschiedene Maßnahmen diskutiert, damit sich wieder mehr Bürger in den politischen Parteien engagieren. Sagen Sie mir bitte zu jeder der folgenden Maßnahmen, ob Sie ihnen voll und ganz zustimmen, eher zustimmen, eher nicht zustimmen oder gar nicht zustimmen. **Die Willensbildung in den Parteien müsste stärker im Internet stattfinden.**

	Ge-samt	Alter in Jahren					Geschlecht		Schulabschluss		
		16-24	25-34	35-44	45-59	60+	männ-lich	weib-lich	Volks-/ Haupt schule	mittlere Reife/ POS	Abitur/ Fachhoch-schulreife
voll und ganz	24	37	26	18	29	18	27	21	31	20	20
eher	27	32	34	33	25	20	27	26	21	29	30
eher nicht	33	25	35	32	30	38	29	37	29	33	37
gar nicht	12	6	4	16	13	15	14	11	13	14	10
weiß nicht	4	-	1	1	3	9	3	5	6	4	3
k.A.	-	-	-	-	-	-	-	-	-	-	-

	Ge-samt	HH-Nettoeinkommen			Politisches Interesse			Parteisympathie		
		unter 1.500	1.500 bis unter 3.000	3.000 und mehr	sehr stark/ ziemlich stark	mittel	wenig/ über-haupt nicht	CDU	SPD	Grüne
voll und ganz	24	30	23	19	20	24	34	22	24	15
eher	27	29	28	28	27	30	17	23	29	40
eher nicht	33	23	34	40	35	31	33	31	33	37
gar nicht	12	15	12	10	13	13	10	16	10	7
weiß nicht	4	3	3	3	5	2	6	8	4	1
k.A.	-	-	-	-	-	-	-	-	-	-

Frage 8 E:
Es werden ja verschiedene Maßnahmen diskutiert, damit sich wieder mehr Bürger in den politischen Parteien engagieren. Sagen Sie mir bitte zu jeder der folgenden Maßnahmen, ob Sie ihnen voll und ganz zustimmen, eher zustimmen, eher nicht zustimmen oder gar nicht zustimmen.
Die Parteien sollten auch Nicht-Mitglieder als Kandidaten aufstellen.

	Ge-samt	Alter in Jahren					Geschlecht		Schulabschluss		
		16-24	25-34	35-44	45-59	60+	männ-lich	weib-lich	Volks-/ Haupt schule	mittlere Reife/ POS	Abitur/ Fachhoch-schulreife
voll und ganz	24	11	17	20	26	32	23	24	32	22	18
eher	24	29	23	26	23	23	25	23	20	26	26
eher nicht	35	47	44	40	30	29	34	37	29	40	34
gar nicht	16	13	14	13	20	14	17	14	18	11	20
weiß nicht	1	-	2	1	1	2	1	2	1	1	2
k.A.	-	-	-	-	-	-	-	-	-	-	-

	Ge-samt	HH-Nettoeinkommen			Politisches Interesse			Parteisympathie		
		unter 1.500	1.500 bis unter 3.000	3.000 und mehr	sehr stark/ ziemlich stark	mittel	wenig/ über-haupt nicht	CDU	SPD	Grüne
voll und ganz	24	27	23	23	28	21	22	19	26	14
eher	24	25	23	26	26	24	22	28	27	27
eher nicht	35	34	37	35	26	40	42	35	31	46
gar nicht	16	12	16	16	18	14	13	17	16	12
weiß nicht	1	2	1	-	2	1	1	1	-	1
k.A.	-	-	-	-	-	-	-	-	-	-

Frage 9 A:

Wenn man mit politischen Entscheidungen, einem Gesetz oder einem Beschluss der Regierung nicht einverstanden ist, gibt es ja verschiedene Wege, dagegen vorzugehen. Sagen Sie mir bitte jeweils, ob diese Maßnahme für Sie in Frage kommen würde oder nicht.

Gerichtlich gegen Entscheidung vorgehen

	Ge-samt	Alter in Jahren					Geschlecht		Schulabschluss		
		16-24	25-34	35-44	45-59	60+	männ-lich	weib-lich	Volks-/ Haupt schule	mittlere Reife/ POS	Abitur/ Fachhoch-schulreife
Ja	47	41	52	64	53	32	51	43	45	46	49
Nein	52	59	47	35	47	67	49	56	54	53	50
weiß nicht	1	-	1	-	-	1	-	1	1	1	1
k.A.	-	-	-	1	-	-	-	-	-	-	-

	Ge-samt	HH-Nettoeinkommen			Politisches Interesse			Parteisympathie		
		unter 1.500	1.500 bis unter 3.000	3.000 und mehr	sehr stark/ ziemlich stark	mittel	wenig/ über-haupt nicht	CDU	SPD	Grüne
Ja	47	48	46	49	53	43	44	40	50	47
Nein	52	51	54	51	46	57	54	59	50	51
weiß nicht	1	1	-	-	1	-	2	1	-	2
k.A.	-	-	-	-	-	-	-	-	-	-

Frage 9 B:
Wenn man mit politischen Entscheidungen, einem Gesetz oder einem Beschluss der Regierung nicht einverstanden ist, gibt es ja verschiedene Wege, dagegen vorzugehen. Sagen Sie mir bitte jeweils, ob diese Maßnahme für Sie in Frage kommen würde oder nicht.

Bei der nächsten Wahl eine andere Partei wählen

	Ge-samt	Alter in Jahren					Geschlecht		Schulabschluss		
		16-24	25-34	35-44	45-59	60+	männ-lich	weib-lich	Volks-/Haupt schule	mittlere Reife/POS	Abitur/Fachhoch-schulreife
Ja	74	73	82	79	80	64	77	71	66	73	82
Nein	24	21	18	20	19	34	22	26	32	26	16
weiß nicht	2	6	-	1	1	2	1	3	2	1	2
k.A.	-	-	-	-	-	-	-	-	-	-	-

	Ge-samt	HH-Nettoeinkommen			Politisches Interesse			Parteisympathie		
		unter 1.500	1.500 bis unter 3.000	3.000 und mehr	sehr stark/ziemlich stark	mittel	wenig/über-haupt nicht	CDU	SPD	Grüne
Ja	74	64	77	77	74	76	69	62	72	82
Nein	24	34	23	20	26	22	28	37	27	17
weiß nicht	2	2	-	3	-	2	3	1	1	1
k.A.	-	-	-	-	-	-	-	-	-	-

Frage 9 C:
Wenn man mit politischen Entscheidungen, einem Gesetz oder einem Beschluss der Regierung nicht einverstanden ist, gibt es ja verschiedene Wege, dagegen vorzugehen. Sagen Sie mir bitte jeweils, ob diese Maßnahme für Sie in Frage kommen würde oder nicht.

An Demonstrationen dagegen teilnehmen

	Ge-samt	Alter in Jahren					Geschlecht		Schulabschluss		
		16-24	25-34	35-44	45-59	60+	männ-lich	weib-lich	Volks-/ Haupt schule	mittlere Reife/ POS	Abitur/ Fachhoch-schulreife
Ja	49	47	55	56	58	37	52	47	39	50	60
Nein	51	53	45	43	41	63	47	53	61	50	39
weiß nicht	-	-	-	-	1	-	-	-	-	-	-
k.A.	-	-	-	1	-	-	1	-	-	-	1

	Ge-samt	HH-Nettoeinkommen			Politisches Interesse			Parteisympathie		
		unter 1.500	1.500 bis unter 3.000	3.000 und mehr	sehr stark/ ziemlich stark	mittel	wenig/ über-haupt nicht	CDU	SPD	Grüne
Ja	49	39	57	53	58	48	33	31	56	79
Nein	51	61	43	46	41	52	67	68	44	21
weiß nicht	-	-	-	-	-	-	-	-	-	-
k.A.	-	-	-	1	1	-	-	1	-	-

Frage 9 D:
Wenn man mit politischen Entscheidungen, einem Gesetz oder einem Beschluss der Regierung nicht einverstanden ist, gibt es ja verschiedene Wege, dagegen vorzugehen. Sagen Sie mir bitte jeweils, ob diese Maßnahme für Sie in Frage kommen würde oder nicht.

In einer Bürgerinitiative mitarbeiten

	Ge-samt	Alter in Jahren					Geschlecht		Schulabschluss		
		16-24	25-34	35-44	45-59	60+	männ-lich	weib-lich	Volks-/ Haupt schule	mittlere Reife/ POS	Abitur/ Fachhoch-schulreife
Ja	71	64	60	79	80	64	70	71	68	71	73
Nein	29	36	40	21	20	35	30	29	32	29	27
weiß nicht	-	-	-	-	-	1	-	-	-	-	-
k.A.	-	-	-	-	-	-	-	-	-	-	-

	Ge-samt	HH-Nettoeinkommen			Politisches Interesse			Parteisympathie		
		unter 1.500	1.500 bis unter 3.000	3.000 und mehr	sehr stark/ ziemlich stark	mittel	wenig/ über-haupt nicht	CDU	SPD	Grüne
Ja	71	68	75	69	78	70	57	69	72	82
Nein	29	31	25	31	22	30	43	31	27	18
weiß nicht	-	1	-	-	-	-	-	-	1	-
k.A.	-	-	-	-	-	-	-	-	-	-

Frage 9 E:

Wenn man mit politischen Entscheidungen, einem Gesetz oder einem Beschluss der Regierung nicht einverstanden ist, gibt es ja verschiedene Wege, dagegen vorzugehen. Sagen Sie mir bitte jeweils, ob diese Maßnahme für Sie in Frage kommen würde oder nicht.

Ein Volksbegehren gegen die Entscheidung unterstützen

	Ge-samt	Alter in Jahren					Geschlecht		Schulabschluss		
		16-24	25-34	35-44	45-59	60+	männ-lich	weib-lich	Volks-/Haupt-schule	mittlere Reife/POS	Abitur/Fachhoch-schulreife
Ja	83	81	85	84	91	78	87	80	82	83	85
Nein	16	19	15	16	9	21	13	19	17	17	14
weiß nicht	1	-	-	-	-	1	-	1	1	-	1
k.A.	-	-	-	-	-	-	-	-	-	-	-

	Ge-samt	HH-Nettoeinkommen			Politisches Interesse			Parteisympathie		
		unter 1.500	1.500 bis unter 3.000	3.000 und mehr	sehr stark/ziemlich stark	mittel	wenig/über-haupt nicht	CDU	SPD	Grüne
Ja	83	79	85	89	89	85	67	82	84	92
Nein	16	20	15	11	10	15	32	18	15	6
weiß nicht	1	1	-	-	1	-	1	-	1	2
k.A.	-	-	-	-	-	-	-	-	-	-

Frage 9 F:
Wenn man mit politischen Entscheidungen, einem Gesetz oder einem Beschluss der Regierung nicht einverstanden ist, gibt es ja verschiedene Wege, dagegen vorzugehen. Sagen Sie mir bitte jeweils, ob diese Maßnahme für Sie in Frage kommen würde oder nicht.

Meinen Abgeordneten direkt darauf ansprechen

	Ge-samt	Alter in Jahren					Geschlecht		Schulabschluss		
		16-24	25-34	35-44	45-59	60+	männ-lich	weib-lich	Volks-/ Haupt schule	mittlere Reife/ POS	Abitur/ Fachhoch-schulreife
Ja	71	52	58	73	76	79	74	69	77	74	66
Nein	29	48	42	27	24	21	26	31	23	26	33
weiß nicht	-	-	-	-	-	-	-	-	-	-	1
k.A.	-	-	-	-	-	-	-	-	-	-	-

	Ge-samt	HH-Nettoeinkommen			Politisches Interesse			Parteisympathie		
		unter 1.500	1.500 bis unter 3.000	3.000 und mehr	sehr stark/ ziemlich stark	mittel	wenig/ über-haupt nicht	CDU	SPD	Grüne
Ja	71	73	75	71	79	69	60	70	73	74
Nein	29	27	25	28	21	31	40	30	27	25
weiß nicht	-	-	-	1	-	-	-	-	-	1
k.A.	-	-	-	-	-	-	-	-	-	-

Frage 10 A:
Über die Auswirkungen des Internet auf die Demokratie gibt es unterschiedliche Ansichten. Ich nenne Ihnen nun einige. Sagen Sie mir bitte jeweils, ob sie Ihrer Meinung nach voll und ganz zutreffen, eher zutreffen, eher nicht zutreffen oder gar nicht zutreffen.
Durch das Internet können auch Menschen zu Wort kommen, die sich ansonsten an der Politik nicht beteiligen würden.

	Ge-samt	Alter in Jahren					Geschlecht		Schulabschluss		
		16-24	25-34	35-44	45-59	60+	männ-lich	weib-lich	Volks-/Haupt-schule	mittlere Reife/POS	Abitur/Fachhoch-schulreife
voll und ganz	46	62	44	43	51	39	47	46	45	50	41
eher	33	33	46	37	29	30	34	32	26	31	45
eher nicht	14	3	7	15	13	21	13	15	19	14	9
ganz und gar nicht	5	2	3	5	5	7	6	4	8	4	4
weiß nicht	2	-	-	-	2	3	-	3	2	1	1
k.A.	-	-	-	-	-	-	-	-	-	-	-

	Ge-samt	HH-Nettoeinkommen			Politisches Interesse			Parteisympathie		
		unter 1.500	1.500 bis unter 3.000	3.000 und mehr	sehr stark/ziemlich stark	mittel	wenig/über-haupt nicht	CDU	SPD	Grüne
voll und ganz	46	43	49	42	46	46	46	40	46	41
eher	33	31	32	41	36	32	30	38	33	46
eher nicht	14	19	12	12	11	16	14	13	17	13
ganz und gar nicht	5	5	6	4	5	4	9	7	4	-
weiß nicht	2	2	1	1	2	2	1	2	-	-
k.A.	-	-	-	-	-	-	-	-	-	-

Frage 10 B:
Über die Auswirkungen des Internet auf die Demokratie gibt es unterschiedliche Ansichten. Ich nenne Ihnen nun einige. Sagen Sie mir bitte jeweils, ob sie Ihrer Meinung nach voll und ganz zutreffen, eher zutreffen, eher nicht zutreffen oder gar nicht zutreffen.

Das Internet schafft mehr Offenheit und hilft, die Politiker besser zu kontrollieren.

	Ge-samt	Alter in Jahren					Geschlecht		Schulabschluss		
		16-24	25-34	35-44	45-59	60+	männ-lich	weib-lich	Volks-/Haupt-schule	mittlere Reife/POS	Abitur/Fachhoch-schulreife
voll und ganz	24	20	26	22	28	22	29	18	26	22	24
eher	28	46	37	28	24	22	29	28	17	33	33
eher nicht	32	24	34	36	33	30	28	36	33	30	33
ganz und gar nicht	12	10	3	12	11	17	13	11	19	11	7
weiß nicht	4	-	-	2	4	9	1	7	5	4	2
k.A.	-	-	-	-	-	-	-	-	-	-	1

	Ge-samt	HH-Nettoeinkommen			Politisches Interesse			Parteisympathie		
		unter 1.500	1.500 bis unter 3.000	3.000 und mehr	sehr stark/ziemlich stark	mittel	wenig/über-haupt nicht	CDU	SPD	Grüne
voll und ganz	24	22	27	24	27	22	20	23	25	21
eher	28	28	28	33	33	25	28	30	30	38
eher nicht	32	36	31	30	27	38	27	29	31	34
ganz und gar nicht	12	10	13	10	9	11	22	14	12	6
weiß nicht	4	4	1	3	4	4	3	4	2	1
k.A.	-	-	-	-	-	-	-	-	-	-

Frage 10 C:
Über die Auswirkungen des Internet auf die Demokratie gibt es unterschiedliche Ansichten. Ich nenne Ihnen nun einige. Sagen Sie mir bitte jeweils, ob sie Ihrer Meinung nach voll und ganz zutreffen, eher zutreffen, eher nicht zutreffen oder gar nicht zutreffen.
Im Internet wird nur geredet, aber nichts verändert.

	Gesamt	Alter in Jahren					Geschlecht		Schulabschluss		
		16-24	25-34	35-44	45-59	60+	männlich	weiblich	Volks-/ Hauptschule	mittlere Reife/ POS	Abitur/ Fachhochschulreife
voll und ganz	37	38	22	32	38	45	33	41	43	41	25
eher	25	33	30	28	22	22	27	24	23	23	29
eher nicht	21	22	33	26	24	12	27	16	17	19	29
ganz und gar nicht	10	4	13	9	11	8	11	8	7	8	14
weiß nicht	7	3	2	5	5	12	2	11	9	9	3
k.A.	-	-	-	-	-	1	-	-	1	-	-

	Gesamt	HH-Nettoeinkommen			Politisches Interesse			Parteisympathie		
		unter 1.500	1.500 bis unter 3.000	3.000 und mehr	sehr stark/ ziemlich stark	mittel	wenig/ überhaupt nicht	CDU	SPD	Grüne
voll und ganz	37	39	37	31	37	37	39	42	36	20
eher	25	24	27	28	23	28	23	27	25	33
eher nicht	21	19	21	27	24	21	16	20	22	32
ganz und gar nicht	10	8	12	9	10	8	12	7	13	10
weiß nicht	7	9	3	5	6	6	10	4	3	5
k.A.	-	1	-	-	-	-	-	-	1	-

Frage 10 D:
Über die Auswirkungen des Internet auf die Demokratie gibt es unterschiedliche Ansichten. Ich nenne Ihnen nun einige. Sagen Sie mir bitte jeweils, ob sie Ihrer Meinung nach voll und ganz zutreffen, eher zutreffen, eher nicht zutreffen oder gar nicht zutreffen.
Die schnelle Veröffentlichung im Internet führt dazu, dass die Politiker über viele Dinge nicht mehr vertraulich beraten können.

	Ge-samt	Alter in Jahren					Geschlecht		Schulabschluss		
		16-24	25-34	35-44	45-59	60+	männ-lich	weib-lich	Volks-/ Haupt schule	mittlere Reife/ POS	Abitur/ Fachhoch-schulreife
voll und ganz	31	26	24	29	27	42	31	31	39	30	25
eher	30	50	30	35	27	23	26	34	20	36	31
eher nicht	25	18	37	26	31	16	30	20	22	21	32
ganz und gar nicht	9	6	8	7	11	8	12	6	10	9	9
weiß nicht	5	-	-	3	4	11	1	9	9	4	3
k.A.	-	-	1	-	-	-	-	-	-	-	-

	Ge-samt	HH-Nettoeinkommen			Politisches Interesse			Parteisympathie		
		unter 1.500	1.500 bis unter 3.000	3.000 und mehr	sehr stark/ ziemlich stark	mittel	wenig/ über-haupt nicht	CDU	SPD	Grüne
voll und ganz	31	32	31	29	34	29	33	37	29	27
eher	30	31	29	35	26	33	30	27	32	35
eher nicht	25	27	21	29	25	27	19	21	27	28
ganz und gar nicht	9	4	15	5	11	6	12	10	9	7
weiß nicht	5	6	4	2	4	5	6	5	3	3
k.A.	-	-	-	-	-	-	-	-	-	-

Frage 10 E:
Über die Auswirkungen des Internet auf die Demokratie gibt es unterschiedliche Ansichten. Ich nenne Ihnen nun einige. Sagen Sie mir bitte jeweils, ob sie Ihrer Meinung nach voll und ganz zutreffen, eher zutreffen, eher nicht zutreffen oder gar nicht zutreffen.
Die Vielfalt der Informationen im Internet macht es schwieriger, sich eine politische Meinung zu bilden.

	Ge-samt	Alter in Jahren					Geschlecht		Schulabschluss		
		16-24	25-34	35-44	45-59	60+	männlich	weiblich	Volks-/Haupt schule	mittlere Reife/POS	Abitur/Fachhoch-schulreife
voll und ganz	30	41	23	26	26	35	29	31	30	34	24
eher	21	16	28	22	21	19	20	22	14	24	24
eher nicht	33	31	32	37	37	27	33	32	33	29	37
ganz und gar nicht	13	12	17	14	12	12	16	10	15	10	14
weiß nicht	3	-	-	1	4	6	2	5	7	3	1
k.A.	-	-	-	-	-	1	-	-	1	-	-

	Ge-samt	HH-Nettoeinkommen			Politisches Interesse			Parteisympathie		
		unter 1.500	1.500 bis unter 3.000	3.000 und mehr	sehr stark/ziemlich stark	mittel	wenig/überhaupt nicht	CDU	SPD	Grüne
voll und ganz	30	31	29	27	28	32	31	29	33	19
eher	21	22	23	19	23	20	20	23	20	18
eher nicht	33	29	30	41	31	36	27	30	33	47
ganz und gar nicht	13	12	16	12	16	9	16	11	12	14
weiß nicht	3	5	2	1	2	3	6	7	2	2
k.A.	-	1	-	-	-	-	-	-	-	-

Frage 11 A:
Es gibt die Erwartung, dass sich durch das Internet die Bürger wieder stärker am politischen Geschehen beteiligen. Ich nenne Ihnen nun einige Erwartungen. Sagen Sie mir bitte jeweils, ob sie Ihrer Meinung nach voll und ganz zutreffen, eher zutreffen, eher nicht zutreffen oder gar nicht zutreffen. **Durch eine Stimmenabgabe im Internet würden mehr Bürger an Wahlen teilnehmen.**

	Ge-samt	Alter in Jahren					Geschlecht		Schulabschluss		
		16-24	25-34	35-44	45-59	60+	männ-lich	weib-lich	Volks-/Haupt-schule	mittlere Reife/POS	Abitur/Fachhoch-schulreife
voll und ganz	38	55	47	40	39	27	36	41	42	35	35
eher	32	30	34	31	30	34	29	34	23	33	40
eher nicht	20	11	13	18	22	25	21	19	19	22	19
ganz und gar nicht	9	4	6	11	9	12	13	5	14	9	5
weiß nicht	1	-	-	-	-	2	1	1	2	1	1
k.A.	-	-	-	-	-	-	-	-	-	-	-

	Ge-samt	HH-Nettoeinkommen			Politisches Interesse			Parteisympathie		
		unter 1.500	1.500 bis unter 3.000	3.000 und mehr	sehr stark/ziemlich stark	mittel	wenig/über-haupt nicht	CDU	SPD	Grüne
voll und ganz	38	45	36	32	32	41	43	34	37	29
eher	32	29	33	34	36	31	25	34	34	36
eher nicht	20	14	20	26	22	20	17	19	21	29
ganz und gar nicht	9	11	10	8	10	7	13	11	8	6
weiß nicht	1	1	1	-	-	1	2	2	-	-
k.A.	-	-	-	-	-	-	-	-	-	-

Frage 11 B:
Es gibt die Erwartung, dass sich durch das Internet die Bürger wieder stärker am politischen Geschehen beteiligen. Ich nenne Ihnen nun einige Erwartungen. Sagen Sie mir bitte jeweils, ob sie Ihrer Meinung nach voll und ganz zutreffen, eher zutreffen, eher nicht zutreffen oder gar nicht zutreffen. **Durch das Internet würden sich die Mitglieder in politischen Parteien stärker in die Programmarbeit einschalten.**

	Ge-samt	Alter in Jahren					Geschlecht		Schulabschluss		
		16-24	25-34	35-44	45-59	60+	männ-lich	weib-lich	Volks-/Haupt-schule	mittlere Reife/POS	Abitur/Fachhoch-schulreife
voll und ganz	19	23	20	13	25	16	23	16	24	18	15
eher	39	47	47	49	36	31	40	38	29	41	48
eher nicht	29	24	27	27	29	34	24	34	28	29	29
ganz und gar nicht	8	6	4	9	5	10	11	4	12	7	4
weiß nicht	5	-	2	1	5	9	2	8	7	5	4
k.A.	-	-	-	1	-	-	-	-	-	-	-

	Ge-samt	HH-Nettoeinkommen			Politisches Interesse			Parteisympathie		
		unter 1.500	1.500 bis unter 3.000	3.000 und mehr	sehr stark/ziemlich stark	mittel	wenig/über-haupt nicht	CDU	SPD	Grüne
voll und ganz	19	20	20	15	20	18	22	21	19	9
eher	39	40	38	46	42	40	30	36	43	61
eher nicht	29	27	29	29	24	32	31	28	31	18
ganz und gar nicht	8	6	10	6	8	5	13	9	5	5
weiß nicht	5	6	3	4	6	5	4	6	2	7
k.A.	-	1	-	-	-	-	-	-	-	-

Frage 11 C:
Es gibt die Erwartung, dass sich durch das Internet die Bürger wieder stärker am politischen Geschehen beteiligen. Ich nenne Ihnen nun einige Erwartungen. Sagen Sie mir bitte jeweils, ob sie Ihrer Meinung nach voll und ganz zutreffen, eher zutreffen, eher nicht zutreffen oder gar nicht zutreffen. **Das Internet würde die Bildung von Bürgerinitiativen oder das Sammeln von Unterschriften für ein Volksbegehren erleichtern.**

	Ge-samt	Alter in Jahren					Geschlecht		Schulabschluss		
		16-24	25-34	35-44	45-59	60+	männ-lich	weib-lich	Volks-/ Haupt schule	mittlere Reife/ POS	Abitur/ Fachhoch-schulreife
voll und ganz	45	38	53	49	53	35	45	44	49	42	44
eher	38	50	37	40	33	37	42	34	31	39	43
eher nicht	10	8	7	4	9	16	7	13	11	11	9
ganz und gar nicht	4	4	3	3	3	7	5	4	7	3	3
weiß nicht	3	-	-	4	2	5	1	5	2	5	1
k.A.	-	-	-	-	-	-	-	-	-	-	-

	Ge-samt	HH-Nettoeinkommen			Politisches Interesse			Parteisympathie		
		unter 1.500	1.500 bis unter 3.000	3.000 und mehr	sehr stark/ ziemlich stark	mittel	wenig/ über-haupt nicht	CDU	SPD	Grüne
voll und ganz	45	42	46	43	44	45	45	34	47	43
eher	38	37	37	47	42	38	27	45	37	42
eher nicht	10	12	10	6	9	10	15	11	9	8
ganz und gar nicht	4	4	5	4	2	5	8	4	5	4
weiß nicht	3	5	2	-	3	2	5	6	2	3
k.A.	-	-	-	-	-	-	-	-	-	-

Frage 11 D:
Es gibt die Erwartung, dass sich durch das Internet die Bürger wieder stärker am politischen Geschehen beteiligen. Ich nenne Ihnen nun einige Erwartungen. Sagen Sie mir bitte jeweils, ob sie Ihrer Meinung nach voll und ganz zutreffen, eher zutreffen, eher nicht zutreffen oder gar nicht zutreffen. **Über das Internet würden sich die Bürger an Gesetzgebungsprozessen mit eigenen Vorschlägen und Stellungnahmen beteiligen.**

	Ge-samt	Alter in Jahren					Geschlecht		Schulabschluss		
		16-24	25-34	35-44	45-59	60+	männ-lich	weib-lich	Volks-/ Haupt schule	mittlere Reife/ POS	Abitur/ Fachhoch-schulreife
voll und ganz	22	28	23	30	25	15	23	22	28	23	15
eher	41	49	45	44	38	35	42	39	33	42	46
eher nicht	28	20	25	18	30	34	26	29	23	29	32
ganz und gar nicht	6	3	5	5	5	10	8	5	11	4	5
weiß nicht	3	-	2	2	2	6	1	5	5	2	2
k.A.	-	-	-	1	-	-	-	-	-	-	-

	Ge-samt	HH-Nettoeinkommen			Politisches Interesse			Parteisympathie		
		unter 1.500	1.500 bis unter 3.000	3.000 und mehr	sehr stark/ ziemlich stark	mittel	wenig/ über-haupt nicht	CDU	SPD	Grüne
voll und ganz	22	24	22	21	21	24	22	20	22	14
eher	41	38	44	42	39	42	38	36	46	49
eher nicht	28	24	29	30	30	27	26	29	25	36
ganz und gar nicht	6	9	4	7	7	5	8	10	5	1
weiß nicht	3	5	1	-	3	2	6	5	2	-
k.A.	-	-	-	-	-	-	-	-	-	-

Verzeichnis der Abbildungen

Angaben zu den Autoren

Frank Decker, geb. 1964, Dr. rer. pol., Dipl.-Pol., Professor für Politische Wissenschaft an der Rheinischen Friedrich-Wilhelms-Universität Bonn.

Marcel Lewandowsky, geb. 1982, Dr. phil., M.A., Wissenschaftlicher Mitarbeiter am Institut für Politikwissenschaft der Leuphana-Universität Lüneburg.

Marcel Solar, geb. 1984, M.A., Wissenschaftlicher Mitarbeiter am Institut für Politische Wissenschaft und Soziologie der Rheinischen Friedrich-Wilhelms-Universität Bonn.